関西華僑の生活史

神阪京華僑口述記録研究会 編

松籟社

『関西華僑の生活史』刊行に寄せて

今年、二〇二四年二月一八日、神戸の生んだ著名な作家陳舜臣さんの生誕一〇〇年を迎えました。陳さんは、生涯膨大な作品を遺されました。それは、『全集』、『中国ライブラリー』から眺望できますが、「三国志」、「水滸伝」、「曹操」、「諸葛孔明」、「チンギス・ハーン」、さらには「アヘン戦争」、「江は流れず」（日清戦争）など歴史的でまことに多彩です。同時に『青雲の軸』、『神戸　わがふるさと』、『道半ば』、「私の履歴書」、「わが心の自叙伝」など陳さんの個人史を語ったものも少なくありません。私たちは、これらの作品を通じて、一九二四年生まれ、台湾ルーツ、神戸育ちの一人の華僑華人の九〇年の生涯の一端を知ることができます。そしてこのような陳さんの作品群は、一人陳さんだけでなく同時代の神戸に生きた華僑華人、さらには広く神戸の歴史を理解するうえでもまことに貴重です。

ところで一八六八年の開港以来、一体何人の中国人が神戸に来て、働き、生活してきたのでしょうか？一五〇年という時を考えると万を超えることは間違いありません。陳舜臣さんが稀有な仕事をされた方であることは誰もが認めるでしょうが、その中の一人であることも否定できません。ここには神戸に生きた（生きている）中国人一人ひとりの歴史があるはずです。

二〇〇七年春、神戸だけでなく広く関西地域を対象にして、このような華僑華人の歩みを歴史にとどめるために、「神阪京華僑口述記録研究会」が立ち上げられました。毎月第一土曜日の午後、ＫＣＣ（神戸中華総商会）ビル一〇階の会議室で「研究会」を開き、華僑華人の方々の話を伺い、丹念に記録し、それを毎年、報告書『聞き書き・関西華僑のライフヒストリー』（全一二冊）としてまとめ、公開してきました。「話し手」は五五人にも及びました。今回、それらを再編集し、さらに研究会活動の指針、調査要項など口述記録の方法についての資料を加えてできあがったものが本書です。本書によって神戸を中心とした関西の華僑華人の歩みを「生活史」の次元においてより生きいきとした姿として辿ることができるようになりました。そして、本書は、これから「口述記録」作成に志す方々にとってもよき道案内にもなるはずです。

デジタル化の時代とはいえ歴史の記録（保存）において紙の史資料は、依然大きな役割を果たし続けることでしょう。多くの方々が、本書を手にとり、繙いてくださることを願うものです。

二〇二四年三月

安井三吉
神戸大学名誉教授
神戸華僑歴史博物館名誉館長

関西華僑の生活史

はじめに

本書は関西に住む華僑の方々に貴重な経験などに関するお話を伺い、記録にとどめてきたものをまとめたものです。二〇〇七年に神戸華僑歴史博物館主催のシンポジウム「神戸華僑の口述記録を残すために〜その意義と方法」が開催され、同年の春に神阪京華僑口述記録研究会が設立されました。この研究会は関西（神戸・大阪・京都）を中心として華僑のライフヒストリーをインタビューをもとに体系的・継続的に記録を残すことを目的としています。華僑の口述記録を残す作業は神戸華僑歴史博物館の協力と援助を得て、博物館の活動の一環として実施されてきました。

華僑社会において世代交代が進み、第一世、第二世の大変な苦労の上に、現在の華僑社会が成り立っています。今までの華僑研究では表れない華僑社会の「生きた歴史」と言うことができると思います。これらの口述記録を華僑の若い世代及び一般の方に伝えることは大きな意味と価値があるのではと感じています。

本研究会では、記録集『聞き書き・関西華僑のライフヒストリー』を原則として毎年一号ずつ刊行してきました。二〇〇八年から通算一二号に及び、五五人の華僑の方々の聞き書きを収録することができました。本書はこの記録集をもとに編纂したものです。

「関西華僑のライフヒストリーを読む」では、代表的なライフヒストリーとして林木宋さんと曹英生さんの二編を全文掲載しています。林木宋さんは華僑一世であり、戦時中に華僑の呉服行商がスパイ容疑により拷問された「神戸華僑呉服商組合弾圧事件」の被害者陳守海さんのお連れ合いです。忘れてはならない事件や戦後の混乱期を生きてこられた林木宋さんのお話からは、昔のお話や女性のお話を聞くことの意義をあらためて教えられました。

曹英生さんは戦前からの南京町の老舗、老祥記の経営者であり、南京町商店街振興組合の理事長として今日の南京町の街づくりに尽力されてきました。華僑と日本人やさまざまな国の人で作り上げてきた南京町のお話からは、華僑と日本社会との実践的で豊かなかかわりを知ることができました。

林木宋さんと曹英生さんのライフヒストリーに続くのは、四二件・四三名のライフヒストリーの抜粋です。全文を掲載できないことは残念ですが、研究会のメンバーが興味を惹かれ、特に貴重なお話と考えた個所です。各人の多様な経験や生き方の語りには、私たちの華僑イメージを問い返す広がりがあります。

「聞き書きの手引き」では、口述記録研究会の聞き書きの方法を紹介します。これから聞き書き記録を残す活動をする方の参考にしていただけたらうれしいです。

解題「口述記録の豊かな成果」では、研究者の視点から口述記録研究会の活動を位置づけ、華僑研究における口述記録の意義を考察します。

華僑の口述記録としては第一、第二世代を優先的にインタビューに応じていただきましたが、今後の課題としては、もう少し若い世代に範囲を広げたいと思います。女性のお話をさらに積極的に聞くことも課題です。また、研究会を立ち上げた当初から、一九八〇年代から来日した新華僑の方々にも対象を広げたいと願っています。この本を手掛かりに、今までの全文が掲載されている記録集『聞き書き・関西華僑のライフヒストリー』全一二号（神戸華僑歴史博物館にて販売）も読んでいただければ幸いです。

呉　宏明
神阪京華僑口述記録研究会代表

『関西華僑の生活史』刊行に寄せて（安井三吉）……1
はじめに……5
関西華僑のライフヒストリーを読む……13
林木宋 14
曹英生 36
柯清宏 54
陳福臨 58
O・KS 62
田偉 66
林王昭基 70
詹永年 74
孫生法 78
任書正 82
簡国泰 86

高四代 90
陳耀林 94
黄祖道 98
梁金蘭 102
藍璞 106
TH 110
王天傑 114
林珠榮 118
林同福 122
林斯泰 126
愛新翼 130
陳正雄 134
張敬博 138
連茂雄 142
呉伯瑄 146
張文乃 150
闞登美子（欧陽效平） 154
林伯耀 158
金翔 162

吉井正明（楊錫明） 166
W・S 170
呉富美 174
林聖福 178
湛澤綸 182
鮑悦初 186
盧志鴻 190
王士畏 194
蔡勝昌 198
黄承韜 202
劉王光子 206
蒋政茂 210
蔡直美 214
植RS・謝KS 218
聞き書き記録一覧 222

聞き書きの手引き……227
ライフヒストリーを読み広げるためのブックリスト……238
あとがき……240
解題　口述記録のゆたかな成果（塩出浩和）……243

関西華僑のライフヒストリーを読む

神阪京華僑口述記録研究会が記録してきた聞き書きから、四四件・四五名のライフヒストリーを紹介する。なかでも、代表的なライフヒストリーとして林木宋さんと曹英生さんの二編を全文掲載している。華僑一世の林木宋さんは、戦時中に華僑の呉服行商がスパイ容疑により拷問された「神戸華僑呉服商組合弾圧事件」により夫の陳守海さんを亡くされた。曹英生さんは南京町の老舗豚まん店・老祥記を継ぎ、南京町商店街振興組合の理事長として南京町の街づくりに尽力されてきた。続く四二件のライフヒストリーは抄録である。

凡例：文中の〔中略〕は語りの中略を表す。（　）は編者による補足を表す。

林　木宋
（りん・もくそう／Lin Musong）

女性・一九一六年生まれ・華僑一世
出身地：福建省
祖籍：広東省
自営業

林木宋さんは、第二次世界大戦中、スパイ容疑をかけられた行商人の華僑六人が警察の拷問によって死亡した「神戸華僑呉服行商弾圧事件」で、夫の陳守海さんを亡くされた。陳守海さん亡き後は、自ら商売を手がけ三人の子どもを育てあげる。林木宋さんは纏足の女性でもある。

・戦争と夫の死

林木宋：（写真を見ながら）この写真。昭和二一（一九四六）年の一月八日にうちのお父ちゃんが死んでな。子ども生まれても知らんかった。警察の中で死んだから。弟もそうや。これ、弟の嫁はんかな？

石川朝子（以下、石川）：そっか、会ったことがないんですね。これどこですか？

林木宋：西灘におった時。

石川：お家の中で（お葬式を）したんですか？

林木宋：家の中で。八月に家焼けたけどな、あの時、弟九月に死んだらな、家ないからな。かわいそうに、警察の中で葬式させてくれへん。主人の弟な、ものすごくかわいそうかったで。腸破れて六月に病院入れてね、九月に死んだ。わたし豊岡（兵庫県豊岡市）におって、（病院に）お米持って行ってね。ほんまに辛かったで。警察に引っ張られたやろ、弟が警察病院いるやろ、朝から（行って）、晩に戻ってきて。米持って行かな食べさせへんやん。持って行かなあかん。かわいそうやったで。

・警察による拷問

石川：ご主人はどういう方でしたか？

林木宋：うちの主人は日本に来て、反物の商売をした。二〇人で組合作って。そのうち一二人が（警察に）引っ張られ、八人だけ逃げられた。（写真を見ながら）この人大阪の警察に引っ張られて……向こうの（警察の）方、めちゃくちゃたたく、ひっぱたく、言わす（白状させる）やろ。主人は八月に引っ張られた。「なんの用事で引っ張るの？　どういうわけ？」（と聞いたら、警察の人は）「ちょっと話するだけ」（と言う）。引っ張っている時ね、なにも言わへんねん。でもびっくりするやろ？（わけを）言うてほしい言うけど、言わへんやろ。黙ったまま連れてって、連れてったまま。

警察病院に（夫を）探しに行って、弁当作って持って行ってね。二、三日して取りにおいで言うて、箱取りに行こうと思ったらな、腐ったやつを返すねん。ほんまにかわいそかったで。もう、言うた時、どんなに辛いかわからん。あの時な、わたしものすご辛かったで。うちのお父ちゃん、反物の商売な。売り込むより品物なんぼでも入るやん。うちのお父ちゃん正直やろ。それから得意さんの家の人も来るしな。警察も全部知ってるやろな。葬式ね、警察の一番上の人来とったよ。「陳（守海）さんかわいそう」言うて。

林正茂：それは神戸の警察の人？

林木宋：神戸の警察の人よ。何にも悪くないのにな、こんなんされてから。ほんまに悪かったら神戸の（地元の）警察が引っ張るから。大阪に引っ張らんでもええ。今度、出た時も警察言うやろ、いろいろね。こんだけ引っ張っていって。毎月ね、やっぱり（夫の顔を）見たいやろ。弁当作って持ってって。昔は品物ないやろ、ものすごい探してな。卵一つでも主人に食べさせてやりたい。どれくらい辛いか言われへんくらいな。今な、空襲やら戦争やら、地震やら水害から、みんな当たった（けれども）、おかげでうち助かった。うちね今、孫も……

林正茂：今、おいくつになられました？

林木宋：数え年で九一（歳）。満だったら一〇月（に九一になる）。

林正茂：中国でね、向こうでお生まれになった時、ご兄弟は何人でした？

林木宋：九人。三人も死んだからな。

林正茂：木宋さんは何番目ですか？

林木宋：わたしはね、六番目や。男五人、女四人や。父ちゃんかわいそうやから、中国に一三回帰ってな。
林正茂：一三回も帰ったんですか？
林木宋：三六（一九六一）年から。うちやっと許可もろて、三六年五月に帰ってん。中国に帰ってな。あの時ね、わたし反物の商売、元町でしてた。いろいろやっとるやん。
林正茂：麻雀屋もやってましたね？
林木宋：やっとった。中華料理もやっとったし。
林正茂：商売うまいね。
林木宋：うまいことはないけど、わたしだまされて、みんな困ったなあ～言うて。華僑総会で今度聞いてみ？
林正茂：人がいいからね。
林木宋：借りてやってからね、借金ばっかり。金ないけど、全部人に貸して。孫が今もう一〇人おってな、ひ孫も今一八人。みんなおかげで元気。あんだけ戦争やって、水害あって、みんな助かって。みんな心持っとるから。
林正茂：神さんのね。
林木宋：神さん持っとるから。
林正茂：最初日本に来た時、日本語はできましたか？
林木宋：できないよ。隣とな、ものすごい仲いいやん。炊いたもん（食べ物）みんな隣に。みんな食うよ。言葉あちこちわかってきた。そやからうち、警察行って言うたよ。あんた、ほんまに引っ張っていってな、二階上がらせてくれへん。二階（に人が）おるやろ。行った時ね、神戸な、自分の家の方な、弟の親戚の子、自分の子どこにもおらへん。二階上がってからね。

まあ、父ちゃんの顔見たらね、見ておられへんしね。もう痩せてね、ひげこんな伸びて。「あんたもね、人間やで。わたし中国人やけど、あんた日本人や。わたし中国人や、人間や、あんたも人間や。（自分の夫は）あんたに引っ張られて、（でも）なんにも悪いことしてない。神戸の警察みんな知っとるで」言うたってん。神戸の係の人、みんな心安いやろ。みんな見に来てね。偉い人も来たで、うちのお父ちゃんかわいそうって。どんなして、この子ども三人大きいできる？　家もないよ、お金もない。その時期ね、（警察が）弟引っ張って行ってね。うち子ども三人やろ、わたし一人やろ、弟の嫁はんやろ、四人どうやって食べさせてやろう思て。兄弟喧嘩して、おってもおられへんかった。父ちゃんおった時な、反物の商売の時な、ごっつい金持っとうからな。あの時な、日本に来て一銭も金ないやん。

まじめに商売やってからね、問屋さんできたやん。考えて、今日までな、豊岡から神戸来て、高架下来て……
林正茂：最初豊岡おったん？　寒いとこやね。
林木宋：寒いとこ。主人のね、おばあさんの親戚や。

・夫を亡くしてから

林正茂：お父さん亡くなって、豊岡に行ったわけ？
林木宋：家、動くやろ。子ども大きいから歩けへんやん。それと弟な、かわいそうやからね。おっておれへんからな、子ども二人連れて行ってもうた。女の子と男の子。
　防空壕大きいやろ、隣と三組、うちの防空壕入って死んだ。あれね、反物いっぱい入れた。お父ちゃん生きてた時な、みんな防空壕入れてな、三月まで全部入れた。駅みんな焼けた。品物全部焼けた。物はみななくなった。お父ちゃんみな、得意さんものすごええ人やからな。おかげで家焼けてない。葬式できた。うちの弟かわいそうに、葬式できひんし。弟かわいそうに、どうやって葬式するかな？うちのお父ちゃん、家で葬式。今、こんな葬式、偉い人じゃなかったらできへんで。ごっついやん、みんな金ないやん。弟と嫁二人、金ないやん。そやからようしてくれたんや。
林正茂：誰がしてくれたん？
林木宋：これ、なにや近所の人たち、皆手伝ってくれた。神戸の人おれへんもん、な。この前東京の新聞社来たやろ、（その時聞かれたのは、夫を殺した人を）連れてきたら裁判するか？　憎ないか？（もちろん）憎い。とってもその本人憎いやん。ほかと隣組の人、ものすごようしてくれた。近所の人、隣の人（夫の）ひげ剃ってね、立派に葬式してくれた。悪い人ばっかりじゃないけどな。今、裁判かけて、東京行ってそんなんできないやろ。今頃な、子どもも日本人（を配偶者に）もらうしな、日本人も一緒や、この頃。今ね、裁判かけたら、金もらおう思たらな、うちもう死んでまう。こんな歳になってな。食べられへんことないしな。娘もちゃんとしてくれるしな。
林正茂：一番近所の人が。
林木宋：とってもよくしてくれる。
林正茂：世話してくれた。
林木宋：お父ちゃんも、服ちゃんとみんな着せてもうて。警察の前言うけどな、悪い思ったんか、「陳さんも遠い（ところに）引っ張る、こんなんないわ」って言ってな。お礼言うのもでけひんしな。こんなに引っ張られて、なんにもできひんから。七八キロくらいあったの（体重）が、痩せて四〇キロしかない。痩せてな。毎日泣いてな。主人ものすごいええ人。嫁はん孝行、子ども孝行やろ。それから、あんな人間死んだら、もうほんとにないわな。

・心の支え

林正茂：あとね、お父さん亡くなってから、ずっと何を心の支えに生きてきましたか？

林木宋：うちね、自分のことなんにも考えてへん。お父ちゃんの三人の子な、絶対に守ってやりたいから。自分悪なってもな。結婚する人いるよ（と言われても）わたし絶対結婚しない。うち絶対嫁に行かへん、っていう気持ち。

林正茂：なんでね、子どもとかお孫さんたちにね、お父さんが拷問で亡くなったこと言わなかったんですか？

林木宋：言ったらな、また子どもがいじめられる思たから、言われんかった。子どもは全部知らんかった。言われへん、知らない。ＮＨＫ（が取材に）来たやろ？　だから隣とかな、新聞出たやろ。だからな、子どもはわかった。小さい子はわからんと思うわ。今でもわからん。はっきり言うてない。そやからな、言ったらな、喧嘩していじめられるのが怖いやろ。なるべく親が隠したらええんや。

林正茂：子どもさん、わかったでしょ？　お父さんがそういうふうに亡くなったいうのは。

林木宋：あの時はみな知らん。

林正茂：まだ、はっきり知らない？

林木宋：うちのあの子、まだ五つくらいな。五つくらいで言うてもわからへん。

林正茂：新聞社とか。

林木宋：今、知っとうよ。

林正茂：ＮＨＫとか（取材に）来てね。

林木宋：下の方（の子どもはテレビを）見てへんからわからんねん。なにも言わへんもん。今も（そのことについては）言わへん。

林正茂：今も知らへん？

林木宋：知っとうも知らんでもね、ビデオも見せへんし。隣の本屋さんな、朝から新聞、テレビ見た。（林さんのことを見て）びっくりしてもうて、お兄ちゃんと家来て泣いとった。お母ちゃん、どんなに苦労して大きなビル建てた（と言って）。

林正茂：上の子どもさんね、知ってからどうでした？　変わりました？　お母さんに何か言いました？
林木宋：なんにもね。そん時ね、お母さんきつかったな、辛抱してからよかったな思た。
林正茂：あんまり子どもさんも言わなかった？
林木宋：なんにも言わない。お母ちゃんよう辛抱できたな（と言って）、隣の人と泣いた。隣とな。そりゃ近所（の人が知ったら）びっくりする。うちな、この人とわかったら困る。しょうもない、こんなん言うやろ。信用してくれたらええけど、信用してもらえへんかったら困る。（自分がテレビに出たことは）どうしてもやってくれ言うからやったんや。（でも）やってよかったやん。近所の人みんな言うてくれた。かわいそうやな言うて、日本人にも悪い人おるな言うて。
林正茂：僕もね、そのビデオ、番組、家で録画して博物館にも置いてあってね、いろんな人が来たら、みんなに見せてね。いつも言うのがね、戦争は絶対にしたらいけない。
林木宋：いけない。そうそう。
林正茂：平和が大切やって。
林木宋：平和にせなあかん。
林正茂：いつも靖国の問題とかあるけども、一般の人、日本の人もみな優しい人ばっかりやけども、戦争を起こした人が悪いね。
林木宋：起こした人悪いわ。普通の人は悪くない。
林正茂：兵隊の人もね、自分が好きで行ってる人は少ないと思う。
林木宋：あれもかわいそう思うわ。
林正茂：亡くなった人もかわいそう。そやから今のね、イランやイラクの戦争もみなしたらいかん。
林木宋：絶対戦争はいらんねん。な、見てみ、今、外国の戦争見てみな。あんだけ人間死んだらな、うち見たくないよ。
林正茂：長崎・広島に原爆落とされたでしょ？　長崎・広島の人、なんにも悪いことしてないて。
林木宋：なんにもしてない。
林正茂：なんで落とされなあかんの言うて。
林木宋：そうやそうや。
林正茂：だからね、すべて戦争が悪い。だから平和が大切ですよ。僕いつもね、博物館に展示してある写真ね、お父さんの（写真）展示してあるんでね。ほなね中には手を合わせてくれる人もいます。だから僕いつもね、博物館でいろんな人にお話する時はね、こういう悲しいことはあったけれど、戦争してはいけないですよ、平和が一番ですよと言うんです。
林木宋：若いのにええことや。そやから、戦争にならんかったら、こんなことならへんけどな。拷問する。何万人死んだから、一人二人なにするか（何のことはない）言うて。このくらい言うやろ。ものすごい辛い。二階行っても上がらしてくれへんやろ。もうあかん。毎日着るもん持って行ってね。わたしね、病院行ったら、お父ちゃんおったところに入らしてくれへん。弟の方ね、戦争済んだから入らしてくれる。弟かわいそう。帰ってきてね、死んだからな。弟の方も、自分あかんわかっとる。今日までな、ようやってきたな思た。そやから、お父ちゃんが守ってくれた思うわ。
林正茂：今は幸せですか？
林木宋：おかげでな。子どもも孫も、みんな親孝行。

・中国での幼少期

林正茂：中国におる時ね、田舎におる時、子ども時分はどうでした？
林木宋：子どもの時になったらね、親とこな、ものすごいええとこや。主人の親ね、日本（で言うところ）の知事さんや。いちばん偉い人。あんた知っとるやろ？
林正茂：村の村長さん？
林木宋：村長だけちゃう。
林正茂：主人の？
林木宋：主人の実家、家な、ものすごええ生活。牧場やっとる。
石川：牛とか？
林木宋：お母さんの家、兄弟ようけおるから。兄弟一軒一つ、みな家建てた。三六（一九六一）年に帰った時反物あげた。こんな大きいやつをな。こんなにようけ持って帰った。三年雨降れへんから、人参一〇〇キロ持って帰った。商売やっとうから人参な、持って帰ったからね。みんなお腹膨れとるやろ、一つ二つやってな。人参ええで。
林正茂：人参やて。朝鮮人参？

・朝鮮人参の商売

林木宋：朝鮮人参。あの時な、日本と中間の仕事をしてた。
林正茂：朝鮮人参の商売やっとったん？
林木宋：中間卸や。商売やったけどな、二三（一九四八）年から日本と中間（卸）やって、一年やってないやん。うちのお金、八万借りて中間やったやん。大きな金ないで。日本と中間やってから、倒された（つぶれた）。
林正茂：倒されたん？
林木宋：銀行もな、（借金の利子は）八分やろ？　な。そやから中国、借りて五分してくれるやろ？
林正茂：頼母子で？
林木宋：それで、わたし商売して、借金借金、二億以上借金。それで、朝鮮戦争やろ、朝鮮戦争でまた高い売れるしな。戦争あるやろ？　それから品物売ってから、また借金。
林正茂：それはなにを売った？　朝鮮人参？
林木宋：そう。日本の中間や、卸屋や。卸屋買いに行きようやん、長野県（長野県は、福島県、島根県と並ぶ国内の朝鮮人参の代表的産地）。
石川：長野県？
林木宋：知っとうやろ？　あそこに。
林正茂：長野県の人参を？
林木宋：早く（店を）開けたやろ、元町に。飴となな、林檎とな。新開地（神戸市兵庫区南部の繁華街）にも店あるやろ？　そこで物売るやろ？　ちょうど問屋さん見つけた。売る問屋さんな。Mさん（店名）な。
石川：M？
林木宋：（店の）名前もなんにも書いてない。うちこんなんやで、子ども今三人おるから、弟の嫁さんおるから、主人も死んだ、弟も死んだ、わたしこんな食べていかれへん。うちは反物の商売（をやっていた）。店を借りてからな、わたし商売やった。うち、昭和二〇（一九四五）年（に店を）買うた。まだ若いけどな、その店買うたんや。お金一銭もないで。
林正茂：それは元町の店？　新開地？
林木宋：新開地の方はもっと早い。新開地のほうはバラック。Oさんな、仲間や。Oさんな、うちの父ちゃんとこの商売や。うちバラックやろ、トタンいっぱいや、高架下で子どもは風邪ひいたし。二軒建てるのに（Oさんと二人で二軒の家を建てた。ただし、すぐ後に出てくるように台所と便所は共同であった）お金四万円かかった。うち金一円もないから、女やのに子ども三人かかえた。（お金）貸したろ（と言ってくれたので）、泣いてな。Oさん貸してくれるで、うち半分して、なんでも台所も一緒、便所も。
あんた字知っとる？　わたし字知らん。恥ずかしないけど。足ちっちゃい。なんにもできひんから。

・纏足と結婚

林正茂：木宋さんは纏足？
林木宋：纏足。金持ちとな、（纏足が）なかったら嫁行かれへん。
林正茂：ええところのお嬢さんやったから、纏足なんやね。
林木宋：そうそうそう。ええとこのお嬢さんやてん。こんなん（纏足）なかったら嫁に行かれへん。
林正茂：僕の台湾のおばあちゃんも、みんな纏足してた。
林木宋：わかったやろ？　お金ある人、その代わり仕事できひんねん。
林正茂：仕事せんでええねん。
林木宋：いや、できへんようにな。なんでもな、女中さん番頭さんおるやん。あの時な、ええとこ娘……
林正茂：ええところお嫁行こう思たら、纏足せなあかんねん。
林木宋：あれなかったら嫁に行かれへんねん。
林正茂：ほなら、子どもの時ね、足ずっとくくられて……
林木宋：こんななってもた。
林正茂：痛かったでしょ？
林木宋：痛いで、ものすごい。うち主人とな、一七の時結婚した、（その時纏足を）やめたやん。
石川：一七歳の時に纏足やめた？
林木宋：日本でやめたやん。
林正茂：一七歳の時、結婚する時ね、見合いでしょ？　その話は誰が持ってきたの？
林木宋：あれね……
林正茂：お父さんとお母さんが？
林木宋：みんなお父さんとお母さんが、ええところ、小さい時から見つけとうから、そこで話決まってる。
林正茂：その時に話決めて？
林木宋：話決まってる。
林正茂：自分が行きたいとか行きたくないとか言えへん？
林木宋：主人の親もすごい厳しい。自分の部屋なったらな、自分の兄弟しか入られへん。絶対ここ、友だち入らさへん。とても厳しいやで。この前ね、（中国に）帰ったら法事してね。三人法事した。ここの弟やろ、中国の弟やろ、それとうちのお父ちゃん。三人法事した。
林正茂：それは、中国で？
林木宋：ごっつ大きやったで。あの時ね、言うても恥ずかしないで。一銭も金ないで、次の結婚式や法事とかできないやろ。三五、六（一九六〇、六一）年に法事してな。

林正茂：それ中国でやったん？
林木宋：中国。ごっつ大きやったよ。うちビデオあるよ。お父さんにね、ものすごい子ども守ってもろて。
林正茂：おじさんを供養するために。

・息子の中国料理店

林正茂：こっちの、神戸の息子さんは何をしてはるんですか？
林木宋：元町本通り、昭和二〇（一九四五）年（店を）買うた。
林正茂：料理屋？
林木宋：料理屋。
林正茂：名前なに？
林木宋：湖水（神戸市中央区元町通五丁目の中華料理店）。上に（ビル）四階建ててん。
林正茂：元町のどのへん？
林木宋：五丁目。五丁目の角。阪神あるやろ？
林正茂：阪神の西元町の商店街のこと？
林木宋：商店街の中にある。昔ええけど（商売は）今あかんねん。みんな今、南京町に取られる。あかんあかん言いながら、食べるくらいな。
林正茂：中華屋さんしてるの？
林木宋：息子やっとう。上の息子。前は（売り上げが）一〇〇万近くあったけど、今は三分の一や。ものすごい下がってる。子ども大きなったしな、食べるくらい、支払いできるくらいでええな思て。

・中国での高い階層

林正茂：あのね、纏足の話やけどね。お母さん紐でくくられてな、痛くなかった？　いやや言えなかったの？
林木宋：いや言うてもできない。怒るやん。仲ええ人、みんな女中さんやろ。山行くやろ。海行くやろ。仕事、うちみたい（だったら）あんとこ（海や山に）行けへん。ええところじゃなかったら（纏足をしない）。日本と違うやろ。
林正茂：僕、知っとう。
林木宋：ええとこやなかったら、（足が）こんなん小さくならへん。こんなんな。そやからね。
林正茂：ほかの女のきょうだいの人も、みんな纏足された？
林木宋：女のきょうだいは上とね、下はあかんねん。下はみんな（足が）大きい。全部（纏足を）したらあかんようになってん。
林正茂：したあかんようになったん？（纏足は）木宋さんまで？
林木宋：わたしとこまで。そやからね、下の方（のきょうだいは纏足を）みなせえへんねん。今考えたら、お父ちゃん死んだけど、よう守ってもうたわ。今度（中国の）家帰って法事してな。（その時の）ビデオ見たら二時間かかって。ごっつい（法事に来た）人多いで。
林正茂：また今度ゆっくり見せてほしいな。見せてくれますか？
林木宋：今度家おいで。うちとこの家な。昔、中華会館の家、ややこしい。あんた出て行き言うて。借りた時にもな、証拠なしよ。
林正茂：今度今年から僕ね、中華会館の理事になったから。
林木宋：そうですか？
林正茂：木宋さんのところに土地を貸してるって知りました。
林木宋：そうやろ？　よそとこみたら高いやろ。高いけど黙って払うやろ？　わたし、わからんからな。あかんで中華会館。今みな住んどうやん。あの土地二万なんぼやろ？昔な、みんな信用しとるやん。あんなん言うやろ、あの人（夫が）死んだから。
林正茂：陳守海さんのお墓はね、神戸のどこにあります？
林木宋：中華義荘ね。上から降りてね、一階二階三階の方ね。ほかに二人の名前。すぐわかる。上から降りたら右よ。すぐ角。
林正茂：今度ね、お参りにいかせてもらいます。
林木宋：いっぺんな、一緒に行こうや。
林正茂：今日もね、ちょっとお花ね。また帰ってから家のとこでね、お父さんの。あとで供えてくださいね。
林木宋：ありがとうございました。こんな親切に。
林正茂：ほんま線香もあげたいけど、今度またゆっくりね。
林木宋：今度またゆっくりおいで。あんた知らんやろ？　うちとこね、うちのママな、ゴマパン作っとうねん。
石川：ゴマパン？
林木宋：ほんまに。今日ちょっと寄って。
林正茂：これもね、今ね、博物館とか中心にね、昔のいろんな人の苦労しはったこととかお話を聞いてね、記録して、これからの人にね、みんな苦しかったこと、辛かったこと、僕らもね、聞いてね、それを伝えていきたい思てね。

ありがとうございます。協力してもろて。ところで、なにがね、今までがんばって来れたね？
林木宋：主人のおかげ。
林正茂：主人のおかげやけどね、それ以外になにを一所懸命、心の支えに生きてきました？
林木宋：心の支えもな、子どものため。
林正茂：子どものためね。
林木宋：子どももみんな元気になったら、わたし一人で借金みんな払うからね。店、（お金を）銀行から借りて、あんなんなかったらやっていけへん。三〇〇万くらいいるよ。利子と頼母子いっぱいある。頼母子も保証や。
林正茂：頼母子は多い？
林木宋：みんな（借金で）倒れて、人間あかんようになった。自分、信用あるやろ？　信用あるから、あれ（お金を）借りて、質屋からも電話かかってきて。

・教育経験

石川：中国にいはった時に、学校に行ってはりましたか？
林木宋：行ってない。家でな、刺繍とかな、家で作る。機屋って知っとる？
石川：機織るやつ？
林木宋：こんなんも教えてもろてな。反物、裁縫なんでもできる。
林正茂：小さい時、家で全部教えてもろてた？
林木宋：先生みな来るやろ？　学校の方な。うちやっぱり頭ないから、主人の親、学校の先生や、教えるのにな、一つも頭入らへん。わかったら、ものすごよかったのにな。家でけるのに、自分せえへんやん。
林正茂：そやけどね、聞いとったらお父さんの家ね、わりとお金持ちの家やったでしょ？
林木宋：金持ち。
林正茂：やっぱりね。日本に出稼ぎいうんかな、日本に商売行くいうのんは。
林木宋：あの時な、みんな学校の先生や。畑作る、みんなできないやん。（でも自分のところには）畑いっぱいあるやん、（それで畑を）人に貸す。イモとかいっぱい入ってくる。（あの頃）引っ張られたやん。主人の親、主人の兄弟引っ張られたやん。一人殺された。
林正茂：それ中国で？
林木宋：あれね、なにやろ。

林正茂：毛沢東かなんか？
林木宋：自分の畑貸してね。
林正茂：地主やからか？
林木宋：地主あかんねん。共産党の方やられてん。連れてってものすごなぐられた。
林正茂：文化大革命の時とか？
林木宋：そうそうあの時。
林正茂：あの時、地主階級やったからな。
林木宋：みんなほかしてしもて。
林正茂：みんな取られてしもたんやな？
林木宋：なんにもあれへん。
林正茂：それまでは大金持ちで、みんな田んぼ貸して、お米や食べるもん、イモもろてたのに。共産党が来て、みんな取られて、つるしあげられて。
林木宋：そうそう。それからほんまに仕事できひんやん。あとから、病気で主人の親も死んで、主人の弟も死んでな。
林正茂：共産党は好きですか？
林木宋：あの、昔の共産党がええとか悪いとか……ええか悪いか、やっぱしね。あの、昔の人間ええなあ思うだけや。
林正茂：持ってない人は、土地とかくれるから好きやけど、ご主人とこの土地とか、持ってる人ははっきり言っていややね。
林木宋：みんな取られて、またたたかれる。

・同業組合

林正茂：昔はね、僕は台湾。福建から台湾行って。うちはね、南のアモイとかあっちの方です。
林木宋：二丁目のSさん知っとう？　あんた知らんな。若いからわからへんわ。昔ね、わたし反物やっとう。
林正茂：僕とこね、元町東口の南でね、西安いうてね、広東の人でｓさんとか知らん？　ペンキ屋のｓさんとか。
林木宋：女の人？
林正茂：Rちゃんとか？
林木宋：あの時知っとうよ。
林正茂：隣がCさん、やっぱりペンキ屋で。僕のところはね、戦争中はずっと貿易してたの。ずーっと戦後はね。
林木宋：台湾の人な、向こうの舶来品売っとうやろ？ごっつ買いに行きようやん。
林正茂：戦争中とかね、中国の人同士は仲良かったですか？

林木宋：あの当時やったら、別にわたし悪い思わへんわな。
林正茂：みな同じ中国人やし。福清の人が多かったですか？
林木宋：福清ばっかりやっとる。反物。
林正茂：組合とかね。
林木宋：組合は二〇人だけや。主人、親兄弟もみんな殺されて。あんだけ（警察が）引っ張らへんだらな。大阪（の警察に）引っ張られへんかったらな、絶対引っ張られへん。神戸で悪いことせえへんもん。市場行っても、みんなお父ちゃんとこ品物買いに来るやろ。鹿児島の人多いやろ。よう買いに来てね。いっぱい買いに来る、反物をな。今焼けて、どこ行ったのかもわからん。
林正茂：買いに来たら現金で売るわけ？
林木宋：現金ないよ。次々に（信用払いで）払う。
林正茂：来たら次々に払う。中には払わん場合もある？
林木宋：もういっぱい、払わんと。一銭も取られへんよ。信用で借りとるもん。空襲なったらみんな死んだのに、別の金もらえへんねん。いるだけ自分もらうから。ちょっとくらい（物を）買うだけ。
林正茂：あとで家行ってもいいですか？
林木宋：ええよ。あとで家おいで。昔の家、きたないよ。上は六畳、六畳、四畳半、下はわたしの部屋、八畳くらいあるよ。また台所な。その家ほんまに古いもんな。昭和何年に借りたかな？　元町の家できた夏に借りた。

・病気

林正茂：今まで病気はしたことあります？
林木宋：あるよ。子宮筋腫な。一回ごっつい大きいの。ほんまに医者も行けへんし、血なんぼでも降りるからな。（ついに）七月に倒れたからな、いつも博愛先生（神戸市中央区栄町通の神戸博愛病院）行きようから、（行ってみたら）「あかんで、日赤行きなさい」（と言われて今度は日赤病院の）婦人科行ったらな、六六〇〇cc輸血して、「これ済んだらすぐ手術する」（と言われて）。二〇日間おったのに、血管切れて。四時間やったらあかんことになってた。麻酔かけられへん。分娩室も三、四日ずっとおって、よう生きてきた。人間いうもんな、やっぱり神さんやな。しっかりしてくれとう。
林正茂：それからはもう元気になった？
林木宋：一回ね、肺炎。一か月。こんなんばっかり痩せてもて、四〇キロくらいになった。それから朝鮮人参ばっかり飲んどう。
全員：朝鮮人参（笑）。
林木宋：あればっかり飲んでる。それから今日生きてる。一箱二〇袋くらいや。病気の時なったらな、四五の時や。あれから（朝鮮人参の）商売、自分の飲むしな。
林正茂：顔色もいいしね。
林木宋：あればっかり飲みようから。向こう（中国）のね、八〇〇元。一銭も金残らへんで。でも借金ないだけありがたい。

・伝えたいこと
林正茂：あとね、これからの中国の人とか日本の人とかに、なんか伝えたいとか、言いたいこととかあります？
林木宋：今な、ほかのこと別、日本の人と付き合いしとうねん。一人日本の人ものすごいええ人で、二〇年から三〇年付き合いしとるねん。困った時、いつも毎月一万から二万円くらいくれるよ。一〇〇人くらい付き合いあるけど、あの人一人やな。日本の人、別に嫌になる人ないな。みんな友だちになったらな、みんな仲ええからな。それからね、おかげさんかわいがってもろとうから。そやからこ来てね、みんな友だちなってな。
林正茂：そやけどね、九一までなって、頭がものすごいしっかりしてはりますね。
林木宋：わたし？　もうやっぱりさ、耳も少し遠うなったし。
林正茂：僕のママね、八七やけどね、心臓の手術したけどね、足歩けないね。車いす。
林木宋：わたし車いす、二年三年、車いすばっかり。いろいろ煎じて飲む。漢方薬とかいろいろ入れてな、ナツメとかいろいろ煎じて飲むよ。うちね、体わりといいよ。足こけてばっかしやから、足ね、骨ゆがんでしもて、手術する言うて、うち手術せえへんからな。何回もこけて、手も三回くらい折った。それも全部治った。
石川：お元気にしてはる。
林木宋：おかげでな。たまに痛いけどな。
林正茂：纏足やけど、こうやって歩いて、頭もしっかりして。
林木宋：お父ちゃんに守ってもらったんや。
林正茂：僕もね、三年くらい前に普度勝会（旧盆に神戸関帝廟で行われる施餓鬼行事）の時に夜初めて来てね、獅子舞やら。木宋さんここでね、座って獅子舞とかしてもうとる姿。
林木宋：あんた見た？
林正茂：ビデオも撮ってあるからね。
林木宋：うちどこでも行きようよ。付き合いするから。総会の時もいつも行くよ。Yさん死んだやろ。ものすご仲いい。
林正茂：一番Yさんが仲よかった？
林木宋：うちね、友だちね、一人、Rさん死んでもた。
林正茂：みんな死んでもた？
林木宋：みんな死んでもた。C・Tの嫁はん、ものすご仲いい。C・T知っとう？　ここ（警察に）引っ張られて死んでもた。
林正茂：あのC・Tの奥さん？
林木宋：すっごい仲いい。あれね、一月に二回くらい来るよ。うちの炊くもん（料理）好きや。
林正茂：ビデオに映ってるあの三人、仲良かったね。同じように、ご主人そういうふうに殺されたけど。
林木宋：昔から仲ええ。主人かおる時から仲ええからな。それからうちな、遠いとこ、仲ええ人ようけおるよ。

・親戚づきあい
林正茂：今でもね、中国の方とお付き合いあるんですね。田舎のね。
林木宋：あるよ。うちとこ、主人の（田舎に）三六（一九六一）年に帰ってね。昔の家、こんなに小さいよ。うち今度一二軒（の家を）建てて帰って。反物持って帰ってな。三六年に帰ってね。売る人もおるけどな、あげる人も多い。うちの主人の弟と嫁と、機械買ってな。村の人みんな喜んで。米もできる。いろんなもんできる。
林正茂：トラクターみたいなやつやな。
林木宋：学校も寄付、なんでも寄付したよ。
石川：それはどこですか？　福清？
林木宋：少しずつね、みんな寄付して。お父さんの法事したやろ？　この前一一月帰ってきてな。明くる年に一月地震やろ？　震災の時や。はよ金借りて、三人（の法事を）してやった。ごっついで、あれ。いっぺん（ビデオを）見てみ。主人、兄弟（の法事を）した後ね、「どこの人間かな？　ごっつい法事やってたな」言うて。みんな聞いてきて、あんたんとこすごいなあって。帰ってきて、あれっきり（中国には）帰られへん。うち、こけてから帰ってない。

一二年帰られへん。
石川：一二年帰ってない？
林正茂：やっぱりそれと、みんなのために寄付してあげたり、みんなのするのが……
林木宋：わたしだいぶ、神戸助けてやったよ。頼母子、もうあかんやろ。みんな保証して。それからみんなでがんばったんや。今日こんなに借金あっても、今日Yさん言うとった。林同春、電話一本で五〇〇〇万貸してくれて。
林正茂：信用やな。
林木宋：それだけ大きい借金やろ？　どうやってゴマパン作って食べていける？　うち知り合いの香港の人、名刺作ってあげたよ。林のとこ扱って、うちとこ保証してやろ。神戸来てごっつい宝石扱ってね（宝石の取引の仲介）。うち、卸屋持ってってね。一割くれるやろ？　あのなにや、宝石はうち好きやろ？
林正茂：宝石好き？
林木宋：とっても好き！
林正茂：自分の服とか、楽しみはなんですか？
林木宋：いっぱいある。

・今の楽しみは孫・ひ孫

林正茂：今の楽しみはなに？
林木宋：孫や。
林正茂：会いにきてくれたり？
林木宋：みんな兄弟仲いい。
石川：お孫さん何歳ですか？
林木宋：一番上の孫は、六〇……
林正茂：それ息子さん？　孫さんやったら……
林木宋：孫やったら、一番上は二一、（これは）ひ孫よ。孫は四〇くらい。
林正茂：あと、みんな孫とかひ孫とか、同文学校？
林木宋：二軒くらいやな。娘、姫路の方な、娘の息子な、今貿易してるやろ。
林正茂：それは日本の学校行ったん？
林木宋：今四人、同文学校おる。
林正茂：まだ今来てんの？
林木宋：来てる。あそこの子ね、一番と二番の子来てる。三番目の孫な、ほかの方来られへん。鈴蘭台やろ、垂水やろ、遠い。遠いからあかん。だから二組だけ来た。ひ孫四人入った。そやから、自分の息子の孫全部ここ（同文学校）。

石川：四人のひ孫さんとは何語で話をしますか？
林正茂：北京語？
林木宋：日本語と福建語。うちの四人は福建語少しわかる。

第二回インタビュー

・「なにより付き合い大事」

林木宋：家、危ない言ってたのにな、うちみな親子助かった。みんな物ないようになった。ほいでね、また助かってね、今日までね、あの戦争でな、田舎行ってからな。ここ人よう死んだやろ。三組死んでもうた。
林正茂：防空壕な。
林木宋：うちの親戚（のところに）、無理に連れていった。子ども二人連れて行った。（そのうち）赤ちゃん一人や。弟、一月（警察に拘引されて）行ってな、六月病気やろ。警察の病院出て、病人さんと四人食べるやん。それでな、六月から九月までほんとうにえらかった。弟、嫁さん助けてやった。今あそこの店、嫁さんにやった。よう守れへん。言うても、自分の家庭のこと言いたくないけどな。ほんまに、言うたところ人笑うで。あんなええ場所、ようもったいない。しかたないからな。あんまり、人付き合いせえへんからや。そんなんや。
林正茂：やっぱり、付き合うことが大事？
林木宋：付き合い一番大事。なにより付き合い大事。
林正茂：いろんなこと教えてもろたりな。
林木宋：わたしね、自分食べないでも、人やるよ。これ、ゴマパン作ったやろ。これね、三個になっても三個みな（人に）食べさせよる。わたしこんなの気持ちや。また次に注文（したら）作れるやろ。ママ、初めてうち来た、びっくりするやん。お母ちゃん、いつまでも金残らんよ。人によう物やるわ（と言って）。お母さんみたいに人に物やっても食えるから、わたしも真似する言うて。これからも食えるやろ。今日まだな、食えるだけ。大きな社長は呼んでもけえへんな。
林正茂：R・Dさんが見とるやろ？
林木宋：見とうよ。毎月五〇万家賃やったやろ。お母さん（には）言うてない。娘二人死んだやろ？　お母さんに、娘（が死んだことを）まだ言うてない。
林正茂：そうか。まだ言うてない。
林木宋：R・Dさんのお母さん、うちとってもかわいがってもらって。いっぺん行ってね、友だち一緒に行ってね。どうしても帰らないかんのに、帰らしてくれへん。手引っ張ってね、こけてね、手を折ったんや。あれっきり以降、行きとうない。うち一二時人来るから、絶対行かな、帰らなあかんねん。言うてもわからんねん。逃げてくるからこけてもた。
林正茂：おってほしいからな。向こうは。
林木宋：ものすごいおってほしい。あれからね、お母さん病気の時一回行ったきり。あれきり行かへん。あんまり行ってもね、丁寧すぎるわ。無理に無理に引っ張るもん、お母さん。今は引っ張らへんわ。

・元気の源

林正茂：だから、このバイタリティ言うんかな？
石川：元気の源は？
林木宋：はっきりわからんな。
林正茂：ものすごい。林木宋さんも、朝鮮人参、今でも食べたり飲んどうから？
林木宋：今言うた。これいっぱい今、作ったろ。
林正茂：朝鮮人参、今いっぱい作ったろ。
林木宋：昔はみな木箱。今は違う。四五（一九七〇）年の時手術した。その時（朝鮮人参を）飲んだ。風邪ひいた時にもな。

・「あんたも人間やろ。わたしも人間や」

林木宋：うちもなあ、おかげさんでな、友だちにようかわいがってもろたよ。日本人、朝鮮人、台湾人、みんなあるで。付き合いっておもしろいからな。
林正茂：最初に言ってはったね。警察に言ってはったみたいに、「あんたも人間やろ。わたしも人間や」。朝鮮人も台湾人も中国人もみな一緒、人間。
林木宋：一緒の人間や。うち言うたって、なんで（主人が）こんなこと（警察に拘引）されて、ひげ長くなって。箸も持たれへんやん。わたし警察に言うたで、「うち、ごはん食べる箸も持たれへん。あんたも人間やろ。（うちには）子ども三人いる。どないしてくれる」。警察なんにも言わへんよ。大きく怒鳴ったで。泣きながら怒鳴ってやったで。
林正茂：その時悲しかったね。
林木宋：主人も、ものすごいかわいそかったよ。ほんまに日本にいて、あんだけ、五か月（警察に）行ってな、死んでもうてな。一生忘れられへん。いつも思うわ。夢するで。
林正茂：夢に出る？
林木宋：夢に出る。
林正茂：お父さん？
林木宋：お父さん。
林正茂：元気の時の姿？
林木宋：元気の時の姿。もしあの当時な、黙って中国帰ってしもたら……今はね、昔の話もしとうないけどな。もうほんとに、なんにも悪いことしてへんからね。引っ張られてね。警察にお金払て。三回引っ張られる。もう今言うたら、泣いても止まられへん。

・「子ども泣いて顔みるから、よう死ねん」

林正茂：でもね、中国に帰ろうと思わへんかった？
林木宋：誰？
林正茂：木宋さんがね。
林木宋：帰りたくてたまらんねん。あの時、日本来たばっかりやん。まだ子どもできてない時や。あの当時。
林正茂：お父さん亡くなってからね、帰ろうとか思わなかった？
林木宋：亡くなったら食べていかれへんから、船あったら帰りたい思とった。帰ったら食べるあるから。（でも）帰られへん。船ない、飛行機ないから。主人のお母さん病気で危ない言うから、帰りとうてしゃあない。でも許可くれへん。そやから三六（一九六一）年に帰った。いっぱい物持って帰った。日本の砂糖な。あれをいっぱい持って帰る。いろいろなもん入れて帰ったからな。とってもな、あの時かわいそかったよ。こんないっぱい持って帰って、二つ三つ（人に）やったよ。
林正茂：今は、考えたらずっと日本におってよかったですか？
林木宋：今考えて、うち、日本おってよかった。ようがんばった思う。うちな、やっぱりお父さんに守ってもらった。中国の神さん仏さん、ようしてやった。そやから結局な、中国も守ってくれとうな。どっちもええから今な、（中国の）家帰る言うたらよう住まへん。こんな辛いこと言ってもしょうがないからな。
林正茂：いろいろ聞きたい。思うこといろいろ好きに話して。
林木宋：そうか。辛いなったら、乞食以上くらい辛いからな。もうほんまに今日お米一銭も買われへんし、子ども大きなられんし、どないしたらええかな（と思って）、何べんも自分、自殺しようとした。
林正茂：思た？
林木宋：何べんも。わたし見て、子ども泣いて顔見るから、よう死なん。この三人の子どものおかげやで。わたし、あの頃よう辛抱してきた。あの時な、風邪ひいて薬ないやろ。それで、あの子、三人どないして大きなるか。それからやっぱり、うちのお父ちゃん。
林正茂：子どもさんは、お父さんがいないことでなんか辛い思いしたことはありますか？
林木宋：それやっぱそう、上の子はわかるな。たまにもの言うからね。お父さんおったらな、お母さん苦労せんでええから（と）。
林正茂：木宋さんは子どもにね、そういう拷問で亡くなったことは言わなかったけれど、どうやって死んだって言うたん？
林木宋：あの時な、子どもなんも聞かへんもん。聞きもせえへん、言いもせえへん。死んだわかっただけ。
林正茂：死んだっていうのは知っとうけど、病気ともなにとも言わへん？
林木宋：なんも聞けへん。一緒にご飯食べてる暇ないやん。な。わたし忙しやん。子ども、自分兄弟で食べるだけやん。めったに一緒に食べるないで。一人食べる、な。
林正茂：考えによっては、あんまりそういう話しなかったから言わなかったし、聞かなかったから。
林木宋：聞かないからや。聞くなったら、やっぱり言いたかったやん。聞かなかったら子ども聞きたくないやん。それからね、今、嫁さんにもね、うち誰も……
林正茂：今でもあんまり言わない？
林木宋：言うてない。うちの嫁知っとるで。向こうの嫁さん。（人には）あんまり言うてない。
林正茂：孫、ひ孫もあんまり知らへんね。
林木宋：もう、はっきり知らんな。言うてない。あと、言うたら向こうも聞けへんわな。おばあさん、どんなに辛いしらんわな（って）。
林正茂：僕はね、偶然あの放送（林木宋さんが出演したＮＨＫのテレビ番組）録画したから、神戸でこんなね、林木宋さんのこと初めて知って、三年前から博物館に行くようになって、いろんな放送もビデオにして置いてあるんだけど。博物館ではその戦争のことといろいろ書いてる部分があって、陳守海さんの写真も貼ってあるから。
林木宋：いっぺん次、わたしの息子（に）会おうか？　朝からあの人よく働くわ。心配や。みんな寝てから帰って来るやん。一二時や一時に帰ってくるやん。そやから朝ごろな。
林正茂：店の名前なんでした？
林木宋：湖水。
林正茂：湖の水？
林木宋：電話するか？　今電話かけようか？
林正茂：探す。また行きます。こないだお話聞いた言いますわ。
林木宋：息子にいっぺん聞いてみ？　お母さんこんなんこんなんなん。みんなよう知っとうの、言うて。
林正茂：そやけど今回はね、こういうおばあちゃんとか、そういう苦労しはった人のことを聞いて、次の時代にお話して、戦争したらあかんとか、平和が大切とか……

・正直に生きる

林木宋：わたしね、友だちね、日本の人、朝鮮の人ね、いやな顔したことないで。付き合い。わりね、人ものすごかわいがってくれるから。なんでも正直や。な。そやから、食べ物一生懸命作ってあげる。
林正茂：僕もね、自分の大事なことは、人には絶対正直。人に嘘つきいややしね。
林木宋：嘘つきいやや。正直やから、みな金貸してくれるやん。これ嘘言うてみ、あとでばれるやん。誰も貸してくれへんやん。やっぱり、これね。悪する人間、わたしな、ずいぶん助けてやった。手形貸してくれ、言うて来るやろ？　四〇万、五〇万。向こうの方がだいぶもうけたやろ。あんたな、現金持って行ったやろ、言うて。
　自分、（人にお金を）借りられるから悪いんや。自分借金済んだやろ？　人がかわいそうやと思ったからな、物もやるしな、今まで乞食みたいにしてきたんや。昔ごっつええ家。お父さんおった時、中国おった時。今日まだこんなに苦労して、わたし、もう自分なんべんも死ぬつもりやったんやで。今日こんな生きとったからほんまうれしい。今、もうけた方、孫の方、元気になってほしい。な。自分の方、無理に喧嘩して金とる、いらんから。そんなんやったら、向こうええことない。子ども三人おるやろ。
林正茂：時間ぼちぼちあれやから。長いことごめんね。

（二〇〇七年七月二三日、聞き取り）

曹　英生

（そう・えいせい／Cao Yingsheng）

男性・一九五七年生まれ・華僑三世
出身地：神戸市
祖籍：浙江省寧波
老祥記三代目オーナー

曹英生さんは、戦前からの南京町を知る老華僑の家の生まれであり、老舗豚まん店老祥記の三代目オーナー。南京町商店街振興組合理事長も務め、春節祭の創設をはじめとした街づくりに尽力する南京町の顔のひとりである。

・祖父松琪さんと祖母千代さんが創った「豚まん」

二宮一郎（以下、二宮）：では、おじいさん松琪さんのところから話をしていただきましょう。どういうおじいちゃんだったんですか。

曹英生（以下、曹）：はい。おじいさんは五〇歳半ばくらいで亡くなりました。そのため、私も会ったことがないということで、噂といいますか、叔母やうちの父親から聞くことしかなかったんですが、中国の寧波出身で、上海あたりが祖父の故郷だと思います。そこから来られまして、横浜の中華街で明治の終わりか大正の初め頃に行かれ、中華街で働いたと。その時に日本の女性、山梨県出身の樋口千代さんという女性と恋に落ちてですね、結婚したと。その後すぐに、理由は分からないんですが、新婚生活は上海の方に戻ってですね、二年間上海の方で住んだと。当然会話は上海語でやっていたそうです。二年間の中で、千代さんは本当に上海語がかなりペラペラになって帰って来たということなんですね。そして、上海のなかで、日本にまた来たいという思いがあったのかは知らないんですけど、神戸で、知り合いが店をやっていたのが、何の店かはよく分からないんですけど、廃業して止めるので、よかったら南京町でやらないか、という打診があってですね、多分即決したんでしょうね。千代さんの後押しもあったんでしょうけども、神戸で頑張ろうということで、南京町の今の場所で始めたそうです。

それで、おじいさんの松琪さんは豚まんを作るのが得意だったそうです。指が器用だったんですね。その指の器用さを活かしてやろうということだったのだと思います。ただ、専門店でやるということはかなり勇気が要ったと思うんですけど、そのなかでもこの味やったら大丈夫ということがあったんだと思うんですよね。名前も今でこそ豚饅頭という名前は日本で定着しているんですけど、うちの店の豚まんの味はおばあさんが伝授したんかもしれませんね、日本人に分かりやすいように。中国では、「包」に「子」と書いて「包子」というんですが、それでは日本の方に馴染みが薄いということで、豚饅頭という表現で商品化したということなんですね。

そして、曹松琪というおじいさんの名前なんですが、老祥記と同じ発音なんですね、字は違うんですが。だから、老祥記はかなり有名になっているんですが、おじいさんの名前をとっているんですね。「老」というのは、中国の方ならよくわかると思うんですが、「〜さん」というちょっと尊敬を示したりするときに相手に対してつけるんですけど、だから、「松琪さん」という意味合いで、老祥記という名前がついたというエピソードなんですが。私は小さい時は、全然自分の店の名前を知らなかったんですよ。誰も老祥記とは言わなかったんですよ。南京町の豚饅頭屋と言われていて、たしかにうちは豚饅頭を売っているので、納得はしていたんですけども、店が有名になり始めてから、この店は屋号はなんだ、という話になり、再び最初につけた老祥記という名前がクローズアップされるようになり、小学校後半になって、やっと自分自身も分かったということなんですね。

それで、大正四(一九一五)年から始めてですね、専門店としては日本初ということで、その時のお客さんとしては、華僑、船員が中心となって、サロン的な店だったと。今はほとんど九割方がお持ち帰りなんですが、当時はほとんどが店売りばかりで、そこで召し上がっていただくというスタイルでした。神戸在住の華僑や船員さんが南京町によく来ることがあるので、そこで小腹を満たすといった店だったんですね。その当時の南京町自身が盛り上がった時期で、多くの商売人もしくは一般の方もですね、日本ではなかなか手に入らない肉、鶏、豚、牛なんかが南京町に行くと、なんでも揃うということで、どっちかというと料理店というよりかは、食材を中心に南京町は発展してきたと。当然料理屋さんもあったとは思うんですが、当時は食材の方が多かった。もしくは、漢方薬などのものを扱っていると。

南京町自体が二重構造、今でも屋台が出てるんですけど、朝のうちは日本の方がですね、たとえば、神戸の北区とかから野菜を持ってきたり、西の方から魚を持ってきたりしてですね、朝市みたいな形で、前に物を出すと。それが昼すぎになると、それを引き払って、次に本来の自分のところの、お店屋さんが開く、というような二重構造の店ということですかね。

香港や中国でもたまにそういったところが残っているんですけどね、中国の方ってそういう、開く前の店を何もせずに置いておくのはもったいないというような認識があるんでしょうけど、そういった使い方を一時期はしていたということなんですね。そういう栄えたなかでは、時には賭博が流行ったこともあったりしていたらしいんですね。胴元さんがおってですね、夜になると、お客さんが来て、そういう賭博場を開いている時もあったと。そのなかで、やはり警察の手入れが入り日本人が一時期入れない時期もあったそうですね。これは僕もはっきり分からなくて、書物に書いてあった情報なんですがね。

その時期に南京町の市場組合みたいなのができたみたいなんですが、そこでそういったブラックなイメージを無くそうということで、警察とも協力しながら、そういう賭博などを追い出して、また健全な町になったと。この辺の話は、「らしい」という表現でしかできないんですけどね。

・戦後の南京町の暮らし

そして戦争があって、空襲があって、南京町も焼け野原になったと。曹一家も当然商売ができないので、北区の淡河に親戚がいましたので、淡河に疎開したんですね。疎開して親戚のところを頼ってやっていたんですけど、一番すごいなと思っていたんですがね、老祥記の豚まんの種は麹で発酵させていますので、その麹は中国から持って来た麹ですので、それをどう保存したのかというところが我々としては興味深かったんですね。千代さんが知恵を出してですね、なんとか種を保存できたのだと聞いています。

　そして終戦後はすぐに物資が入らないので、こっちに戻って来たんですけど、親父もここだけの話ですが、当然その時代は闇市を通さないと生計が立たない時代ではありましたので、闇市に行ったりしていたそうです。そのことを親父に聞いたことがあるんですね。「闇市は大変やったんちゃうん?」と聞いたんですが、すると「そうでもない」と。いろいろなものを売れる喜びといったものがあったそうで、大変やったけど、今思えば楽しい思い出やそうです。商売の気持ちがあったのかもしれないですね。

二宮：その闇市はどこでやっていたんですか。南京町ですか。

曹：三宮の辺だと聞いていますね、三宮とか。

二宮：三宮の東側の方ですね。

曹：そういうところでは、やはり豚まんの粉やミンチも入らないので、一時期は老祥記としてではなく、闇市としてどんぶり屋のようなことを親父はやっていたそうですね。そうこうしているうちに、世の中が落ち着いてきて、再び南京町に戻って来て、本来の家業である豚まん屋を再開したと。

　南京町がですね、急場しのぎの建物しか建てられなかったということで、本当にバラックみたいな建物だったんですよ。〔中略〕この中に一家三世帯、一番多い時で一二名の人間がここで生活していた。我々家族が五人家族、そしておばあちゃんがおりまして、おばあちゃんは御詠歌の先生だったんです。御詠歌って分かりますか。若い人は分からないかもしれませんね。お経の節があるようなものですね。南京町の中華街の中でですね、五、六人の生徒さんが集まって、ご仏壇の前で御詠歌をあげるという、不思議な状態だったんです。

　バラックだったので昔の賑わいというのはなくてですね、急場しのぎ。それで中華料理屋は民生さんという今でも有名な店がありますが、そこ一軒ですね。それとさっき言った、八百屋さんや魚屋さんとか。

　昔は老祥記の両隣は魚屋さんだったんですよ。臭いがすごくてね、もう朝はすごく早くから賑やかだったといったことを覚えていますね。そういうところで、もっと多かったのは外人バーですね。外人バーは二〇軒以上あったと思うんですけど、これは私が物心がついた頃ですね、夕方や夜五時くらいになると、外人バーのホステスさん、今では言ってはいけない言葉だと思うんですけど、「パンパン」（第二次世界大戦後混乱期の日本において、主に在日米兵を相手にしていた娼婦の俗称）と言っていたんですね。ホステスさんがネグリジェみたいな服を着て、椅子に座って客引きをする。対象のお客さんというのは当然外国人ですね。僕から見たら全員同じに見えるんですが、多分西洋、ヨーロッパとか。ギリシャの人も多かったと聞いていますし。その辺の方を対象にしていたんでしょうね。

フィリピン系とかの東南アジアの人たちはどちらかというと、お金をあまり持っていなかったので、そういった対象にはならなかったんでしょうね。ドルは強かったですので、一ドル三六〇円という時代ですし、そして、コンテナもそういう時代も発達していなかったので、船が神戸に泊まると結構長い時間神戸に滞在するお客さんが多かったですので、顔なじみのホステスさんと本当に仲良くなって、港の女みたいな形になって、どんどんここにも家庭を持つようなこともあったらしいですね。その後、女の人が独立して、船員さんがパパになると。でも、こんな話していいんですかね。

二宮：もうちょっといきましょうか。

曹：ギリギリのレベルでしょうか。

二宮：文章化するときはチェックを入れて消すことができますので。

曹：では。言うたら、外国船員さんの海外愛人といった感じですね。うちの親父も遊び好きでしたので、夜の一二時すぎくらいにしか帰って来なかった。仕事がだいたい六時半とか七時くらいに終わって、にわかに元気になってですね。着物を着るんですよ。和服を。それで友だちと一緒に、寿司屋に行ったり、小料理屋に行ったり、その後に外人バーに、自分は外人やと言って行くような感じのことをしていたんですね。

そういう親父だったんですけど、家の裏も外人バーだったんですけど、たまに無銭飲食する船員さんとかがいましてね。外人バーのトイレから逃げるんですね。それで裏から逃げて、うちの屋根伝いに上がって、逃げるところがないんで、ちょうどうちの裏が空き地というか袋小路になっているので、そこに飛び降りると。そしたら、もう逃げ場所がないんですよ。だから、どうするのかというと、うちの家族だんらんのドアをパンと開けて、そこから飛び込んで、突っ切って逃げると。コントみたいな。そういうことがもう頻繁にあったりしてですね。
たまたま親父が友だちと家にいた時に、うまいこと捕まえたんですね。それでお縄にグルグルにした。これは子ども心に覚えているんですよ。若い船員さんがグルグルに巻かれてですね、それで「警察に突き出す」というようなことを親父が言うていた。するとおばあちゃんが来て、「そんなかわいそうなことをしてあげるな。逃がしてあげ」と。まあ太っ腹ですよね。海外に行ったりして、チャレンジ精神旺盛なおばあちゃんだったので、そうしたいろんな事情も太っ腹になって許してあげるといったところだったんですね。
そういうエピソードがあったり、ヤクザの事務所が南京町にあったりしてですね。今の南京町を想像したら、とても想像できないと思うんですけど。昔は外人バーがあったり、ヤクザの事務所があったりと観光地とはかけ離れた、土曜日曜は人がほとんど歩いていないようなゾーンだったんですね。
二宮：ヤクザの組はどんなところが入っていたのかわかりますか。
曹：S会。子分というか、若い衆が義理悪いことをして、うちの店に逃げて来るんですよ。それでうちがかくまう。兄貴分が「お前のところにおるやろ」と言うんですよ。おばあちゃんが姉御肌なんで、兄貴分が来たら階段から突き落とそうとしていたんですよ。それぐらい勇ましいおばあちゃんだったんですよ。ギャンブルが好きだったんですよ。麻雀しに行ったり、パチンコしに行ったり。おばあちゃんは昼間仕事しているから、粉が付いているんですよ。メリケン粉が。おばあちゃんを探しに行く時はパチンコ屋に行くんですよ。それで、当時は通路が狭いんで、お客さんの背中にメリケン粉が付いているんです。それをたどって行ったら、おばあちゃんがおるんですよ。
一同：(笑)
曹：これ冗談じゃないんですよ。本当の話。まあ、そういうのと、麻雀も徹マンばっかりしていましてね。雀荘の隣に今でこそ有名な方なんですが、古本屋に下宿していた学生さんが、おばあちゃんが毎日麻雀をするから勉強ができないということで、勉強をあきらめて、商売の道に進んだ。それが、ロック・フィールドの岩田さん。だから、今でも感謝してもらっている。おばあちゃんのおかげで勉強ができなくて、商いの道に早く入れたと。そんなおばあちゃんだったんですね。

私の小さい時の南京町というのは、そういった世界で繰り広げられておりました。自分も世の中はそういうものだと思っていました。「曹くんの家は危ないところだから行くな」なんてことも言われていました。でもやっぱり時代とともにそれではいけなくなってきました。南京町もバラックの建物ばかりだったので、何かあった時、地震や火事で一発で終わりやということだったので。たまたま神戸市の方で、NHKの朝ドラで「風見鶏」という番組、杉山さんという脚本家の人が書いた話ですが、大ヒットしまして、急に北野町を始めとして、神戸自体が観光地として目覚めてしまった。そういうきっかけのあるドラマだったんですね。

・南京町の街づくり

当然みなさんご存知のように、朝ドラは半年で終わりますので、神戸市としては、なんとかして第二の観光地を作りたい。そこで、南京町は昔賑わっていた中華街だったなということで、区画整理を含めて、街をもう一度盛り上げて、新たな観光地にしようというのが、昭和五〇年代なんですね。〔中略〕こうした流れで区画整理をやることになり、「安心安全なまち」を目指して、「南京町復興観光整備事業」という事業が始まったんです。

最初の声かけから本当に時間がかかりました。道幅は当時は確か二、三メートルくらいしかなかった。当然車とかは通れない。八百屋さんとかも前に店を出しているので、かなり詰まっている状態でした。ちょうど京都の先斗町くらいの道幅しかなかったですね。ましてはそこも、両脇は木造建築でしたので、それを八メートル道路にしようという話なんですね。そんなになると、現状のやり方では当然そんな道路は作れない。そこで、神戸市に実際は土地を買ってもらうんですけど、一〇年くらいかかりましたね。

やっぱり奇麗な形にしようとしたらそれなりの努力が必要になってくる。今もそうなんですけど、日本の人は土地に対する財産意識というか自分の土地を守らないといけないという思いがありますので、なかなか話はうまくいかなかったんですよね。それでも、一代目と二代目の理事長が頑張りまして、なんとか一〇年近くはかかったものの、無事に八メートル道路を確保できまして、さらに南京町の広場が確保できました。我々にとっては非常に嬉しいことでした。

そして、老祥記というのは、バラック時代から流行り出したんですよ。それまでは先ほど言ったように、地元民しか来なかったんです。それが、神戸新聞が老祥記のドアの穴がお客さんによる摩耗によって空いてしまった、というエピソードを紹介してくれてですね。当時としては、今でこそグルメや料理屋さんの情報はよく新聞に出ますが、当時そういう記事が新聞に載るということは本当に珍しくてですね。だいたい一ページの四分の一くらいの大きさで社会面に出てしまった。小さい店で人数も少ないなかやっていたので、当然その新聞見て、お客さんが並ぶと、またお客さんが来る、というように良い回転になりました。

そうすると、いつも熱々の豚まんを出せる。となると、どんどん豚まんの質も良くなる。すると、また新聞やテレビで行列になっているところが取り上げられる。まあ、元祖行列のできる店という位置付けをいつのまにか老祥記は得てしまった。その時は親父とお袋しか仕事をしていませんでしたので、間に合わない。そういうなかで、私がすぐに店に入ったのは、そういった理由があります。妹なんて、中学校一年くらいから、ずっと豚まんを作っていたんですね。私も高校一年の時くらいから、自分で作っているけど。当然夏休みや土曜日曜の休みは、豚まん作りということで、やっていたんですね。

そういえば、高校時代はですね、親父たちは大学に行って欲しくなかったんだと思います。戦力として考えているので、大学に行って欲しくなかった。それで、遊んでいて、勉強しなくても怒らなかったんですよ。

高校三年くらいになるとですね、「このままやったら、豚まん屋で終わりそうやな」という危機感をにわかに感じまして、勉強せないかんなということで、一年だけ勉強して、どこでもいいから入ろうと思い、うまいこと龍谷大学に引っかかったと。四年間またお預けということになりました。その代わり、卒業したらすぐということだったんですね。その間に区画整理の話とかがあってですね、大学四年生くらいになると、すごくやる気満々になっていたんです。

卒業して二年後には店も新しくなって、街も奇麗になってですね。その時からお客さんも結構来てくれるようになっていたんで、これはいいや、前途洋々で給料も仰山くれると。まあ給料は低いんですよ。一か月一三万円と。その代わり、売り上げの何パーセントをボーナスでくれと言ったんですよ。すると「いいよ」と言われ、俄然頑張る気になりましたね。親父もそんなに繁盛するとは思っていなかったんですけど、右肩上がりで売り上げが上がっていきまして、夏のボーナス、なんと一六〇万くらいになってしまって、申し訳ないなとは思いつつも、約束でしたので、それくらいいただきました。そういうところで、全く街のことなんて考えていなくて、自己中な自分やったと覚えています。

そうこうしているうちに、街が奇麗になって、青年部でも立ち上げようという話があり、振興組合はできていましたので、青年部はハードの整備ではなく、ソフトの整備をやれということで、当時は一五人くらい、我々ともうちょっと上、当時の四〇代くらいまでの人たちが、ちょうどいい時期だったので、青年部を作って、第一回春節祭を始めたんですよ。これにもいろんなエピソードがありまして、やれと言われたんですけど、やり方がわからない。ということで、唯一決めたのが日本一のものをやろう、というコンセプトでした。

これは絶対、メディア大事やということで、珍しいネタを作ろうと。そこで、四七メートルの当時としては日本で一番長い龍を使おうということで決まったんですよ。その龍をどう調達したかと言いますと、香港に行きまして、そこで調達したんですよ。買い付けはしたんですけど、なかなか龍が入ってこないんですよ。一月の末に祭りが始まるんですけど、一二月の頭になっても、龍が来ないんですよね。これはえらいことやと。龍が来ない祭りなんてありえない。当然練習もせんといかんので、とりあえず練習しようと。龍のないなかで、デッキブラシやほうきに紐をつなげて、広場で練習を始めたんですよ。広場はもう奇麗になっていたんで。そこで夜の九時くらいから、みんなでデッキブラシを持って、「仮想龍」を動かしていたんですよ。それがたまたまＮＨＫの方の目につきましてですね、「なんかの宗教ですか」と言われたんですけど、「かくかくしかじかで龍が来ないんですよ」と伝えると、「最高に良いね」と言われまして、急遽番組を作ることになり、二〇分番組なんですけど、祭りが終わった後に、大変やった時代から祭りが盛り上がったというような内容のものができたんですよ。

それで、一二月の中旬にやっと龍が来まして、みんなで組み立てました。それまでは街の人間は挨拶だけをする程度の仲やったんですけど、祭りをすることによって、一致団結した。来ない龍を待ちながら、練習して、寒い中倉庫で龍を組み立てた。そうしたなかで連帯感といったものがにわかに芽生えましてね。それで当日を迎えたんですが、街は奇麗になっていたんですけど、なお人はあまり来なかったんですが、祭りには多く人が来てくれたんですよ。

〔中略〕

今でこそこういうことになると、警察の方が中止させるんですけど、当時は世の中緩くて、祭りに対する理解もあったので、これが実現できたと。本来なら二回の龍舞の予定がですね、こんだけ人が来てくれるということで、警察との打ち合わせを無視して、何回かしたんですよ。それでですね、ガードマンも四、五人しか呼んでいないんですよ。今はガードマン一日七〇人近く呼んでいるんですよ。今と比較したら、そういう面でもやっぱり世の中優しかったのかなと思いますね。おおらかというかね、昔は緩かったですからね。でもこれも安全を守るという意味では重要だと思います。明石の花火大会の事故以降は警察も厳しくなりました。

その第一回目の春節祭以降、青年部の活動が認められまして、その年に理事会の役員改選がありまして、それまでは五〇歳や六〇歳くらいの理事たちがですね、「青年部はよくやったからもう任せよう」ということで、理事が刷新、もうほとんど前の人たちが退いてですね、青年部の時代になったんです。平均年齢が三〇ちょいくらい。その新陳代謝ができたおかげで、以降二〇年くらい頑張ってこれたのかなと思います。この一回目の春節祭で南京町の方向性がある意味では定まったと言えます。

・阪神大震災と南京町

そういうように順調だったんですけど、阪神大震災がありまして、街が壊滅状態になってしまいました。前日が連休の最終日。成人式の次の日の朝、月曜か火曜で、前日まで賑わっていたんですけど、一日明けたらめちゃくちゃになっていたんですね。私はいろいろな春節祭の資料、たとえば警察への提出書類などを作る立場だったんですけど、やっとこさできたのが、その晩だったんです。それでほっとして、美味しい日本酒と焼き鳥をいただいて、明日の警察への提出をしたら終わりやねという日に大地震が起きました。うちもマンションに住んでいたんですけど、半壊になりまして、避難生活を余儀なくされました。たまたまうちの当時の理事長が一緒の避難所にいたんで、こんな状態では危ないから絶対無理やということで春節祭は中止に決まった。

二宮：どんどん昔のことが湧いて来ますね。

曹：はい。湧いて来ますね。それで一週間後に臨時集会をやりました。普段は集会なんてやってもあまり人は来ないんですが、その時はみなさん危機感を感じていたんでしょうが、四〇名近い組合員が集まっていました。そこで、いろんな話や確認をしました。死者や怪我人はいなかったようで、それは良かったんですが、ただしこれからは大変な道のりになるよということで、何ができるかを本当に真剣に語り合いました。

まずできることからやっていこうということで、私もそうなんですけど、神戸市内の人ほとんどが食事は冷たいものしか食べていないんじゃないかということで、せっかく南京町は食の街なわけなので、なんとか熱いものを被災者に食べてもらおうと。備蓄はなんとかあると。本来は春節祭がある一月三一日に炊き出しを春節祭の代わりにしようと決まったんですよ。その会議の中はいろんなメディアやマスコミの人が入って来ましてね、その会議の模様も、発表というかニュースになりまして、本来は小さくやるイメージだったんですけど。本当に多くの皆さんに来ていただいてですね、にわかに盛り上がってですね、熱いものを召し上がっていただいた方に涙ながらに感謝していただきまして、その言葉を聞きますと、こちらも気持ちが込み上がってきまして、商売人冥利に尽きるというか、商売というのは本来こういうもので、感謝の気持ちをなくしたらあかんなと、そこですごく感じられました。

今後ももっともっと頑張って、この雰囲気を作っていこうと。その時に四七万円という義援金がもらえたんですけど、これは被災者からもらっているんですよ。というのも、一月三一日にここで食べられることが被災者にとっては素晴らしいことだと。もっと大変な方もいらっしゃるなかで、そうして来ることができない人への気持ちやということで、受け取ってくださいということで四七万円というお金をいただいた。これは社会福祉協議会にすぐに寄付をしたんですけど。

そして横浜や長崎にも中華街があるんですけど、横浜で春節祭を自分たちもやっているので、神戸がそんな時に祭りをやっていいのかという議論があったんですね。そのなかでやめようかという話があったんですけど、いやいや、こういう時やからこそできることをやろうということで、義援金パレードをやろうということが決まったんですね。それで、「史人遊行」という歴史上の人物の仮装をして、街を練り歩いて、義援金を募ったり、もしくは、店主から寄付してもらったりで、なんと一〇〇〇万円という大きなお金が集まったと。

それで、二月五日ですね。祭りが終わって、次の日か次の次の日に、わざわざ横浜から理事長以下五名の方に来ていただいて、当然新幹線は大阪止まりとかだったので、そこからバスに乗り継いで三宮まで来られたんですけど、その間というのは、地震で一番やられていた区間ですよね。特に灘や東灘。倒壊した阪神高速や家屋もですね、ぐちゃぐちゃになっているのを見ながら、三宮について、三宮のセンター街もアーケードが崩れている状態を見ながら、南京町に着いたんです。私がアテンドしたんですけど、南京町に着いた途端に、一種の別世界だったんですね。

その時、南京町はもう半分くらい商売しているんですよ。都市ガスは出ていないんですけど、プロパンガスや電気を使ってですね、一月三一日の気持ちが残ったままスタートしているので、我々はなんとか熱いものを提供しようと。まあ、提供ではなく、商売ではあるんですけど、やり始めてですね。賑わっている南京町を見て、同胞としては感動したとおっしゃっていただいてですね。それで持って来ていただいた一〇〇〇万円のうち、五〇〇万円を南京町にいただいたと。残りの五〇〇万円は華僑の被災者の方に分配してもらうということで渡っていったということです。それで、我々は感謝の意を示したんですけど、横浜の皆さんは、感謝しなくていいと。関東大震災の時は、我々も親たちが大変お世話になったと。だから、お互い様やと。

そういうことを聞いて、グッと来たんですよね。時空を超えてそうしたつながりが日本の華僑の中にはあるんだなと感じたのは、その時だったんですね。その後に、長崎の中華街も義援金を持って来られまして、何か復興のために使っていただきたいと。そのお金を使ってですね、潰れた長安門を立て直したと。あれも五〇〇〇万円かかっているんですよ。足らなかった分は各企業さんやモーターボートの収益の内の復興収益があるんですが、そういうお金を使って建てられたということなんですよ。

　その後は神戸まつりも中止になったので、我々南京町と元町商店街とがタッグを組んで、民間の神戸五月まつりということを始めたんですね。それがですね、神戸市の方にすごく勇気を与えたみたいですね、各新聞社の一面トップ、もしくはいろんなニュースはそのことばかりだったんですね。調べていただいたらわかると思いますが、五月一七日か一八日のニュースは我々の復興活動のことばかりですよ。そのなかで感じたのは、「自粛を自粛しよう」という合言葉。自粛するような時期の時は、その自粛を自粛することが大切やということを実体験として感じました。

　その後も、東北の大きな津波とか災害とかでは、常に私はメッセージとしては、自粛を自粛しようということを発しているわけです。なんとかメッセージとして残せたかなとは思います。老祥記に戻りますと、商売もいろんな状況のなかでいろんなことがあったんですけど、順調に南京町が盛り上がるのと同時に順調に進んで来たんですけど、そうですね、時間も迫って来ましたので、このくらいにしましょうか。

・家族について

二宮：家族のことをもう少しお聞かせ願いますか。
曹：そうですね、家族のこといきましょうか。
二宮：南京町のことや神戸のことも非常に貴重な話やと思うんですが、家族のライフヒストリーということもあるので、最初に紹介した家族のことで、お父さんとお母さんがどういう方だったのかもう少し詳しくお願いします。
曹：先ほど親父のことは触れたんですけど、まあ、親父は仕事やってる方かな。ただ、対お客さんには頑固ですね。ただし、ファミリーに対してはめちゃくちゃ優しかったですね。本来の頑固おやじとは違う。でもよくお客さんとは喧嘩していましたね。包装紙とレジ袋を二枚欲しいと言われたら、そんなものは無駄だからあげないと言ってね。そしたら、勝手にお客さんが包装紙を持って帰ろうとして、それで、お客さんに対して「ドロボー」と。今やったらえらいことになるようなことを言っていて、そういう頑固さがあったんですね。
　でも、家族に対しては優しかったですね。商売に対してもちょっと普通の意識とは違ったところがありました。どういうところが違うと言いますと、バブルの頃は、本当に百貨店も一番良い条件で店を出していいよという話があったんですけど、全部断っているんですね。なんでかと言うと、品質が一番大切やから、闇雲に店を出すと本来のおいしさが作れなくなるだろうと。特にうちは麹を使っているので、たとえば東京に行ったら、菌は神戸と違うだろうと。老祥記の豚まんというのは、神戸の南京町の環境独特の菌があるからこうした味が出るんだというようなことですね。もうちょっと工夫すれば、どこかでできる可能性はあったんですけど、そんなリスクを背負うより、しっかりここで家族で管理しながらやるのが一番良い方法やということで。保守的やと言えば保守的なんですけど、お店を守ろうという意識は強くてですね。常日頃言っていた言葉で覚えていることはですね、「常に土俵際を感じて商売をしなさい」といったことを言っていましたね。息子ながら、ちょっと発展性がないなと思っていました。でも、その時勢に流されない、自分のペースでやっていけるということで、我慢しながらもやって来れたのかなと思いますね。

うちのお袋の話なんですけど、お袋はとにかく厳しかったですね。親父はさほど厳しくなかったんですけど、お袋はとにかく厳しかったです。それは愛情があったからという前提なんですけど、よく布団部屋に押し込まれて、一時間二時間そのまま放置とかですね。洋裁の定規でいつも叩かれていましたね、お尻とか太ももとか。私は妹が二人いるんですけど、会えばいつも喧嘩していましたから、激しい喧嘩ですよ。たまにガラスを割ったりしていましたよ。やっぱりお袋としてはそれを戒めなあかんという思いから厳しくしていたんだと思いますよ。今ではちょっと珍しいけど、昔では普通のお母さん。一種の厳しいしつけですよね。そのおかげもあって、我慢もできるようになったのかなと思います。大人になってもある程度は。

曹家というのはね、「とんち」が好きなんですよね。だから、うちの親父も頑固っぽいんですけど、冗談が好きでした。顔が藤山寛美みたいですね。若い人は藤山寛美とか分からないでしょうけど。ものの発想も少し藤山寛美っぽい。だから近所でも人気者だった。子どもたちはみんな、いいとことかも、うちの親父のことは大好きで、子どもも好きな親父だったんですね。お客さんには厳しくて、家族には優しいというのはそういう側面から、今としては思い出としてあるんですけどね。

二宮：英生さんの奥さんの話ですね。

曹：嫁は嘉子といいまして。日本人なんですけど。曹家は先ほど二宮先生がおっしゃったように、全員が日本人妻なんですね。やっぱり日本の女性って結構従順なんですよね。言うことを聞いていただける。今は若干の変化があるのかもしれないのですけど。昔はけっこう従順で、旦那さんの言うたことは聞いてくれるような方が多かった。うちのお袋も日本人ですし、男の人にとっては良かったんでしょうね。そういうところもあって、代々日本人だったんでしょうね。

だから、私は国籍は中国、中華人民共和国の国籍ですが、私より下、息子や娘は日本国籍で、私の家内は曹嘉子と言いますが、国籍は日本です。だから、今はすごく良くなったなと思います。お袋の国籍は中国なんですよ、パスポートが。だいぶ国籍法が緩和されたみたいで、私の息子も一八歳か二〇歳くらいにどちらかの国籍を選べるということだったんですけど、中国側がそれは認められないということだそうなので、選択としては日本の国籍しかないということですね。

そしてうちの子どもは全員を留学をさせているんですよ。長男は、カナダ三か月、フィンランドに交換留学で一年間行っていました。そして娘がですね、御影高校に行っていたんですけど、卒業とともにロスアンゼルスの大学に行きまして、それで五年か六年いて、卒業してからハワイで就職しました。それで、知り合った男性がサンディエゴの人だったんですが、ああ、サンディエゴでも一時期働いていたんです。そこで知り合ったアメリカ人と結婚して、子どもも授かりました。

次男はですね。高校はやっぱり御影高校に行っていたんですけど、三年生の夏に休学して、カナダの高校に編入して、カナダの高校を卒業してからロスの大学に行きまして、来週卒業ということですね。子どもはどんどん外に出ているという形ですね。まあ、自分たちが行きたいと言っているからなんですけど。割とそういうことで、自立していますね。今の大学生たちと比べても。今日も留学生の方がいらっしゃいますけど、外に行くと勉強をせざるを得ないという環境ですので、彼らの判断は良かったのだと思います。

もともとうちのおじいちゃんも海外志向があったので、そういう血筋もあるのかなと思いますね。私も大学の時代は短期ですけどアメリカに行ったり、卒業してからでもカナダやアメリカにリュックサックを背負って放浪したりしていました。そういう雰囲気は感じまして、外に出て行くのが良いのかなということは子どもにも伝わったのかなと思いますね。
二宮：すばらしいですね。羨ましいです。
曹：そうですか。まあ、親離れ子離れは早いうちにできたと思っています。そやから、嫁とおる時間がやたらと長くなりまして、だから、自分の口で言うのもなんなんですが、けっこう仲がいいです。そういうところですね。
二宮：中華同文におられたことは、自分の生き方とかに影響していますか。幼稚園からずっとおられたでしょう。
曹：幼稚園は華僑幼稚園ですが。
二宮：そうでしたか。その後中華同文に中学校まで行かれて、その後、高校で神戸市立の高校に行った。それまでの中華同文の教育が自分の生き方に影響していると感じられたことはないですか。
曹：そうですね。やっぱり中国語を覚えるので、高校に入った時に自信になりましたね。高校の他の人たちはやっぱり一つの言葉しかできない。僕は二つできるし、漢文の時間になると、原語で読めますし、先生には読むように促されますし、技のようなものとして持っていてよかったなと思います。
それに、中国語をやると、英語も割と文法が近いので学びやすい。そういう利点もありますし、そういうところと、中華同文独特なのは、先生ですね。代々ずっと同じ学校ですので、個性的な先生がたくさんおられて、良いことをたくさん教えてもらったと思います。たとえば、「組織に入っても、尻尾になるな。頭になれ」といったことですね。
平野勲：「鶏口となるも牛尾となるなかれ」、ですね。
曹：そうですね。子どもにも分かりやすいように、どんな組織の中でも上を目指さないといけないということは言ってくれました。「大きな会社や良い大学でも一番ケツになったらあかん」。そういうようなことを言われましたね。それと、「斬れる刀を一つでも持っていなさい。あんたらが、社会に出たら、中国人や華僑というのは就職差別もあるので、普通の日本人と同じペースで生きていたら、絶対埋もれてしまう。だから、鋭い刀を持たなあかん」と言われましたね。そのときはその刀が何を意味するのか分からなかったんですけど、今となっては、技術とかそういうところなのかなと思いますね。

・華僑として

二宮：最後の質問なんですけどね。華僑としての生き方と書きましたが、今の中国と日本の関係ね、それは昔と比べて良い状態ではないと思いますが、どういう風になればいいと思いますか。

曹：我々としては、神戸というのは一種独特なゾーンでありまして、中国人だけにかかわらず、外国人に対して割と寛容な地域になるのかなと個人的には感じているんですけど、どうなんでしょうね。我々はどちらかというと、国籍は中国人ですが、感覚は完全に日本人なんですね。

よくテレビとかでも南京町の理事長としていろんなインタビューを受けるんですね。たとえば尖閣列島の時もいろんなインタビューを受けました。でも、どちらかというと、日本寄りな考え方に近いのかな。中国の正しくないところはちゃんとしてもらいたいというか、私の言葉でいうと、中国の良いところも悪いところも咀嚼して理解してもらいたいと思いますね。まあ、どちらも一方的ですよね。こっちはこっちの言い分で、あっちはあっちの言い分。真ん中というものが存在しないような気がするので、ちょうど私の立場は両方の意見が分かるような立場なんですね。立場的な点で貢献していかないといけないのかなと思います。中国の肩を持つわけでもなく、日本の肩を持つわけでもなく、もっと中央的なものの考え方ができる数少ない人間なのかなと思って、今までずっとそうして世間と接してきましたね。

二宮：天皇陛下から賞を受賞されましたよね。そのエピソードをお願いします。

曹：はい。二〇一六年ですね。黄綬褒章という国から貴重な賞をいただきまして、ザ・プリンスパークタワー東京で、賞状と褒章をいただきました。これは、勲章ではないんです。勲章は七〇歳以上でないといただけないですね。そのあと皇居に赴いて、天皇陛下と拝謁させていただくチャンスがありました。三〇分ほど、五〇〇人くらい全国から集まった中で、陛下がおもむろに来られまして、晩餐会とかがよくおこなわれている豊明殿で行われたんですが、ちょうど陛下が私の前にいた八〇歳以上の方の前を通られまして、その男性が感極まって失神しかけたんですよ。

倒れかけて、みんなで横に抱えたんですけど、陛下が気づかれまして、その男性のところに近寄って来られて、それで「お身体大丈夫ですか。気をつけてくださいね」とい

う お言葉を発されたところ、失神していたおじいさんが急にビシーッと戻ったんですよ。だから、すごいなという。多分昭和の最初のころに生まれた方って天皇陛下に対する思いも我々とは若干違うんでしょうね。我々にとっても天皇陛下は尊敬する方なんですがね。にしても陛下の気配りというか察知力というのはすごいなと思いましたね。庶民の皆さんにも目配りができているということを感じられた瞬間ですね。ただ拝謁するだけでなく、そういうシーンを見られたということは私としては幸運だったと思いましたね。

二宮：ありがとうございました。最近は天皇陛下に関しては、諸外国に行って戦争のことをお詫びしたりしているので、そこらへんは全然昔と違って高く評価できますよね。平和のことでしたり、憲法のことでしたり、そういう思いもありましたので、非常に印象的なお話が聞けました。これでインタビューは終わりにします。

（二〇一八年五月二日、聞き取り）

柯　清宏
（か・せいこう／Ke Qinghong）

男性・一九三二年生まれ・華僑二世
出身地：神戸市
祖籍：福建省
中華料理のコック

柯清宏さんは二〇歳の時、神戸の老舗中華料理店のコックとして働き始め、後に料理長を務めた。その後親の介護のこともあり、五六歳で退職。インタビューでは、経験豊富な料理人ならではの視点で、中華料理や中華料理店の舞台裏について語っている。また、海外旅行で訪れた国々の中華料理についても触れている。

・北長狭三丁目——子どものころに住んだ町

金原淳一（以下、金原）：家では日本語を話されていたのですか？

柯清宏（以下、柯）：だいたい日本語でしたね。私、北長狭四丁目に住む前は、三丁目におったんです。その時の両隣は台湾の方で、その両隣は広東の方でした。路地の向かい側は日本の方たちでしたけどね。だから子どもたちは、日本と中国の子どもたちが一緒に混ざって遊ぶこともあれば、中国の子どもたちで遊ぶこともありました。その当時同文学校もありましたけれど、私の記憶では三軒隣の広東の方が個人の私塾をされていて、そこで勉強している人もいました。近くに中国人だけのクラブがありまして、クラブと言いましてもほとんどが広東の人でしたが、クラブで何をしていたかというと、ほとんど麻雀将棋、たまに楽器の胡弓の音が聞こえたり、読書（新聞）などをしていました。

金原：お父さんは中国の人たちの間では、福建語を話されていた？

柯：福建の人より、広東の人たちの方が多かったみたいで。ですから私も広東語の片言は使っていたみたいです。

今でも、単語の数で言えば広東語の数の方が多いですね。子どもの時に話す言葉はほとんど日本語です。子どもたちはみんな日本語です。親同士はもちろん広東語を話したり、福建語を話したり。

・中国籍に戻るまでのいきさつ

金原：お母様はどこの生まれですか？

柯：話を聞いていると九州だということです。九州には華僑がたくさんいたみたいですね。福建から行商に来た。うちの家内のお母さん、おばあさんは九三歳で健在ですが、その人も日本と中国の混血です。だから、年齢的にどうこう言わず、そういうあれがあったみたいですね。九州で生まれて中国籍か日本籍かわからなくて、中国籍にすると言っても、昔ね、日本の籍から中国籍に変わるのはものすごく難しかったみたいです。というのは、私、折があればお聞きしたいと思っていたのですが、清朝政府から中華民国に変わる時期、制度があやふやだったでしょう。パスポートもない。私の一番上の兄は、中国籍で同文学校に入ってもいますが、他の兄弟は母親の籍をきっちりできなかったために、一時的に母親の私生児みたいになっていた。父親に聞くと、手続きするのに日本の出生地とかいろいろ調べるのに難しかったみたいです。手間暇かかる現地まで行かないといけない。

日本の官公庁区役所とかそういうところへ行っても、あまり丁寧に教えてくれないし、その目的が中国籍の獲得のためと言うと、戦時中は嫌がられて探してくれなかったそうです。それに父親も仕事が忙しくて、やめたそうです。ほったらかしにしていたということです。〔中略〕

金原：最終的には中国籍に戻られたのですか？

柯：最終的には、母親も含め全部中国籍になりました。当時どういう具合で、どうなったのかわからないですね。どさくさです。

金原：（中国籍に）戻されたのは、戦後ですか？

柯：そうです。すぐにできたみたいです。当時は、中国の本国も混乱していますよね。日本は戦争が終わってますが。母親が九州で生まれた関係で、ひょっとしたら母親の籍が日本の籍のままだったんじゃないかと思います。長男は中国籍を取れて、それから後は中国籍が取れなかった。その辺がもうひとつわからないんです。

・コックとして働く

林正茂（以下、林）：料理の中にもいろいろありますね。切ったりするところや焼いたりするところ。

柯：ええ、それはね。本来なら料理ですから、切ることも炊くことも上手にならなければならないのが普通ですけど。たとえば、店の大きさが八〇〇人も一〇〇〇人も入る店なら、分業をしていかないと、それぞれ専門の場所でこなさないとスピードや人数に限界がある。人数に余裕があれば、何でもできるようにしてあげるのが指導者の責任ですけどね。

林：どのようなことをされていたのですか？

柯：私はね、炊く方なんです。切るのも多少切れますけど。やっぱり、入った時に忙しすぎて分業化してしまいましたからね。主には炊く方なんです。ところが、大人数のお客さんを接待するには、ただの技術だけでは成り立たない役目がいるんです。それこそジェネラルマネージじゃないけど。ところがコック長の言うことでないと、コックさんは言うことを聞かないんです。

コック長は、自分が何かできないとコック長になれないわけです。切る方がコック長か炊く方がコック長かというと、ついつい炊く方がコック長になるんですね。そこに経営者と働きに来る人といろんな要素があるので、大きな料理屋さんのコック長は総務的な仕事もしないといけない。人の面倒をみながら、弟子の養成をしながら。今は人を集めにくい時代です。ちょっとでも集めすぎると経営が成り立たない。経費がかかる。難しいです。今のコック長は非常に難しい。〔中略〕

林：コックの仕事は盗んで覚えるんですか？

柯：僕がＳ（中華料理店）に行った昭和二七（一九五二）年頃はね、調理場が一〇人ぐらいですね。お皿を洗う人からコック長まで入れて一〇人ぐらいです。見習いとして入れてもらい、コック長からそこらの仕事をしときなさいと言われたら、先輩のやっていることを見てその通りに。間違っていたりしたら「こうせい、ああせい」と言われますよね。ところが、技術的なことは言葉ではうまく表せないですよね。だから見て覚える。特に私の場合は、普通語、北京語が片言だけれども、コックさんの山東なまりがひどいんですよ。笑い話ですけど、冷蔵庫に行ってあのお肉取って来いと。山東語は（肉のことを）「ヨウ」と言うでしょ。「ロウ」と言わないでしょ。僕にしたら「ヨウ」は油なんです。向こうは肉と言っている。冷蔵庫を開けて油を持っていったら怒られる。たとえば言葉であれしなさい、これしなさいと言われても、そんなにできるもんじゃありませんよ。やっぱり見て覚えて熟練しないと。それと二つ目は、自分の舌の感覚ですね。子どもの頃から食べた料理かどうか。ほかでも感覚が変わってきます。

・海外で華僑に会う

林：海外旅行されていて、現地の華僑の人と話をしますか?

柯：世界に華僑が多いことには驚かされます。〔中略〕カナダのモントリオールとロンドンの中華街では、安くておいしいものを食べられた経験はあります。それとノルウェーのベルゲンに行った時も、こんなところにいるわけがないと思っていた華僑がいました。それで話してみると、同じツアー参加者の遠い親戚でした。こんなところにも華僑がいるのかと思いました。それも戦後行ったみたいですね。ドイツのミュンヘンに行っても、オーストリアのザルツブルクに行っても、必ず中華料理を食べるので、華僑に会います。さすがにニューヨークに行った時は、中華街では食事をしませんでした。ニューヨークの中華街は規模が大きいですよね。ロンドンも大きいですね。場所がいいです。ピカデリーサーカスの近くです。どこに行っても中国人が多いのは感心しますね。

金原：海外の中華料理は、専門の目からみてどうですか?おいしいですか?

柯：ロンドン、カナダではおいしいと思いました。モントリオール、他には東海岸の都市がおいしかったです。後は、ザルツブルク、ミュンヘンの中華料理は素人だなと思いました。ちょっとやり方を覚えたが、行って小さい店を始めただけです。やはり自分がその仕事をしていたから、野菜の切り方、炒め方を見ても、とんでもない素人と二、三年やった人とがわかります。ロンドンの中華料理は熟練している。世代が続いていま親子代々続いている店が多いと思います。

（二〇〇七年九月一四日、聞き取り）

陳　福臨
（ちん・ふくりん／Chen Fulin）

男性・一九三三年生まれ・華僑二世
出身地：神戸市
祖籍：福建省
元神戸中華同文学校教諭

陳福臨さんは神戸大学卒業後、母校の神戸中華同文学校で教師として働き始めた。在職期間は、一九五九年から定年退職する一九九四年までの三五年間に及ぶ。その間、京都外国語大学や甲南大学で中国語を教えた。

・母校の教師として働く

山中晴香：同文学校の学生はどのようですか？

陳福臨（以下、陳）：同文学校と言ったら、当時は中国人の生徒しかいません。今のように、日本人以外にもさらにさまざまな国籍（の生徒）がいるのとは大違いです。つまり、当時は今みたいに国際化されていません。華僑の子弟だけです。

戦前から申し上げると、私が学生の頃は、父兄から見れば学校の教師とは絶対的な存在で、先生の言うことは絶対的です。だから当時は、体罰は日常茶飯事です。おそらく日本の学校もそうだったと思います。まして日本の学校は、戦前だったら軍隊式とかで、もっと厳しかったかと思います。とにかく教師は絶対間違いないと信じられていました。

当時、同文学校の教師の生活条件はとても悪くて。おそらく戦前からだと思います。私たちの時でも教師たちは貧しく、難しい言葉での表現はさておいて、使命感とかだけではなくて、しっかりと子どもたちを育てようという意気込みでやっていました。私が教師になってからも同じことを言っております。一種の継承ですね。ずっと受け継がれていました。そして、良いことをすれば中国人全体がほめられ、ちょっとでも悪いことをすれば中国人全体が悪く思われる、ということをいつも言われていて、その考えがいつの間にか一本の道のようにずっと通っていったようです。

呉宏明（以下、呉）：中華同文学校で何を教えていましたか？

陳：主に国語、それから歴史地理とか。つまり社会・文科関係です。大学では日本文学をやっていたので、日本語も教えました。中学部で、主に受験のためです。

呉：同文学校での教科書は、先生が教えはじめた頃は、学校の先生方が作っていましたか？

陳：私が学生の頃は、中国の教科書をそのまま使っていたように記憶しています。当時、家が豊かでないので、先輩たちが使った教科書をもらうことがよくありました。私が教師になった頃は、中国語の教科書は自分で編集した記憶がありますが、一九六〇、七〇年代の頃どうだったかは記憶が薄れており、定かではありません。日本語の教科書については、そのまま日本語の教科書を使い、社会科は、文部省検定済みで神戸市が採用したのを使っていたと思います。

・李万之校長のこと

陳：当時の絶対的指導者であった李万之校長先生を忘れることはできません。今日このように神戸中華同文学校が存在しているのは、李万之先生と深い関わりを持っています。李先生は四三年間校長をされ、経営的手腕のみならず、政治的手腕もすごかった。当時は、台湾、中華民国が正当な政府であると、日本政府は認めていました。一九四九年、中華人民共和国が成立しましたが、最初は世界各国からすぐには承認されませんでした。しかし徐々に国家的地位が認められ、そして、中華人民共和国が国連で承認される直前が一番大変だったと思います。

李校長は常々、「心の中に五星紅旗を抱いていればよい」と言っており、だから運動会などの時には、別に五星紅旗を掲げなくてもよいとの考えでした。その時すでに、華僑社会でも左派的な考えの人たちは、同文学校はなぜ五星紅旗を掲げないのかと校長に詰め寄ったりしており、一方、右派的な考えの人たちは、同文学校の左寄りを攻撃したりして、やはり校長を非難したりしました。台湾政府、国民党政府が正統な政府である時代でしたので、校長としてもすごいジレンマに陥ったと思います。教科書に中華人民共和国の言葉があると、黒く塗ったりもしました。それから日本からも、右翼団体による妨害もありました。台湾の国民党側が、暴力団を使って同文学校に押しかけて来たこともありました。新校舎を建てる時は、さらにいろんな戦いがありました。国民党側は建てさせないように妨害しました。

しかし、皆の力を結集して、新校舎は一九六〇年についに様々な困難に打ち勝って建てられました。しかし、問題はまだまだ続き、前述のように、五星紅旗の掲揚や否やで紛糾したこともあり、いわゆるLT貿易（「日中総合貿易に関する覚書」に署名した中国側の廖承志と日本側の高碕達之助の頭文字を取り「LT貿易」と名付けられた。これによって日中両国の交流関係が強化された）による愛国商社の立場としては、中華同文学校がより中華人民共和国側に立つ方が有利であり、運動会などでも五星紅旗がはためくのをよしとします。一方、台湾貿易側や国民党側の人たちは、同文学校は国民党の旗を掲げることをよしとします。横浜はこのために二つに分かれました。神戸は李万之校長の政治的手腕で、その轍を踏まなかったのです。横浜のことはご存知でしょう。その時の戦い、その時の情勢が一番難しかったのです。今は天下泰平ですけどね。

林正茂（以下、林）：そのとったやり方とは、どちらの旗をも掲げないということですか？

陳：そうです。だから、あなたが中華人民共和国側に立っていても、心の中に旗を掲げなさいということです。多分、一番目立つのは運動会の時だけですね。最初は国民党の旗も揚げていたかもしれません。はっきり覚えていません。何年間かは運動会の旗だけを掲げていました。とにかく、両方から攻撃されましたよ。

久保哲成（以下、久保）：教師の中にも、中華人民共和国側に付こうとする人と、台湾側国民党側に付こうとした人の対立は出てきましたか？

陳：教師の中はありません。

久保：李万之先生が抑えられたのですか？

陳：そういうことではありません。心の中で異議を唱える人がいたかもしれないけれど、表面的には教師は一致団結していました。

久保：それは李万之先生の人柄ですか？

陳：あるいは、そうかもしれません。日中国交回復の年（一九七二年）に、初めて同文学校の運動会において五星紅旗が掲げられ、全校教師とも興奮して喜んでいました。アルバニアの案が通って、中国が国連に回復した時（一九七一年）も、もちろん同じです。その後にニクソンが訪中しました（一九七二年）。歴史はどんどん変わっていきました。

・神戸の華僑と同文学校

陳：今、神戸の華僑は、政治的な隔たりとかはほとんど意識がないと思います。商売人は金儲けが第一です。台湾籍であろうと、中華人民共和国籍であろうと、関係ありません。それからもう一つ。神戸の華僑は、特に中華同文学校を卒業した者は、同文学校というフィルターを通しているので、いつもお互いに同文学校の何回生とかを確認し合って、親交を深めています。林君（聞き手の一人である林正茂さん）もよく言うのですけど、初対面でも、何回生ということで入っていくと、話が合っていくのです。みんな同じようなもので、政治的心情などはほとんど関係がないのです。国際都市神戸らしい感覚ではないでしょうか。横浜でも最近同じような現象が起こっているようです。今は商売第一です。日本の方は、よく台湾派とか、大陸派とかに分けて考える方がいます。特に新聞記者の方などは、そういう聞き方をします。しかし、私たちにとってはナンセンスです、と私は思うのですが、どうでしょうか。

林：私も親戚が横浜にいます。以前は大陸だけで、後に一緒に中華会館で、両方とも交流を持ったりしました。大事な時に、中華会館では、台湾系の華僑総会も、大陸系の華僑総会もでき、中華街全体が繁栄するようになりました。神戸はそれ以前から対立がなく、共存していったので、神戸は華僑にとってとても住みやすいところになったと思います。

陳：神戸は同文学校の存在が大きかったと思います。一つにまとめることができたからです。横浜は分かれたけれど、一時はちょっと対立もあったようですけれど、今はそんなに商売をほったらかしてやり合うようなこともないと思いますが。世界全体が経済優先の時代になったのですから、もう政治闘争とかは、はるか昔の出来事ですよ。

（二〇〇七年八月一二日、聞き取り）

O・KS

女性：一九四六年生まれ・華僑二世
出身地：韓国
祖籍：山東省
通訳ボランティア

O・KSさんは韓国生まれ。O・KSさんの父は山東省から韓国に渡り中国料理店で働く。清州の華僑小学校で学び、高校卒業後、看護学校に入学。神戸におじいさんを病気見舞いで訪問、福建省出身の将来の夫と出会う。看護学校を卒業し結婚。夫が亡くなってから、神戸市人と未来防災センターで中国語と韓国語の通訳ボランティアとして活動する。

・おいたち（両親の韓国移住まで）

樋口大佑（以下、樋口）：Oさんのお父さんが中国の山東省から韓国の方に行かれて、それでOさんが韓国でお生まれになったとうかがっているんですけれども、お父さんが（韓国に）行かれたのは何年頃でしょうか？

O・KS：私は一九四六年四月七日生まれなんですけど、お父さんがその二、三年前から（韓国に）行ってるんです。それで、はじめは私のお父さんのお兄さんが（韓国に）渡ったんです。何でって、山東省はその時ものすごい貧乏だったんです。それであちこち戦争ばっかししてね、お父さんお母さんが住む山東省、すごく貧乏で食べ物もあまりよくなかったんです。お母さんにいつもよく聞くんです。毎日毎日お芋、サツマイモの葉っぱ、それしか食べない。トウモロコシの粉を窝窝头（トウモロコシから作ったまんじゅう）、そういうふうに作って焼いて食べてる。そこは本当は、麵類が主食なんです。白いメリケン粉とかなくて。それでね、貧乏で。

林正茂（以下、林）：おじいちゃんはもともと農民でしたんですか？

O・KS：家は農民みたいよね。それでね、すごく貧乏でお父さんのお兄さん、おじさんですね、韓国に渡ったんです。そこでソウル、その時ハンチン（漢城）言うんですけど、中国の料理屋さんで働いてるんです。お兄さん、中国内でも中国料理屋さんで働いたんです。それで、友だちの関係で、「韓国へ行ったら、生活ここよりいいよ」って。それでおじさんが行ったんです。おじさん行ったら、やっぱし中国山東省よりいいなあと思って、それで私のお父さんを引っ張っていったんです。お父さんはまたおじさんと年齢の差があって、中国の料理屋さんで働いたことがないから、それで、ホールでウェイトレスみたいに。

林：ウェイターやね？（おじさんはコック）

・生い立ち（朝鮮戦争）

林：戸籍もあまり手続きしないまま、韓国で生活した？

O・KS：そうですよ。それでその時、お金が中国よりいいと。それから小さい家を借りて生活したんですね。それから私が生まれたんです。ソウルで五、六年住んで、それから弟も生まれたんです。弟、私より一年下。それから一九五〇年六月二五日、有名でしょう。「ユギオ」。六二五のこと（ユギオは六二五の韓国語の発音。朝鮮戦争が始まった一九五〇年六月二五日のことを指す）。中国語でも「六二五」言いますね。

林：なんか今度映画があるやつですか？

O・KS：六二五。なんかしょっちゅうあるんですよね。知らないけど、とにかく。その戦争、今も忘れられません。すごく覚えたんです。

樋口：開戦の日。戦争が始まる。

O・KS：そう。

樋口：朝鮮戦争。

O・KS：そうです、朝鮮戦争。その時なんか、ロシアとかアメリカが介入して、それで戦争の時、ユギオ。その時お父さんと私、一家で避難するんです。その時私三歳か四歳なんです。四歳くらいかな？　よう歩いたんですよ。それでその時もね、私覚えているのは、人雇ったんです。荷車、何ですか、木で作ってる、二つのタイヤじゃないんだけど。

林：荷車？

O・KS：そうです。それで、家財道具たくさん積んで。

林：家財道具を積んで？

O・KS：そうです。私はよく歩いて。それで、なんで人を雇えるんかなあ、戦争なのになあと思いました。
林：韓国の人？
O・KS：そうですよ。（荷物を支える仕草をしながら）。私たちは後ろで歩きました。
林：ソウル市内から、どっか田舎の方に？
O・KS：そうです。あの、チョンジュ行ったの。清州（韓国中部・忠清北道の中心都市）。そこに行ったんです。

・結婚（神戸での出会い）

樋口：（看護学校を）卒業してから、一年間働いて。
O・KS：うん、なんで一年間ってね、その大学一年生の時、ちょうど台湾の親戚がおったんです。その遠い親戚がね、ちょうどここの料理屋さん、Sとか、主人たちと友だちやったんです。昔中国で、仕事仲間だったんです。それで年とってリタイヤして。日本で皆さんは成功してる。私の台湾に住んでいるおじいさんを呼んできたんです。それでこのおじいさんも、台湾でまあ、普通暮らしです。ここみたいに金持ちじゃなくて。息子一人、娘一人、夫婦、四人家族。おじいさんは、お土産いっぱい持ってきた。台湾からのもの。船に乗ってきたんです。
樋口：神戸に来たんですね？
O・KS：そうです。船に乗って、船の中で滑って転んだんです。
樋口：中で？
O・KS：そうです。それで骨が、どうなったんか私は知らんけど、ここ博愛病院に入院したんです。入院してから、自分の家族を、奥さんとこのおじいさんの一人息子を呼んできて。長期入院です。この息子はまだ結婚してないです。それで、長期入院ですから。日本語はできない。毎日暇でDの裏でお茶碗洗ってるんです。男やから、毎日ぶらぶらしたらいけないから。そのお茶碗洗う時、私の主人がここで中華材料を売ってたんです。それで、このことをお母さんが韓国で知って、ちょうど私看護学校入って、一年の時ね。おじいさんに見舞いに行ってくださいって。冬休みの時。神戸まで来たんです。
樋口：それは日本へ初めて来られたんですか？
O・KS：そうです。初めてなんです。
林：その時日本語はできない？
O・KS：全然できなかったんです。このおじさんたちは中国語だから。それで毎日病院見舞いに行ったりするんですよね。博愛病院。わたしは旅館で元町駅の方。昔は満月と言って。旅館です。
林：満月市場のとこね？
O・KS：そうです。そこ満月昔あったんですよ。今はなくなったんかなあ。
林：なくなった。
O・KS：それで私よりものすごく遠いおじいさんだけど、上の方で位が高い感じで。それでこの息子でも、私、「おじさん」て呼ばないといけないんです。このおばあさん、おばあちゃんが言うには、「洗濯ね、日本語で何言うと思う？　洗大姑（せんたく）やで」（というふうに）いろいろ教えてくれたんです。おもしろい。とにかく洗濯のことちゃんと覚えたんで。「洗大姑やで」言うてね。おじさんは、私が毎日病院行くので、なんか気遣ったみたいなのね。それで私の主人が材料持って行った時、実は外孫が来て、もしお時間あったら、日曜日どっか神戸見学に連れて行ってくれないかって。日曜日お休みなんです、私の主人。その時主人が自家用車を借りたんです。主人、配達するからライトバン。
林：自家用車いうのは、今はもう死語みたいになりましたけど、昔は仕事で車使うのと、自家用車いうのがありましたね。
O・KS：それで、宇治とか京都とか、連れて行っていただいたんです。
林：ドライブですね？
O・KS：はい。お寺とかね。一人やから。それで私の主人も一人やから。それで毎日朝モーニング食べに行くとかね。それで（神戸に）二週間くらい滞在して帰ったんです。帰国後、お礼状を書きました。「日本おった時、たいへんお世話になりました」「ありがとう」とかね、そういうふうにお礼状書いて、それから文通になって、私が夏休み、冬休みになったら韓国に遊びに来てくれました。
樋口：ご主人はずっと神戸で働いておられて？
O・KS：そうです。外は韓国が初めてと思う。海外ね。
樋口：そうですか。遠距離ですね。
林：ご主人は韓国まで会いに来てくれた？
O・KS：そうです。まめに。夏休み、冬休み、いらしたんです。

（二〇〇八年六月七日、聞き取り）

田　偉

（でん・い／Tian Wei）

女性・一九五二年生まれ・新華僑一世
出身地：湖南省
祖籍：湖南省
東方文化芸術団団長

幼いころから芸術学校に入ってプロのバレリーナを目指していた田偉さんは、その後湖北芸術学院に六年、湖北省歌舞劇院に八年在籍したが、文化大革命の下では活躍の場を与えられなかった。そうした中で、神戸在住の華僑二世の李明暁さんと知り合い結婚。来日後震災に遭い、それがきっかけとなって芸術家としての人生を再スタートさせ、チャリティーコンサートを二七年続けた。二〇一六年に神戸から東京に移り住んでいる。

・東方文化芸術団を立ち上げる

田偉（以下、田）：ある日、熟睡の中で、大震災が来ました。

竹尾正満（以下、竹尾）：ここでですか？

田：いいえ、隣の部屋です。ここはその後に買ったのです。子どもを抱いて机の下に隠れた。落ち着いたら、すぐ外に逃げ出した。下の駐車場には、フランス人やインド人、いろんな外国人がいた。パジャマ姿や毛布をかけて、同じく寝ぼけて不安そうな表情で待っていた。その時思ったのは、「何で日本に来たの？　ここで死ぬかもしれない」ということ。主人を見ながら複雑な心境だった。

張艶（以下、張）：三人でですか？

田：あの時、ちょうど美春ちゃん（田偉さんの娘）は中国の曁南大学英文科に留学していたからよかった。神様のおかげ。最初、みんな避難所へ行ったけれど、私は行きたくなかった。駐車場に座り込んで、半壊の我が家を眺めて、ぼーっとした。夜になって、仕方なく北野小学校へ避難に行った。人が多くて、トイレも言葉で形容できないほどの状態だった。

竹尾：震災の時、ここは半壊でしたね？

田：半壊だった。電気や水道、何もないから生活できないの。避難所でみんなの不安な顔を見て、なぜか私は歌いたくなった。みんなのために、何かやりたいと思った。当時、避難生活が一年も続くとは思わなかった。近畿周辺を回って歌い続けた。ある日、仮設住宅の方から電話があった。「田さん、仮設住宅の皆さんは田さんの歌声を聞きたい。歌ってくれませんか」「ギャラはないですけど、温かいぜんざいはあるよ」。それを聞いた私は、心から「はい、行きます」と返事した。中国の琵琶や二胡を持って、芸術の道へと歩き出して、慰問コンサートに廻りました。その後、一九九六年の一月一七日に東方文化芸術団を結成した。

竹尾：それまでに、日本で歌ったことはなかったのですか？

田：なかったです。普通の主婦の生活だったよ。歌いはじめたきっかけは、阪神大震災だった。その時から、わぁーとなった。主人の給料やボーナス生活費以外はほとんどそこに入れ込んだ。それからは、もうやめられない。

・田偉僑心学校——中国に小学校を建てる

田：主人は六〇歳で定年して、退職金のうち一〇〇〇万を私にくれた。この一〇〇〇万をもらって何をしたらいいの？　貯金するか、買い物するか、子どもにあげるか。ノー、私はそのお金を中国の田舎に寄付して、小学校を建てたの。田偉僑心学校という学校。これは時代の流れで、自然にそういう風にやったの。何か目的があってやったわけではない。田漢先生には広場がある、劇場もある。でも学校はなかったの。私は寄付をして学校を建てたので、母親を含む田ファミリーの全員が喜んだ。子どものため、教育のためだから。特に田舎の子どもたちに……。

張：主に教育のためですね？

田：日本の文化も教えるよ。

張：日本文化を教える先生もいらっしゃるのですか？

田：もう二回も行ったの。日本文化教室があって、「あいうえお」から教える。日本人の友人を連れて中国の小学校へ行く。がんばったよ、自分は。でも宣伝はしない。ほんとに支持してくれた人に感謝する。今回インタビューのチャンスをくださった神戸華僑歴史博物館にも感謝する。認めてくれない人もいるとは思いますが、私は自分のためにがんばっているのではない。新華僑と旧華僑は手をつないで、ともに発展するべきだと思う。これからもがんばりたいと思う。

・中国での公演

田：なぜ、私は何回も日本人を連れて中国へ宣伝しに来るの？　なぜかと言うと、日本人の優しさ、すばらしさを中国人に伝えたいの。平和友好の明日がほしいの。練習もたいへんですよ。中国の舞台、プロしかない。それはわかっている。下手くそならすぐ「下去」（降りろ、出て行け）と言われるの。とにかくいいものを出せるようにがんばる。今はもう一一回目です。三年前、上海から南京まで列車の中での出来事があるの。そのとき、公演団を連れて南京行きの列車に乗った。乗車してから、車内に座っている中国人が、大勢の日本人を見てすごく違和感を覚えたのか、みんなこっそり「日本鬼子」と言っている。こっちの日本人たちは気分よく着物や三味線などを持って、全然危機感がなかった。私はみんなに注意をしたいけど、なかなか言いにくい。あと五時間もあるから、万が一喧嘩や摩擦があったら国際問題になるでしょう。それで、私はこうした。団員の皆さんに「はい、みんな、拍手してください」。皆はわけがわからなくて拍手をした。車内の中国人乗客はもちろん戸惑った。何で急に拍手するのかなあと。私は中国語で「こんにちは。日本からの交流団です。私は中国国歌の作者田漢の姪の田偉と申します。先ほど日本鬼子とおっしゃったね、全部聞こえたよ。彼らは鬼子ではなく、文化交流の使者です。拍手してくれませんか」。中国人乗客はそれを聞いて、すぐ拍手してくれた。こっちの団員は何で拍手されたかわからないのだが、笑顔でお礼をした。私は続いて説明した。「文化交流のために来たのだから、ここでみんなに披露してはいかがでしょうか」。向こうはすぐ拍手してくれた。こっちの団員は三味線やらを出して、演奏を始めた。団員の一人は、スーツケースの鍵やパスポートを上海のホテルに置いてきた。その日の夜に使う道具や服も中に入っていた。中国の携帯電話を持っていないから、連絡も取れない。その時、ある中国人乗客が「僕の携帯を使いなさい」と携帯電話を貸してくれた。助かった。車内はだんだん和やかな雰囲気になって、降りるときはみな、国籍など関係なく仲良くなってきた。私は日本人を守るのに役に立った。

・来日まで（第二回目のインタビューで語る）

張：田さんの職歴について、来日までの職業、職場での人間関係、そして来日後の専業主婦としての意識の変化についてお聞きしたいのです。

田：私の話は必ず中国の文化大革命と関連してくる。一〇歳から芸術学校に入って、バレリーナをして、プロを目指してがんばっていた。一九六六年に文化大革命が始まった。私、いつも主役を演じるチャンスがないの。主役のそばで何か歌って踊る。大きい舞台に上るチャンスがない。田舎で出演する。ずっと我慢、我慢、我慢していた。いつか主役になりたいなあ。でも、たぶんそのチャンスはないと思った。なぜかというと、田漢先生（「義勇軍行進曲」の作詞者）の姪であり、知識人や文化人からは罪があると言われた。母親も女優だから、父親も中国の「右派」と言われ、ぱりわからないけど。長い間、ずっとこうした思いを持っていた。一〇年近くこうした生活を続けていた。どこか自由なところへ行きたい。外国へ行きたい。日本に来たときはもう三五歳だった。中国には「本命年」という言い方がある。一九八八年は私の本命年、辰年になる。この年に何か変化が起こらないと、私は一生苦しい生活が続くかも。でも、日本へ来る気はなかった。日本人は中国人を嫌っていると思っていた。そして、周りの中国人にも、「田漢先生の姪が、なんで日本へ行くの？」とさんざん言われた。両親も反対し、見送りに来ない人もいた。悲しい思いだった。「あなた日本の鬼と結婚する」。

竹尾：ご主人の李さんのことですか？

田：そうよ。華僑でも関係なし、日本の鬼なの。元々中国人なのに、日本に生活して意識は日本人同然だから、日本の鬼だ。こういうこともあるから、ほんとに涙ボロボロで日本に来た。当時持ってきた荷物は、たぶん考えられないと思う、女性としてね。初めての出国、初めての飛行機、おしゃれな服やバッグなどは一切なし。琵琶を背負って、たくさんの歴史資料と写真を持って日本にきた。当時なぜそれを持ってきたのか、自分でもよく説明できないけれど。

（二〇〇七年八月一六日・八月三〇日、聞き取り）

林王　昭基

（りんおう・しょうき／Lin Wang Zhaoji）

女性・一九三一年生まれ・華僑二世
出身地：福建省福州市
祖籍：福建省福州市
料理愛好家

林王昭基さんは、福建省福州の片田舎の貧しい家の三女として生まれたが、生後八か月で神戸の金門島出身の養父と台北出身の養母の子となり大事に育てられた。神戸小学校、山手高等女学校、神戸市立外事専門学校（現在の神戸市立外国語大学）に学ぶ。結婚して二人の息子に恵まれ、現在は料理愛好家として楽しんでいる。

・生い立ち

佐藤仁史（以下、佐藤）：まず、ご両親について教えてください。

林王昭基（以下、林王）：私は、史実に反するようなことは言いません。私の父母と言いますのは、本当は養父母でして。それも皆さんの間では公然の秘密ですからね。そのことについて話したら、親戚とかそんなんは、もう元からわかってるというような顔をしてましたからね。いまさら隠す必要もないし、養父母を裏切ったとは思いません。私はとても感謝している。養父母があってこそ私の今の幸せがあるんだってことをね。私の父（養父）は金門、そして養母は台湾台北。

佐藤：父が金門ですか？

林王：父が金門島。

佐藤：父が金門ですね。母が台湾？

林王：はい。それで、私の本当の出生地は閩北の福州。福建省の北の方のね。

佐藤：福州の方。ご両親とも福州の方なんですか？

林王：……もちろん。片田舎の貧乏人の娘の三女として生まれて、それもこの何年か前に主人が調べてくれて、私は連れられて初めて行ったんですけど、もうすでに父母ともいないし、あの頃は写真を撮るような余裕はないもんですから、私は父母の顔も全然知らない。写真がないもんですから。〔中略〕

林正茂（以下、林）：何番目やったんですか。

林王：私は一番下。上はお姉さんが二人、お兄さんが一人いて、下三番目が「また女か！」と思って、食いぶち減らすために売らなしゃあないと思ったのでしょう。でも、私は親を恨んでません。お母さんが当時どんなに辛い思いで私を手放したのだろうかと思うと涙が出そう。自分のお腹痛めて産んだ子をね、売りに出さなくてはいけないという、その哀れな心境を思うとね……。

　でも、今の養父・養母にはとっても、もう実子以上に可愛がってもらった。戦争中、食べ物がないときでも私はひもじい思いをしたことはないの……私が、学校から帰ってきて、父がちょうどおそうめんか何か、昔はね、おやつって必ずしも甘いものではなく、食べ物ないのにどうしてか知らないけどよく皆さんからいただくの。父はね、致和公司で社長だったせいか、皆さんからときどき差し入れというか下さるの。それで、わりに裕福な、まぁ良い物を食べていたってわけ。それを何か、おそうめんを食べて私がちょうど学校から帰ってきたら、どんぶりに残っていた半分を「これ食べなさい」ってね。本当に可愛がられた。父母とも、すごく可愛がってくださって。

・養父について

佐藤：養父のお名前は何というんですか？

林王：王敬施。

佐藤：後に復興号の経営を引き継いだ？

林：はいはい。『落地生根』（中華会館編、研文出版）にも出てきます。福建公所の理事にもなっています。

林王：ちょっと文献もらったけど、それ以上のことは書いてないけどね。

佐藤：王敬施は王敬祥のいとこですよね？

林王：いとこの系図見たらちゃんとそれ出てますけどね。

林：その前（代）を言うと、王明玉。

林王：一番最初。一代！　第一代！

林：金門島からまず長崎に来て、長崎から今度神戸へ来て、ほんで復興号を起こして、明治三（一八七〇）年ぐらいですかね。

林王：うん。あなたの方がよう覚えている。
林：それで、ここの福建会館、元の福建公所なんかも、最初は八閩公所として復興号の中にできて。貿易で後には成功していくんですけども、華僑の場合は成功したりすると、やっぱり故郷の一族の人を呼び寄せたりして。
林王：金門も寒村でね、何も産物がないしね、そこでは貧乏暮らししかできない。だからどうしても、海外で成功した人は身内を呼び寄せて会社を手伝わす。それで、興味持つ人は偉くなる……何と言うの……まじめに働く人はそのまま居着いて立派な華僑になる。あるいは、もう嫌になったら何とかなるよとなったら、また、金門に帰っていく人も何人かおりました。
うちの父の性格はね、あまり出しゃばりじゃなかったの。何と言うの、黙々と商売に専念して、ほんで友だちでも何か、何とか会長とか何とか会とかあるのね。彼は絶対そんなん違うの。陰で何かを手助けした。金門からも何人か呼び寄せてね、自分の甥やらをね。だから、そんなに出しゃばる人じゃないけれど、義理人情のある人です。

・料理愛好家として

佐藤：それで、どんなきっかけで料理研究家というか、愛好家におなりになったんですか？
林王：私はね、娘時代にはほとんど料理はしなかった。女中さんいたし。見てたりするだけ。それで、王家に行けば、梅仔というコックさんが作ったのを私ら親子が行ってよばれる。結婚してからは海外の、あの主人が貿易してるもので、おじも社長で同居してるの。海外からビジネスのお客さんが来ましたらね、私が接待しないといけない。私ら若家族は居候だけど、おじさんの奥さんってのが（何も）しないものだからね、私が接待しないといけない。じゃあ、何をしていいかと思ったら、なんかしらそこら辺の料理を作ってもてなしてました。結婚を機に見よう見まねでね。それが、そのときまだ私、料理に興味持ってると思わなかった。で、何度かやってるうちに、春になると、生春巻きを筍が出る春の時分に海外のお客さんにも召し上がってもらったら、「うわー、東南アジアのどこにもこんな味ない」ってすごく喜ばれて、それも春だけ、春のシーズンだけだった。それで、こちらのお友だちにも高校のお友だちとか、二十何年前にできた婦人大学とか、正規の大学ではない、主婦に……その方たちにも一年に一度春には何回かお招きいたしました。
　五、六年前、七〇歳くらいからその友だちが、「林、あんたこれ誰かに教えるとか、店出すとかしない？　じゃないと幻の料理になる」（と言った）。私が死んだら食べれないということ、早く言えば（笑）。自分らは習わないくせにね、「私が死んだら食べられない」って、二、三回言われてね。で、そんな気持ちなかったけど。でもあの四人があまりにも熱心に言っていたので、私もぼちぼち本気になって考えはじめた。では、どうすれば良いのかしら。料理教室を今更開いて金儲けする気もないし。それで、どうやってこの料理を広めるかと思いつめたあげく、神戸新聞にちょうどＮＨＫの電話番号が書いてたの。同じテレビ局ならＮＨＫにアタックしてみようと思ってお電話したら、たまたま男の人のお料理に関係ない人が出てきたの。私がこうこうこうって半時間くらい中華の生春巻きに関してのお話聞いてもらって。「聞いただけでもおいしそうだね」っておっしゃって。
佐藤：すごいですね。売り込んでる感じが。
林王：「私なんせ料理屋もレストランでもない」って、「こんだけ材料が入ってる」って言って、作り方はお教えしなかった。ただ、「皆さんから好評を受けてるので」って。そうしたら、一週間くらいして、「今からキャスターをよこしていいですか？」って、「何日か後の何曜日に」って（ＮＨＫから連絡が来たの）。「いいですよ」って。「一人行かせます」って。いらっしゃるんだったら試食でもしてもらおうかと思って、ちょこっと作って。もうあの方はつい最近お辞めになられましたけどね。
佐藤：あれはいつ頃放送されたものでしょうか？
林王：私が七三歳のときだから、三年前です。当日に実はここ「首から上とそれと名前と出さないでください」って言ったら、年まで出してしまってる（笑）。それでね、一週間くらいしてから、そのキャスターがいらしたんで、お出しして差し上げたら、おいしそうに食べてくださった（笑）。でも、私にしたらうれしいのよね。

（二〇〇八年五月三一日・一一月八日、聞き取り）

詹　永年

（せん・えいねん／Zhan Yongnian）

男性・一九二六年生まれ・華僑二世
出身地：神戸市
祖籍：福建省
神戸中華同文学校教諭

詹永年さんは、生後間もなく神戸から福建省に移り住む。小学三年時に母や弟妹と父の廷英さんに会いに来神するが、日中戦争勃発のため帰国できず、神戸に定住。終戦後は、大学を休学し、神戸中華同文学校の復校を手伝う。中国版画家、神戸中華同文学校教師、貿易会社や中華料理店に携わるなど多才な顔を持つ。

・美術と勉学

林正茂（以下、林）：詹さんは絵が好きだと聞きましたが、やはりお父さんかお母さんの影響があったのですか？

詹永年（以下、詹）：誰かの影響を受けたわけではありません。ただ小さい頃から絵には興味がありました。中学の時でも、美術部に入り、李平凡先生もおられて、そのグループ（中国木刻研究小組）に入りました。大学受験のとき、医者になりなさいと医学専門学校の受験を父に勧められて、それで東京医科専門学校を受けて合格したんですが、行きませんでした。父には叱られました。結局、京都の立命館大学理工学部物理科へ一九四五年四月に入学しました。毎日午前中三時間だけ授業して、午後は長時間の軍事訓練、三八銃を担いて京都御所内で夕方まで訓練していました。八月一五日に明石の「テン」の真空管製造工場へ勤労奉仕に出発する予定でしたが、その日の朝、京都の上空から米軍機の撒いたビラで終戦を知り、勤労奉仕も中止となったと学校からの連絡があって、学校もしばらく休校。それで神戸に帰ってきたんです。当時、神戸中華同文学校が空襲などで被害を受けたので、学校の理事であった父に、復校を手伝ってくれといわれて、翌年同文学校が復校するまで手伝っていました。そのあと、一九四七年四月に東京上野の東京美術学校版画科に受験しました。版画科がなかったので、やむをえず洋画科の安井曾太郎教室に入学したんです。
張玉玲（以下、張）：そうだったんですか。学費はどうしていたんですか？
詹：いろいろとアルバイトをして稼ぎました。忙しかった。大学予科二年間の授業料は年間一二〇〇円でした。当時の物価からすると高額でしたが、それでも国立なので、普通の大学に比べれば安かったのです。その後、四年制の本科になって、外務省に留学資格の申請をしたら、認められて、飯田橋の留学生寮平和寮に入ったし、納めた予科の二年間の学費二四〇〇円も学校から返してもらった（笑）。当時は留学生の学費は免除されていたから。
張：なるほど。詹さんは美術学校の学生として当時、どんな学校生活を送っていたんですか？
詹：午前中は実技、学科の授業をして、午後は授業のない時は、東京八重洲口の東京中華学校で、美術、国語を教えてました。二年後、横浜山下町の中華街にある横浜中華学校へ転勤して、夜は銀座にある華僑が経営する青柳という喫茶店の装飾やポスターを描いたりしてました。日曜日は留学生の友人と本国転勤となったアメリカの進駐軍が持って帰らない自家用自動車を日本人に転売したりしていた。戦後、日本人は外車を買えないので、私たちが日本人の一番欲しがっていたフォードやビックなどの車を買ってそれを日本人に転売して、その仲介手数料で稼いでました。
張：戦後、おもしろそうな体験をされたんですね。華僑は戦勝国民だったからでしょうか？
詹：そう。終戦後、東京の交通はとても人が多くて大変混雑していました。電車は一日中混んでいて、通学も大変でした。長距離列車も大混雑で、デッキはもちろんのこと、車内の便所にまで六人も入ってました。四人向い合せの座席には六人が座り、その間にさらに二人がしゃがんでいた感じ。通路はもちろん通れないし、トイレは列車が停車する間に、反対側のホームの下に降りてすます感じだった。しかし、間もなくして連合軍の専用電車というのができて、私たち華僑も戦勝国のパスポート、または大使館の証明があれば、その電車に乗れました。通学はこのパスポートを持っていたので、助かりました。神戸へ帰るときも進駐軍の専用電車を利用したんです。専用切符売り場があって、これも大変助かりました。

・結婚について

張：奥さんとはどのようにして知り合ったんですか？

詹：家内は中華同文学校に合併する前の同文学校の幼稚園で先生をしていました。終戦後、中華同文学校復校の時に、先生たちと一緒に復校の仕事で知り合いました。

張：奥さんも福建省のご出身？

詹：広東省出身です。日本生まれの日本育ちで、父と同じ中華同文学校の董事で招協衡の八人娘の長女です。李平凡先生の創立した新集体版画協会（一九四三年設立）でも、同じく木刻を制作研究して、同文学校復校後、一緒に東京上野美術学校を受けるために上京しました。私たちは在学中に結婚して、今年で結婚六〇周年になります。

林：親に反対されたりしなかったですか？

詹：反対されましたよ。当時の華僑はやはり同郷同士の結婚がいいという風習でした。私たちは李万之校長が神戸華僑総会の会長を務めていた時、総会主催の費用の掛からない集団結婚式に参加しました。当時の証婚人（仲人）は中華民国駐大阪劉増華総領事でした。

張：華僑の集団結婚はいつから始められたんですか？

詹：私たちは二回目だったから。第一回の集団結婚はR・H先生とS・H、他二組計三組でした。第二回は私たちと他三組でした。会場は第一楼で、結婚式典と披露宴は全部李万之校長が企画準備してくれました。

林：李万之先生は当時の華僑社会の中心人物でしたね。

詹：そうです。大陸と台湾の分裂の時も、李万之校長のご尽力で神戸華僑の学校も分裂せずにすみました。

・処世術

林：美術家、教師、貿易そして料理店の経理、何をやっても上手にこなせるノウハウを聞かせていただけませんか。

詹：私は特別のノウハウは持ってませんよ、普通の人です。ただ、直接の利害関係がなくても、上下関係を考えずに人の話を聞き、やっていることを見るようにしています。いつか自分にも役に立つというつもりでお話をしています。それから皆に声をかけられたら、世間話もします。

張：話のどこかで役に立つ情報があったりひらめいたりするということですか？

詹：そう。それから、自分も同じ人間なので、人ができるなら、自分も頑張ればできるはずだと思うのです。日本の神港中学校にいた時の話ですけれど、ある日、なぜか学校の教官に日本陸軍訓練の射撃検定を受けるよう指名されました。その時ちょうど中学五年生で、私は見事に射撃検定に合格して、バッジをもらって教官の助手になりました。この経験がきっかけで、私は人ができるなら、自分もできるという考えを持つようになったんです。

林：小さい時からそうだったんですか？　いろんなことにチャレンジしたり……。

詹：そうかもしれませんね。トアロードにT銀行の支店があった時、私は毎日のように、輸出入関係の手続きなどで銀行に行ってましたけれど、支店長と時々お茶を飲みに行くことがありました。あるとき、話の中で私は、トアロード支店の顧客で、華僑は何割占めますかと支店長に聞きました。そしたら顧客の六割は華僑だと答えてくれたので、では、どうして窓口に華僑を雇わないのか、窓口に中国語のできる行員がいますと、日本語のできない年配の華僑もたくさん来られるから、銀行として業績が上がるのではないかと支店長に提案しました。当時の銀行は日本の方を採用するにも条件が厳しかったから、ましてや外国人は全然採用しなかったんです。支店長は、なるほどたしかにそうだと私の意見を取り入れて、早速本部と相談すると。それで、翌日トアロード支店だけに特別許可が下りて、二人の華僑の女子行員を採用することになったんです。人選は私に任せると。私は李万之校長と相談して、二名の女性を推薦しました。後になって、支店長に確認したら、華僑の行員を採用してから、預金業績はだいぶ上がったそうです。

林：他の企業の人に対して、いろいろと言える詹さんはすごいと思います。

詹：私は誰とでもお友だちとして、お付き合いできます。T銀行だけでなく、他の銀行の方も、定年退職して数年になりますが、今でも友人として付き合ってますよ。

（二〇〇九年三月四日・三月五日、聞き取り）

孫　生法
（そん・せいほう／Sun Shengfa）

男性・一九一四年生まれ・華僑一世
出身地：浙江省寧波市
祖籍：浙江省寧波府鄞県
洋服店経営者

孫生法さんは、一九二八年、一四歳の時に浙江省の寧波から渡日。友人の紹介で神戸の洋服店で四年間修業し、洋服の仕立てだけでなく、弟弟子たちの面倒や店の切り盛りまで任されるようになる。戦前・戦後に神戸で栄えたチャイナ・テーラーであり、後には元町で生発洋服店という自分の店を構えるまでになった。

・来日と学徒生活

蔣海波（以下、蔣）：日本に来られたのは、いつでしたか？
孫生法（以下、孫）：一四歳の時。あなた、寧波の言葉はわかりますか？
蔣：大丈夫です。寧波の言葉はだいたい聞き取れます。ご出身は寧波のどこですか？
孫：浙江省寧波府鄞県孫家漕です。
蔣：一四歳の時は何年でしたか？
孫：あれは昭和三（一九二八）年でした。
蔣：最初に日本に来るきっかけは何でしょうか？
孫：友人の紹介でした。友人は親方の依頼で、「学徒」が欲しいということで、私を推薦し、日本に連れて来ました。親方がこの友人を頼んだそうです。
蔣：日本に来て、修業することになったのですか？
孫：そうです。三年半修業しました。
蔣：師匠・親方は自分の店を持っていましたか？
孫：そうです。師匠は自分の店を持っています。店はトアロードにありました。
蔣：師匠のお名前はなんとおっしゃいますか？
孫：師匠はＳ・Ｋです。私は彼について修業しました。全部で実は四年半掛かりました。最初は三年半だが、仕事はまだ覚えていないので、半年間を追加しました。全部で四年でした。四年間勉強しましたのち、師匠は私に店の管単の仕事を任せました。

蒋：管単とは？

孫：店を任すことです。お客さんが店に来たら、接待する。この仕事をだいたい……、十数年でしたな。その後は、私が自分の商売をし始めました。

・親方の店とその子どもたち

孫：親方は毎日大阪に行って兜生意（寧波方言、営業の意味）しに行きます。私は店を管理します。

蒋：受けた仕事は店でするのですか？

孫：店では五、六人の弟子たちが作る。私は管単する。

蒋：洋服を作るのですね。中華服は作りますか？

孫：洋服ばかり。チャイナー・テーラーと呼ばれていました。〔中略〕終戦時、店はきれいさっぱりに焼かれてしまいました。全神戸は朝六時から夕方五時まで、ずっと燃え続けていました。B29の爆弾と焼夷弾が神戸を焼き尽くしました。家屋は何もかにも残されていませんでした。

・洋服組合と昔の店

蒋：昔、神戸で洋服の仕事をする寧波人はだいたい何人ぐらいでしたか？

孫：たくさん。六十人余り、入会したのは六十人余りでしたよ。洋服組合でね。今も組合はまだありますよ。彼（姜成生理事長を指す）に聞いたら、よくわかりますよ。

蒋：洋服組合はだいたいいつ頃できたのですか？

孫：私はまだ来ていなかった時ですよ。昭和元（一九二六）年かな。

・羅宋人と毛皮コート

蒋：昔のことで、何かを思い出せますか？

孫：昔、こんな人がおったのです。戦争中のことでしたが、あのときは皮のコート一着を作るのに相当かかるのです。T兄さんはそれを二着か三着の注文を受けました。T兄さんは頭がいいです。注文は受けたが、作り手はいないので、私のところに相談をしにきました。私は羅宋人を呼んだらと提案しました。いい食事をもて彼を接待したり酒を飲ましたりして、あんたの姉婿は酒が弱かったが、O兄ちゃんはお酒が強かったので、一緒に食事して、食事が終わったらこのことを話しました。皮コートを取り扱える人は神戸には二人しかいません。一人はあんたの姉婿、もう一人はこの羅宋人でした。羅宋人は腕も確かですし、自分の店も持っていました。そこで連日のように彼を接待し、二人で協力してこの三着の皮コートを時間通り仕上げたのです。この間、私も呼ばれたことがある。あのときの料理店は何と言うのですか?
姜成生（三江会館理事長。以下、姜）：大来軒でしょうか。
孫：そうだ、大来軒だ。あれは一か月ぐらいかかりましたね。その後、Tの皮コートの商売がうまくいくようになりました。
姜：そのことはわかりますか?
蔣：よくわかりません。
姜：Tとは R・T、私の姉婿です。彼は専ら営業の仕事、外回りをする。そのときは毛皮のコートの注文を受けました。一人は羅宋人といって、あれはあだ名です。船乗りで羅（ロシアを指す）から帰ってきたのです。羅宋では、皮の仕事をしたことがあるので、そこで彼に協力を求めました。
蔣：羅宋人の名前は、思い出さない。
姜：名前はあったですね。
蔣：中国人ですか?
孫：中国人、寧波の人ですよ。
姜：羅宋人はあだ名、名前は……。
李翠英（孫生法さんの妻。以下、李）：もうみんな忘れました。
姜：それで、あのときは、R・Tは注文を取りに行き、羅宋人にも回した。阿堆さん（S・C）（「阿～」は「～ちゃん」の意）にも回しましたね。
孫：阿堆さんの仕事は「同康永」でした。後にTと「併卓板」（業界用語、作業卓を共同使用すること）をしにうちの店に来ました。その後、羅宋人と阿堆さんは同じ店で働くことで、Tはどっちの顔を立つのかが非常に難しかったのです。羅宋人と阿堆さんは互いに気にくわない。阿堆さんの腕が立つからね……。
李：羅宋人も偉いですよ。
孫：羅宋人はこっちの仕事もするし、自分の仕事もします。三着の皮コートの仕事は彼の自慢です。
李：その皮コートの仕事で、阿姐（お姉さん）は彼を義理のお父さん「過房爺」（養父または親しい称呼）と呼んだのです。
姜：私が日本についたときはすでに彼を「過房爺」と呼びました。
孫：しっかりしたのは阿姐ですよ、Ｔはあまりしゃべらないです。
李：阿姐は偉い。うちとは一番仲いいよ。本当の姉妹みたいです。
孫：羅宋人と酒を飲むときも、Ｔはあまり飲めないので、ときに私をも呼んだことがあります。Ｓ（店の見習い弟子）に私を呼ばせました。あのときは私がまだ朱宏昌で仕事していました。Ｓが来て、「生法兄ちゃん、うちに来てほしい」と。行くとは何かと言うと、お酒を飲むことですよ。毛皮コートは秋から冬にかけての仕事なので、夏はすることがない。羅宋人はなかなかの酒飲みでしたよ。
姜：そうそう、酒飲みでした。

・思い出の人々
李：もう戦争中、皆帰りました。
姜：そう。その戦争とは中日戦争のことです。親方は全部帰った。残っている人は番頭さんだけです。そういう情勢でした。その時分の店が残ったのは同昌と益泰昌とだけです。後はばらばらになりました。
孫：今はどこにもやっていない。する人はいませんわ。
姜：そういうことで、さっき言った店は記憶しているけれども、全然記憶に出て来ない店もあるんです。
蒋：そうですか。
姜：孫さんに私が一番聞きたいのは古い洋服屋の名前をね、それに場所はどこにあったのか、そして戦争が終わってから、新しい人が出て来た店も、そうですね。
孫：長脚、あのおじいさんはＹ・Ｋという。昔もう一つはトアロードの下の方、Ｙさん、知ってるでしょう。彼も裁縫、背は高いです。
姜：Ｙさんか、江蘇の裁縫ですね。
李：もう昔の人はおらんようになったら、わからんようになりました。

（二〇〇六年一二月二八日、聞き取り）

任　書正
（にん・しょせい／Ren Shuzheng）

男性・一九四九年生まれ・華僑三世
出身地：大阪市
祖籍：福建省
株式会社松屋ビル代表取締役

福建省から大阪に来た祖父と父が戦前は反物行商に従事。戦後は大阪市松屋町で玩具商、続いて貸しビル業を起業。熊本でも自動車学校を営む。任書正さんは、その家の長男に生まれ府立高津高校を卒業後、家業に就く。株式会社松屋ビルは保有ビルを増やし「それなりに順調」。日本人の妻と一男四女を育て長男は貸しビル業を継承している。

・祖父母、両親について

二宮一郎（以下、二宮）：最初にご家族のことをお聞かせください。

任書正（以下、任）：祖父の名前は任在炎。一八八四年一月二日生まれ。長生きして一九六六年一月一六日に亡くなりました。祖母は林泉宋。高山市西江の出身。一八八九年生まれ。一九五二年七月一四日、若くして亡くなりました。祖父は一人息子でしたが、何か事情があって故郷を離れて日本に来ました。田舎のことや家族のことは一切、我々にしゃべらなかったです。

二宮：ご両親は存命ですか？

任：父は任道福。二〇〇六年に八二歳で亡くなりました。母は葉美宋。父の四つ下で、いま八〇歳です。

二宮：お父さんのご兄弟は？

任：父は五男です。長男は道〇（道明）。今は下の字が思い出せません。神戸で玩具店福順号を現在も営業していま す。二男は道雄。名古屋で玩具商をしていましたが、今は自動車学校を経営しています。三男は道富。最初から大阪で貸しビル業をしています。四男は道貴。東京で玩具商をやっていましたが、今は蔵前で貸しビル業をやっています。東京の蔵前は玩具問屋街で、ここ大阪松屋町と同じような町です。五男は道福。私の父親です。六男は道勇。姫路で洋服屋と貸しビル業をしていましたが、今は貸しビルだけをしています。女姉妹は四人で、みな嫁いでいます。
二宮：日本人と結婚された方はいませんか？
任：みな福建人同士で結婚しています。祖父が嫁さがしに九州をまわって福岡・熊本・鹿児島（あるいは水俣）福建人女性を決めてきました。それで、昭和二一（一九四六）年頃に兄弟そろって結婚式をあげました。

・行商玩具商から貸しビル業へ

二宮：当時、どのような仕事をされていましたか？
任：戦前は、祖父と父とで反物などの行商をしていたと聞いています。
二宮：今の仕事に変わったのはどういうきっかけですか？
任：戦後すぐに、松屋町に土地があったので、買って店を始めました。大阪市内中心部の心斎橋などは、米軍がいて乱暴をするので、土地は安く手に入りました。当時流行っていた食べ物屋はしませんでした。
二宮：どんな仕事でしたか？
任：店とは別に町工場を建て、スマートボールのビー玉を作っていました。他に「べったん」を手書きで作ったり、金太郎ガムなどを作ったりしていました。その頃は、何でも作ったら売れました。店の名前は福順号といいました。
二宮：神戸の店と同じ名前ですね。
任：父の長兄が神戸へ行き、玩具店を出しました。
二宮：以前ビルの一階で店を営業していたように思います。昭和五五（一九八〇）年頃、私は近くの大手前高校定時制に勤務していて、文化祭の景品等を買い出しに来た時に、そうだった気がしますが。
任：火事の類焼で、木造の店が燃えてしまったので、昭和三三（一九五八）年七階建てビルを建てたと思います。これは父親の発想で、店舗と事務所、賃貸住宅二〇軒ほどで、複合ビルのさきがけです。当時は、自宅から大丸百貨店まで木造建物ばかりでした。このビルは築四八年で取り壊し、跡地に高層ビル松屋タワーを建造中です。二〇〇九年三月に竣工予定です（二〇〇九年二月に竣工）。
二宮：高級人形や結納品を扱っていましたか？
任：昔は人形は扱っていません。松屋町はもともと駄菓子と玩具の問屋街です。高度成長期から人形を扱う店が増えて、今に至っています。

二宮：自動車学校はどういったことで始められたんですか？

任：父は熊本で自動車学校を経営しています。父の兄道雄が名古屋で自動車学校をしていて儲かると聞いて、母の実家がある熊本で土地を買って自動車学校を始めた。四〇年くらい経っていますが、今も続いています。

二宮：華僑の方々は、資金を集める際に頼母子を利用することが多かったようですが、任さんの場合はどうでしたか？

任：祖父はやっていたかもしれません。中国人は、散髪、洗濯屋、ラーメン屋などの商売をしていて、日本ではお金を貸してくれないので、頼母子をしたようです。

・個人の経歴

二宮：任さんは中華学校へは行かなかったのですか？

任：日本の学校に通いました。地元の小学校を出て、上町中学に入学、大阪府立高津高校を卒業後、父親の指示で、すぐに熊本の自動車学校の仕事をさせられました。本当は画家になりたかったですが、父親の命令は絶対でしたから。

二宮：ご趣味は？

任：今の趣味は剣道です。五段です。

二宮：それで背筋がシャキッとされているんですね。子どもさんは？

任：子どもは五人です。

二宮：取締役をされていますが、インターネットのホームページを見ますと、たくさんビルがありますが。

任：現在一七棟のビルを所有しています。それなりに順調です。

・貸しビル業界について

二宮：松屋ビルの経営についてお聞かせください。

任：最初の松屋ビル（第一松屋ビル）を取り壊す際、二年間敷金なし家賃三分の一という取り決めにしました。定期借款法できていたからそうしました。そのため、友だちが友だちを呼んで、いっぱい人が集まりました。古いすりガラスや散髪台椅子などももらって行く人もいました。取り壊した跡地に、現在建設中の松屋タワーは総工費四〇億円。日本の前田建設の施工にかかります。これもコンペで決定しました。土地があるから建てられる。土地購入となれば資金的に無理でしょう。

二宮：資金繰りはたいへんだったのではないですか？

任：日中国交回復以降、日本の銀行が資金を貸してくれるようになりました。バブルの時には、銀行から借りてくれと言われた。今はメガバンクも我々に貸付けるようになっています。昔親父が言っていた。「なぜ中国人に貸さなければいけない。日本人に貸さなければならないのに」と日本の銀行から言われたと。貸しビルは時代にあったと思う。これからは貸しビル業の成熟時代です。

二宮：ビルの成功の秘訣は？

任：親父の発想で、大通りに面して部屋が一〇坪前後と小さく、駐車場があって管理人が常駐して、ビルの規模も小さい。こうした条件があれば、借り手がつきやすい。京都のビルは、二棟とも学生マンションです。学生マンションは、確実でよく流行ります。

・中国向けテナント

二宮：松屋ビルの特色をあげてください。

任：松屋ビルのテナントには、中国の貿易関連会社一〇社が入っています。中国本土に本社があり、一〇坪くらいの部屋に一、二名の単身赴任日本支社員が勤務しています。

二宮：どんな関連ですか？　また地域はどこが多いですか？

任：上海が多いです。取り扱いは繊維関係が主です。その他に北京・天津地区。

二宮：なぜ中国関連会社が入居するようになったのですか？

任：中国領事館の紹介があるからです。普通ならば、法人設定に三か月かかるが、ここでは保証人がいらず便利だからでしょう。また中国人支社員の一番の苦労は、居住するマンション探しです。私が保証人になるからクリアできます。彼らはエリートが多く、英語・日本語ができます。

（二〇〇八年二月一三日・五月八日、聞き取り）

簡　国泰

（かん・こくたい／Jian Guotai）

男性・一九三四年生まれ・華僑二世
出身地：神戸市
祖籍：広東省
レストラン経営

簡国泰さんは神戸中華同文学校で小・中学校課程を終え、工業高校の機械科に進み、さらに大学でも理工学部の機械科で学んだ。卒業して貿易会社に勤めた後独立し、貿易業、レストラン経営、不動産業等実業家として活躍の場を広げていった。また、広東同郷会の会長も務めた。

・家庭内での会話は広東語で

林正茂（以下、林）：〔中略〕家庭内での会話はやはり広東語だったでしょうか？

簡国泰（以下、簡）：当時は広東語でしょうね。

林：ほとんど日本語はない？

簡：日本語は全然使わないです。母なんかの場合は、特に祖母なんかの場合もおそらく一言二言の日本語しか出なかったと思います。母親も決して日本語は上手じゃなかった。

林：簡さん自身は、一〇歳ぐらいの頃は、ある程度日本語はできていらっしゃったんでしょうか？

簡：そうですね。一〇歳といえば小学校三年生ぐらいですから。学校には日文（中国語で「日本語」の意味）という科目もありまして、週におそらく三時限ぐらいは日本語の時間もあったと思うし、日本語は話せたんでしょうかね、僕らはね。

張玉玲（以下、張）：じゃあ、日本語を使って、お母さんたちが困っている時の通訳とかしていらっしゃったんですか？

簡：さあ。

張：そんなことないですか？
簡：あまりないと思いますが。
張：あまりない。
林：逆に、ご近所の方の会話以外にも、広東の方同士で、広東語で通用したということですか？
簡：そうですね。当然、広東の方同士の場合は広東語を使っておりましたね、当時はね。
張：福建の方とあまり交流がなかったっていうか、関わりはなかったんですか？
簡：あまり交流もなかったんじゃないでしょうか。当時、そういうゆとりというか、余裕というか。あまりなかったんじゃないかと思います。

・戦時下子ども時代の思い出

張：〔中略〕戦時中とかは何か近所のたとえば日本人の子どもたちとか、何か変なことを言われたりしましたか？
簡：やっぱりあります。それは、実際ございます。なぜか知らないけれども、僕が中国人であること、別に顔に書いてあるわけじゃないですけど、わかるんですね。それでこういう記憶があるんですよ、私は。小学校四年生、僕がカバンを持って、まあ登校中ですよ。日本の子はこうやってね、両手を広げてね、止めるんですよ。学校に行くな、行くなと言うんですよ。こっちもね、短気だからね、当時学校に給食があったんです、給食のためにお茶を飲むコップを持っていたんですね、ハンカチで包んでね、学校に行くな、行くなと言うからね、こっちも短気なものやから、頭の上ポカンとやったんですわ。そしたらね、血がすぐに溢れてしまったですわ。びっくりして家、逃げて帰ったんですね。後で中華同文の生徒やとわかるんですね。中国人の学校は一校しかないものやから、学校へと通報したんです。当時の校長先生に呼び出されて、それで、向こうの家行って、お詫びして、それから僕は、もちろん暴力を加えたわけですから、いわゆる学校に罰則があって、罰されて、それで結局、大きな運動場を一週間掃除しましたね、朝の間に。それから学校へ行ってお詫びして、今後は一切こういうことはしないと。学校の方も大目に見ていただいて、まあ、それでことは一応済んだんですよ。そういう記憶がございます。しかし、学校に行かせてくれないから、学校は行きたいしですね、ついに手が出てしまったんですね。まあ、子ども同士ですけれども、そういうことがありましたね。
林：今では考えられないような、まあ、いじめっていうか、よく話にあるですけど、まあ実際そういうふうに話聞いたら、簡さん自身はその時なぜ中国人が悪いのかとか。多分いろいろな疑問が浮かぶと思うんですよね。
簡：そういう経験もございます。たしかに。
張：そんな時、聞いた話ですけども、何で僕は中国人なんだろうって思いましたか？
簡：いや、それは思いませんけど。
林：我慢ができなかったっていうことですね。
簡：そうですね。学校に行きたいしね。そうなんで、我慢した覚えがある。

・三人の子どもと日本国籍

張：今、三人のお子さんは簡さんの会社と独立する形でやっていらっしゃるんですか？
簡：現在正直な話、長男、次男はうちの社員なんですよ。それで三男は同じ、うちのビルに入っておるんですが、これは独立しております。
林：実は、子どもさんが日本国籍を取られているということで、簡さんだけは中国国籍を保持したままと聞きましたが、その辺については、たとえば子どもさんが日本国籍を取得するにあたって反対とか、逆に簡さん自身は、中国人だから中国国籍を保持したままですが、そういうアイデンティティというのはいかがでしょうか？
簡：子どもたちはこれから日本は長いし、とにかく日本で根を下ろすわけですから、それで生活は、もちろん日本でこれからずっと住むつもりだと思うんです。こうなるとその国の国籍を取った方がいろいろな面でベターではないか。それでもう、じゃんじゃん取りなさいと、むしろ僕も全く反対はしない。
林：むしろ貿易をするには、日本国籍の方が便利であると思いますか？
簡：それは全然違います。日本のパスポートの場合はどこの国でもノービザですよ。ところが中華人民共和国のパスポートであると、たとえば私の場合、インドネシアに入国したくても、ずっと五、六年前ぐらいはね、中華人民共和国のパスポートでビザをくれなかったです。そういう時代もあったんです。ところが、日本のパスポートの場合は、ビザは世界あらゆる国に簡単にノービザで行けます。だからそういう意味においても、日本国籍のほうがどこへ行っても便利じゃないかと。

・共同墓地中華義荘

張：さきほど出たおばあさんは、お母さんのお母さん？
簡：いや、父親の。
張：そのとき、おじいさんが一緒に来られた？
簡：たぶん。早くやっぱりなくなったでしょうね。それで、おばあさんいうのは、つまり私の祖母は僕の父親の母ですよね。日本に来る時に一緒に連れてきたでしょうね、はい。
張：じゃあ、変な話かもしれないですけど、そのお墓はどちらに？
簡：今、あれでしょう。
張：中華義荘。
簡：中華義荘でしょう、はい。
張：おばあさん……。
簡：それはね、残念ながらね、みなさんご存知かもしれませんが、われわれ華僑の場合、日本の場合もご存知のように、火葬して、遺骨をお家に持って帰って、四十九日まで家でお参りする。四十九日を過ぎてからお寺へ持っていく。われわれ華僑の場合はほとんど関帝廟へ持っていく。ご存知のように、関帝廟は戦争のために燃えちゃったですよ。だから、わかりやすくいえば、火葬の時にいっぺん燃やされ、関帝廟で二回目燃やされたわけです。それで遺骨もばらばらですよ。それで、中華義荘で復興する時に、関帝廟のその遺骨は全部、燃やされた遺骨を一つにまとめて、で、中華義荘へ持っていった。共同の墓地を一つ作っていた。そこで共同でおまつりをする。今の中華義荘の階段を上がって一番右のところ、共同の墓地があります。そこに実はあります。

（二〇一〇年一月三〇日、聞き取り）

高　四代
（たか・よんだい／Taka Yondai）

男性・一九四七年生まれ・華僑三世
出身地：神戸市
祖籍：江蘇省鎮江市
理髪店天龍経営

神戸中華同文学校の小学校に通い、中学校は神戸の市立学校に進んで野球少年になった高四代さんは、高校でもプレーすることを希望したが、祖母の強い勧めで家業の理髪店を継ぐことになり、進学は断念した。それからは理髪店の経営に邁進するかたわら、新開地まちづくりＮＰＯ理事長としても地域に貢献している。

・高（こう）から高（たか）へ――帰化について

岩見田秀代（以下、岩見田）：まずお名前をおうかがいして、「たか」さんという読み方のことでおうかがいしてもいいですか？　ずっとこの読み方ですか？

高四代（以下、高）：いや、帰化したときにね。平成二（一九九〇）年ですか、今から二〇年前に帰化したんですよ。それでその当時の法務局が、日本に帰化するんやったら日本的な名前にしてほしいと。それでどうしようかなということで。でも自分の「高（こう）」という名前は変えたくなかったから。親の名前やし、先祖代々の、中国から来てね。だからそれは変えたくなかったから。それはなんとか、いろんな人に聞いて、それやったら「高（たか）」いう名前でもいいんじゃないのって、それで「高（たか）」に変えたんですよ。

岩見田：お名前の方も変えられたのですか？

高：いや、そのまま。苗字も名前もそのまま。ただ読み方だけ変えたんです。「四代（よんだい）」のまま。

岩見田：「四代（よんだい）」というのは四代目というような何か意味があったりするのですか？

高：あのね、私が生まれたときね、中国にひいおじいさんがまだ生きていて、ひいおじいさん、おじいさん、私のお父さんと、それから私が生まれて、それで「四代（スーダイ）」というのは珍しいから、うちのおばあちゃんがつけたらしいですわ。

岩見田：高さんが帰化したのは何か理由があったのですか？

高：そうやな、子どものこと考えて。自分のことよりも子どものことを考えて。長男が高校生やったし、将来的に。

岩見田：お父さんお母さんはその頃ご健在だった？

高：おるよ、何も言わない。私の言うことは賛成やね。自分の思ってるようにしたらいいやんって感じやね。

岩見田：お父さんお母さんも含めて帰化されたのですか？

高：私だけ。私と私の嫁さんが帰化したら自動的に子どもも帰化するから。子どもで学生やし、子どものこと考えて。子どもが高校卒業して、そのとき野球してたからね、高校野球、仮に高校卒業して大学で野球するにしても、社会人出るにしても日本国籍、二〇年前から取ってた方が、今でもそやけど日本の国籍取ってる方が有利。日本の社会にいるから。それだけ、後はなんにもない。

・華僑と三把刀——理髪店

岩見田：お父さんが理髪店の仕事されたということは、おじいさんが理髪の仕事をされてたからということですか？

高：そうそう、そうやね。

岩見田：おじいさんは中国で理髪の仕事をされていたということですか？

高：さあ、どうやろね。定かでないけど、昔でいうたら、まあ、五〇年前、六〇年前、七〇年前、もっと八〇年前いうたら、日本に中国大陸からこっちにくるときは、なにか仕事、今いうたように「三把刀（サンバダオ）」散髪、はさみ、料理屋、それと洋服屋、そういう刃物を使う、手に持ってる仕事が一番食いっぱぐれがないということで、散髪屋が多いんちゃいますか。田舎でも散髪屋でもしてたんじゃないですか、そう思いますけど。それが今でも続いて。

岩見田：おじいさん、お父さんから受け継がれてる技術があったりするんですか？

高：技術は特にないですけど。顔そりとかの技術、昔から耳掃除。中国の人は耳掃除ものすごくうまいから。今はあまりしてませんけどね、昔はだいたい中華の店は耳掃除がうまいゆうて評判だったからしてましたね。顔そりとか、そういう技術的なものですかね。ま、時代も様変わりしましたけどね。
岩見田：今は、もうじゃ耳掃除はもう……。
高：あんまりしてません。もう。
岩見田：でも、時々「やってくれ」てお客さんがやってくれといえば……。
高：してあげますよ。
岩見田：それは華僑の方から頼まれるわけではなくて？
高：いやいや、日本の方。
藍璞：昔は売り物にして「上海耳掃除何々屋」って。

・野球少年時代の思い出

岩見田：高校野球出るようなチームの学校へ？
高：高校もね、楠中学で成績がよかったもんやから、昭和三八（一九六三）年か三九年に育英高校から呼ばれて。中学三年生の時に。練習に来てくれ言われて、夏の大会がよかったもんで。私、楠中学行っとったでしょ。そしたら中華同文と試合があったんですよ。
岩見田：同文も野球部あるんですね。
高：同文も野球部あるねん。その時の小学校の時の友だちがみんなおんねや。敵同士や！　仲間や思たらみんな敵同士や！　サインなんか、あの当時いうたら中国人やから中国語しゃべるけど、私がおるからしゃべらへんねや！
岩見田：そうか！　読まれるから。
高：アイツが、高四代おるからあかんぞ、とかいうて。
全員：（笑い）
高：サインなしで。（普段は）みんな全部中国語で言うやん、跑跑（パオパオ）言うたら向こうわからへんやん、でも私は全部わかるやん。打（ダー）言うたら。そんなんがあって、なんかものすご恥ずかしかったわ。ちょっとヤバイないう感じで。そんなんがあって、神戸市でベスト3に入って、うちらの楠中学が。育英高校へある人の紹介で夏の大会が終わってから一か月練習に行っとったんです。あ あ、育英高校行きたいな思って。私も学校好きやし、野球好きやったから。それで行く予定しとったんが、まあ、うちの死んだおばあちゃんが、お父さんは何も言わへんかってん、でも「お前は長男や、ここの高家の長男や、四代目や。そんな高校なんか行くんやったら散髪屋覚え」言うてね、高校なんか行かせてくれへんねん。「もう三年間高校行くんやったら、三年間散髪屋して、ほんで一人前になって。ここ、おまえの後継ぎやから」いうことで。もう泣いたけどなあ、高校行かれへんから。

・まちづくり協議会

高：僕、この社会におりますやんか。この日本の社会で帰化して、帰化しても私らの近所の人でも周りの人、神戸市の人も含めて、私は元中国人やと知っているので、もちろん私もそのこと言います。「高さんは中国の社会に生まれ育って、二十何年前に帰化した。そやけど今こないして日本の社会に同化して、日本社会に貢献してくれてる」と、ものすごい感謝されてますよ。私もそれなりに気つこうてる。

岩見田：誇りもありますね。

高：うん、自分の血はお父さんお母さんの血で中国人の血流れてますけどね、日本の社会でいろいろお世話しながら、中国人に恥ずかしない、この人は立派な人やなといわれるように一歩下がって動いてますよ。なんぼ「会長」と言われても。このまわりは二一団体あるんですよ、まちづくり協議会が、自治会も含めて。一九団体自治会があって、その四団体いうのが商店街です、上の湊川公園まで。四つの団体、商店街あるんですよ。それも含めて二三団体の会長してますねん。まちづくり協議会いうて。神戸で一番大きい。それの会長をしてます。

岩見田：それはまとめるのたいへんですね。

高：そりゃ毎月一回会合がありますもん。その中で自分に何ができるか、何がこう街に貢献できるか。中国人としての誇りもありながら、それは絶対誰にも言いません、ここやから言うけど。そういう気持ちを持って日本の人らといっしょに仕事いうたらおかしいですけど、ボランティアの仕事もしながらやってますもん。そら誇りは絶対持っとう。そのかわりあまり飛び抜けない。ほかに自治会でも高齢者おりますやん。それでもやっぱり、謙虚に。謙虚に、謙虚に。

（二〇一〇年四月一九日・六月四日、聞き取り）

陳　耀林
（ちん・ようりん／Chen Yaolin）

男性・一九四〇年生まれ・華僑二世
出身地：神戸市
祖籍：広東省
美術工芸・雑貨店経営

陳耀林さんは大学卒業後、公認会計士の事務所で働き、その後貿易業に従事した。家業を継いだのではなく独立して開業したので、華僑の先輩たちから精力的に商売を学んだという。インタビューではその間の事情も語られている。また、陳さんはスポーツが得意で、高校・大学時代は陸上競技の選手として活躍した。

・高校、大学時代

陳耀林（以下、陳）：大学時代は違和感ないね。外国人やというの、そんなん気にせえへんもん。逆に引っ張っていくような感じで、よかったですよ。最初から中国人ってわかってても、ぜんぜん気にせえへん。就職やというと差別あるけれど、大学ではそんなに。

林正茂（以下、林）：長田高校では、差別的なことは？

陳：差別的というよりも、長田高校で難しいのは、同文学校から入ってくるとまだなじみがないから、学校に対して。日本語もそううまくないし。大学との違いは、やっぱり受験勉強ばっかりやしね。クラブ活動というてもそんな人おれへんし。友だちはできひんし、勉強はそうおもしろないやんか。できる方でもないし、そんなら負けるやんか。大学になるとクラブ活動で、多くの部員の大所帯。横のつながりがある。そして受験勉強と違って気持ちに余裕ができるやんか。

林：人生において、甲南大学が一番楽しかった？

陳：楽しいよりも、常に就職が頭にあった。卒業したらどないしたろかいうて。運動はするけれど、意識の中にあるのはみなと違うということ。すんなり就職できない。どうしようか。遊ぶときは遊ぶけれどね。そこは難しいんですよ。

林：大学の頃は雑貨とかは扱ってなかった？

陳：親もほとんどが家賃収入やから。これから人生作っていかなきゃあかんいう緊張感がある。

林：家賃収入で結構生活は安定していた？

陳：安定していた。貧しくはないけれど、自分の道を探さないかん。

・会社員から貿易業へ

陳：会社辞めても、すぐには商売できない。会計はわかるが商社の経験はないし、商品知識、流通販路も知らない。本当に無謀やった。若いからできたこと。商売は華僑仲間でも教えてくれません。そんなに世の中は甘くない。苦労の連続のあと、関東と関西の物価の違いがわかった。親の信用があったので、関東から仕入れて関西で売ったり、その逆もした。主に食品です。

一九六六年に文化大革命が始まった。安保改定佐藤政権の下で日中関係は緊迫して、打倒日本帝国主義、打倒佐藤内閣の時代だった。でも、中国物産展はどこでも盛況やった。食品の商売の限界を感じて、どうやったら貿易できるのか調べてみた。日本人やったら、友好商社に加入する前に日本貿易促進会に加入しなければできない。条件は厳しかった。華僑は愛国商社会の加入には東京の華僑総会の承認が必要で、申請から一年、中国から交易会の参加の招状が届いた。政治には無関心だった私は、それから文革の毛語録や政治の勉強をした。日中関係は政経不分離が原則や。国交回復当時の友好貿易は、中国は取引の上で優遇してくれた。

市場価格より安い価格で、交易会参加各社に按分してくれた。それは会社設立時の安定的な収入になった。しかし、いつまでもこの状態は続けへん。第四次中東戦争後、中国からの輸出価格は倍に引き上げられた。この年は契約しなかった。貿易業には未経験、販路もない。資本もない。中国の国内事情もわからない。それで、自分にできる仕事を求めたわけや。

・国籍と民族意識——息子の場合

平野勲（以下、平野）：で、陳さんは、あの、国籍は？

陳：中国。

平野：中国ですね。
林：子どもさんは？
陳：二人。
林：二人ですか。えーと、そのお医者さんの息子さんと、今お店を手伝われてる娘さんと。
陳：うん。
林：で、お二人ともまだ、中国国籍のまま……？
陳：いや息子はね、もう日本国籍を取ってる。それでも、取る条件としてね、名前そのままでいくから。
林：あ、あの陳のままで。
陳：陳のままでいくから。日本国籍取ったら。
林：それはあくまでも、そういう、パスポートは、そういう条件のために……。
陳：中国人だいう意識が大事やね。自分がやっぱり、そのためにもね、一回中国、帰したんよ。大学のときに。中国、見てこいと。息子は民族教育の影響をすごく受けてる。だから中国いう国と自分とのギャップはどこにあるか、一回見てこいと。一九九三年、夏休みに子どもを華僑青年訪中団に参加させました。二〇日間中国各地をまわって、自分なりに感じたものがあったようです。現地の中国人とは同一でないことを。
林：そりゃそうですね。
陳：ね。違うんよ。
林：その、今は行ってるけど、僕ら向こうでは住めないわけ……。
陳：それから将来のことを考え始めよった。
井上研司：もう、結婚してはるんですか？
陳：うん、してる。子どもも今、小学校、同文学校行ってる。日本籍やけど、同文学校行ってる。
林：同文学校……。
陳：うん。それで、そのときにどうするかー言って。学会でアメリカへ行くことがあるし、これからは日本に住み続けるし、自分で日本国籍の取得を考えました。戸籍上よりも、自分で強く民族意識を持っているようです。

・同郷華僑会の絆

平野：家庭では、やっぱり食事の問題とか、風習の問題とか、ジェーリィ（祭日）とかそういうのはやっぱり。
陳：いや、もうないね。もう、一九六八年頃になると生活も安定してね、家族にとっての一大行事は父親の誕生日。

旧暦一月九日、朝は祖先を拝む慶事から始まり、同郷の友人たちが朝からお祝いを持参して、「おめでとう。おめでとう」とお祝いに駆けつける。両親は嬉しそうに、同郷の友人たちと大きい声で会話が始まる。結婚して間がない私の家内は、親の家に来て、来客のお茶を出すのに忙しくなる。夜は第一楼で宴会が始まる。その後に、母親の友人は家に来て朝までマージャン。その他にも、層に従って多くの行事がありましたわ。

同郷華僑会の間では、お互いの慶事にはお祝いに出かけて、同郷の交流と絆が強かったわ。同郷の強い絆、つながりが親の信用。頼母子（無尽講）、金融面で四〇口の講がすぐに集まるねん。今から回想すると、母親は顔が広かったな。同郷の冠婚葬祭には熱心でしたわ。また、おしゃべりで、活動的でしたね。私は仕事を立ち上げたばかりで、自分では余裕がなかったので、家の祭りごと、マージャンなどには反感があったんや。無学の母親でしたけど、それが多くの人と絆、信用につながり、華僑本来の互助精神の生き方でしたね。

両親ともに健康で、八〇歳の誕生日祝いを孫、子どもたち、同郷の友人とともに祝うことができました。とても幸せそうな顔をしていましたよ。同郷にはこのような風習があります。私も、健康で八〇歳になったら、家族、友人とお祝いをしたい。

今はもうなくなりましたが、華僑の中は階級格差社会でした。私はペンキ屋の息子。それだけに、努力と頑張りの気持ちが強かった。時代が変わり、華僑の伝統的な人、同郷人の絆が薄れてきました。華僑二世、三世で親の事業を継承している若い経営者は華僑この伝統と先代の苦労を認識しているのか知らん。

（二〇一〇年七月一一日、聞き取り）

黄　祖道

（こう・そどう）

男性・一九三四年生まれ・華僑四世
出身地：神戸市
祖籍：福建省金門島
宜興株式会社経営

神戸が空襲を受けるようになった一九四二年に、黄祖道さん一家は金門島に帰り、再び日本に戻ったのは一九五二年。小学生だった黄さんは、高校に入学する直前まで中国で暮らした。戦後は貿易業等でインドネシアとの関係を深め、二人の息子は現在、インドネシアで製造業の工場経営を引き継いでいる。

・戦時下金門島に帰る

黄祖道（以下、黄）：うちの父が、このまま日本にいたら次々と爆弾を落とされる。しかもこういう地下壕に入っていたら全滅だし、山に逃げても全員逃げ切れるかどうかもわからない。そしてもう一つ、父はフィリピン向けに貿易をやっていて、海産物とかメリヤスですね、それが戦争で商売が止まってしまい、満州事変後は完全に商売が止まったから、生計が立てられず、貯蓄しかない。お米も配給。ほとんどないですよ、お米なんか。布も配給だったからね。キップをくれて。だから、こんなところにいたら大変だ。とりあえず一旦郷里に帰ろう、ということになりました。僕らが船に乗ったのは結局（昭和）一七（一九四二）年秋頃でしたね。出国許可書とか残っています。中国沿岸部は、日本が、日本軍が占領していたから中国に戻れたわけです。蒋介石政府が四川に逃げて、中国の沿岸部分には別の政府、汪精衛政権ができていたので。

久保哲成（以下、久保）：汪兆銘ですね。

黄：そうですね。あの人が中国を統治していたから、日本の入管の許可さえあれば、日本にいる中国人も、中国に入ることができました。それで、商船に乗ったんです。最後の商船に。僕らの乗った船が上海に行くまで、一〇日以上かかりました。普通は一週間もかからないのにね。基隆でずっと待機。出られない。
久保：台湾のですか？
黄：そう。船は台湾経由で上海に行ってたからね。台湾に着いたあと船がなかなか出られませんでした。
久保：アメリカの魚雷とか潜水艦とかに、いつ攻撃されるかわからんという。それで上海に行かれて？
黄：上海に事務所を持っていました。六階建てビルの五階に二部屋を借りてました。なぜか知らないけど、上海に事務所を借りてましてね。まずそこに行って。上海で一年近く待って、それで厦門に帰ったんです。
久保：黄さんの出身地は金門島ですね？
黄：そうです。金門島に行くには、まず厦門に。金門島には、厦門から船で四五分くらいでいけますからね。定期船、小さな船が走っています。
久保：金門島まで帰られたのですか？
黄：そうですよ。厦門に一泊して、金門島に帰りました。話によると、僕らが上海に行った際に乗った商船は、日本に戻って、それからもう一回上海に行った際に沈められたそうです。

・国籍について

久保：黄さん自身、今さっき、帰化されたと聞きましたけれど、何年ほど前に？
黄：八〇年代、十何年前ですね。記録を見ないとわかりませんね。名前はそのままにして、日本の読み方にして。
林正茂（以下、林）：自分のパスポートは便利というか？
黄：そうじゃなくて、僕らの仕事は海外で展開しているので。僕は一九七八年にインドネシアに会社を作ったんです。でも僕の名前では作れなかった。当時は、正式の海外投資をインドネシアが認めていなかったから。それで現地の人に株を渡して。経営はうちから人を派遣していて、全部うちがやっていたけれどもね。日本人社員二人にも、よく出張で行ってもらいました。その後、日本のメーカーと三つの合弁会社を立ち上げました。そうなるとますます頻繁に現地や海外に行かないといけないし、また海外に正式に投資しているから、そうなると国籍ってすごく大事ですよ。保護がいりますからね。僕らは日系企業として、インドネシアに現地法人を作っています。

林：そうすると息子さんも帰化している？

黄：二男は帰化しています。長男は、イギリスの大学を卒業してからイギリスの国籍を取得しました。

久保：長男さんはイギリス国籍？

林：神戸の華僑でイギリス行かれる方いないですね。

黄：神戸からはいないでしょう。東南アジアからはたくさんいます。

久保：そのようにイギリスに向かわれたというのは、奥さんが香港出身やったということですかね？

黄：家内は子どもたちにきちんと学問を修めさせたいと思っていましたから。長男はイギリスの大学院を卒業後、イギリスの銀行に就職しました。

久保：イギリスの銀行？

黄：Tという為替銀行に六年間勤めました。その頃私は、インドネシアで三つの合弁会社を作ったので、息子にはインドネシアに行ってもらいました。

林：その時は立ち上げていなかったんですか？

黄：立ち上げていました。

林：立ち上げていたけど、息子さんは参加していなかった？

黄：そうです。現地はインドネシア人ばっかりで、日本からの二名の出張者も経営に参加していたけれども、ずっと赤字だらけ。経営を立て直す必要がありました。私一人で日本もインドネシアもみるのは難しいので、それで長男がインドネシアに行きました。次男はオックスフォード大学で勉強しました。あの頃、アメリカの証券会社では金融工学が盛んで、理系の大学生を積極的にスカウトしていましたよ。それで次男はG（金融業）に就職して、ニューヨークに三年間ほどいてから異動になり、東京に五年近くいたかな？　それで日本にいたから二男は日本に帰化できたわけです。長男はインドネシアにいたから、帰化できませんでした。

・インドネシアで日系企業として活動する

久保：黄さんは日系企業として活躍されているけれども、神戸の華僑の団体とのお付き合いはあるんですか？

黄：少なくなっていますね。今残っているのは日華実業協会と福建会館だけですね。福建会館ではボランティアで何十年と役員をやっています。

久保：日系企業として出るには、だんだんと日本の銀行とか会社とかの関わりが増えてきたんですかね？

黄：そうですね。インドネシアでの日系の中小企業連合会などで、息子は理事を務めています。他にも日本人会の商業部会、工業部会などにも入っています。川重とか、新潟鉄工とか、石川島播磨とか大手が多く入っていますね。日本サイドにも長年取り引きしているメーカーがたくさんありますから、そういうつながりも残っています。そういったつながりがないと技術入手や情報入手が難しく、仕事は遂行できません。企業として関わってもらえなくても、中の人との協力関係でね、アドバイスをもらったりしています。

久保：インドネシアで、息子さんたちは日本人会に入って頑張ってらっしゃるということでしたけれども、向こうの華僑の、金門島出身の組織とか？

黄：そういうのは関係ないです。インドネシアというのは華僑に対してものすごく厳しいんですよ。昔、ジャカルタにも華僑総会みたいなのがありました。親中国、親台湾二つの派閥。でも結局両方とも潰されました。そういった状況で華僑も中国に逃げ帰ったりしました。金門島出身の同郷会があって、それは一応継続しているけれど、世代交代で皆インドネシア国籍になっているから、名前を見てもわかりません。インドネシアは絶対インドネシアの名前しか使わさないから。黄ならＷＩＪＡＹＡと決まっている。ＷＩＪＡＹＡとみたら、君は黄さんと違うかとかね。中国人学校も全部潰されましたね。

久保：中華系の学校はないわけですね？

林：華人政策というやつですわ。

黄：やっと中国との関係が良くなったから、最近は認めているようですが、それまで家庭教師しかいなかったわけです。中国語の教育は裕福な家庭でだけ行われていました。裕福な家庭での個人教育です。

（二〇〇九年九月五日、聞き取り）

梁　金蘭

（りょう・きんらん／Liang Jinlan）

女性・一九二〇年生まれ・華僑二世
出身地：日本
祖籍：広東省
塗装会社経営

このインタビュー時すでにかなりの高齢であった梁金蘭さんのために息子の建宏さんが同席し、母親に代わって多くを語っている。塗装業を営む夫を亡くした後、梁金蘭さんは跡を継いで会社を経営し、仕事柄激しい肉体労働もこなしながら、六人の子どもを育て上げた。建宏さんはインタビュー中そうした母親に深い敬意を表している。

・華僑一世の父親について

林正茂（以下、林）：お母さん（梁金蘭さん）は日本で生まれたのですね。

梁金蘭：はい、そうです。

林：大正八（一九一九）年ですか？

梁金蘭：大正九（一九二〇）年です。

林：お父さんは広東のご出身ということで、お父さん、昔はコックさんとかいろんな……。

梁金蘭：うちのお父さんね、神戸に各国の外国クラブがあって、ドイツクラブ、ケーアールアンドエーシー（KR & AC）、神戸倶楽部、塩屋カントリークラブ等の七軒のクラブの経営者でした。

林：経営者だったのですか。

梁金蘭：料理の。

林：料理の方の。

梁金蘭：コックさんね。それで、うちの父が三十何人雇い、使うてるから。

林：お父さんが最初に神戸に来たのは、いくつ位で来られたのですか？

梁金蘭：私知らんけど、お父さんはいつも言うてた。十何歳で来たと。
林：その時は、誰か知った人、いたのでしょうか？
梁金蘭：その時ね、おじさんに連れて来てもろうた。
林：おじさんと一緒に来はった。
梁金蘭：誰か連れて来た、言うたね。
林：その時は、もちろん日本語はできないでしょうし……。
梁金蘭：そやね。
林：ご苦労なさって……。
梁金蘭：その時、あまり分からへんわね。やっぱし、お父さん、若い時、我々は分からへんわね。
林：それで、だんだん努力されて、そういうクラブとかの……。
梁金蘭：いや、最初ね、父は新開地で料理屋やっとった。中華料理屋。
林：自分で、やりはった。
梁金蘭：いや、人雇って。万華楼。
林：ああそうですか。それで、そのうちに外国の方の料理も……。
梁金蘭：そのうちに、外人クラブに入って、三十何人使うて、あちこちのクラブやってるんです。経営を。

・子どものころの会話——ちゃんぽん

林：家では、皆さん広東語やったですか？
梁金蘭：いや、もう家でね、母親が亡くなりましたから。それで、暫く、婆や、姉や、でね、お手伝い三人おるんです。
林：その人は、日本の人？
梁金蘭：日本の人ばっかり。
林：そうすると、家では半分、日本語ですか？
梁金蘭：そう、中国語使えへんもんね。
林：お父さんとは、広東語ですか？
梁金蘭：お父さんとは、ちゃんぽんやね。両方や。
林：ちゃんぽん語、いうやつですね。きょうだい同士は、日本語ですか？
梁金蘭：きょうだい同士は、日本語と中国語の両方。
林：両方。僕らが言う、ちゃんぽん語やね。やっぱりね。
梁金蘭：同文学校へ行ったら、あれでしょ。あの、多いやからね、標準語や。
林：小さい時は、お家も広いし、言えば、幸せな小さい時でしたね。
梁金蘭：ただ、母親が亡くなっただけでね。でも、経済力は、父ができてるからね、婆やと姉やもおるし、中華の女中さんもおるし。
林：言うたら、お嬢さんや。
梁金蘭：いやいや。お嬢さんじゃない。

・日本の塗装業のルーツ

梁建宏（梁金蘭さんの息子）：〔中略〕広東ていうたら、英国領（香港は英国領だとしても、広州湾はフランス領）やったから、香港も洋館が仰山建ってた。
林：ええ。
梁建宏：要はその洋館をメンテナンスしてたのは、広東人が多かった。帮があって、それで広東もペンキ屋が多いらしいですね。それが、親方が自分のくに（郷里）に帰って、それでまた連れて来る。それで、枝が仰山できてきて、広東人のね。
林：華僑社会そういうのが多いですもんね。皆、一人で行って、成功したらまた呼び寄せるとか、頼るとかね。
梁建宏：そう。それはたしかにうちの歴史の中に載ってます。東京でも、うちは明治二八（一八九五）年やったけど、それとほとんど同じ時期のペンキ屋さんがいるんですね。Oさんていう。そこの人もたどったら、一番最初は中国人だったんです。だから、日本の塗装業の始まりは中国人だったんです。ペンキを家屋に塗る必要なかったから、昔は。
林：まあ、皆バラックみたいなもんでね。
梁建宏：色を塗るっていったら、神社仏閣だけで。塗料というものは、元々日本になかったから。当時、来た時も、香港におった人がペンキも一緒に持ってきた。僕が覚えているのは、ペンキも自分たちで作った時期もあったんです。いろんなもの、桐油、鯨の油、その中に顔料入れて、それを、にかわとかそういうものを入れて混ぜて乾かすと。
林：日本ペイントや、何々ペイントはなかった。塗料も。
梁建宏：昔っていったら、錆止めっていったら、赤しかなかった。
林：ベンガラいうやつね。
梁建宏：そう、顔料も一色しかなかった。白と黒と赤ぐらいしかなかったん違うかな、昔は、林：昔の人は苦労したんですね、やっぱり。
梁金蘭：ええ、偉いね。

・経営者として母親として生きる

林：梁さん、他のお母さんを見てて、うちのお母さん、ちょっと違うてると思いませんでした？　ずっと。
梁建宏：だんだんだんだんね。そりゃね、自分が加齢してくると共に、自分がこういう店の責任者になって、生活持って家庭も築いて、その時点で気付いてきますね。すごいことやったと。やっぱり。若い時って、自分だって、体力あって、なんでもできるけど、だんだん加齢してきて最終的には落ちてきて、俺と同じ時に、おっかあ、こんな事しとったのかと思って、今八〇。七〇、地震の前までは車、乗っとったもの。車乗って、現場も行ってたもの、七十なんぼで、地震の時に、もう危ないから車止めてくれというて、おろしたのが、地震なかったら、多分今でも運転してる。
梁金蘭：ずーと京都まで行くもの、車で。
下村晴南：わー、すごい。
梁建宏：すごいよ、ほんまに。働いとる時の姿見とったら、すごいで、一斗缶二つ持って、階段を上がって行くんやで。女やで。
梁金蘭：そんとき無我夢中やで。人間、無我夢中やったら分からへんわ。
林：さっき言ってはったように、そやから、女性やけど男女的なね。
梁建宏：そうよ。両極端。
梁金蘭：やっぱりね、子ども育てなあかん。世間渡らなあかんと、そうなるよ。
林：そやけど、なかなか、それができへんですよ。
梁金蘭：いやいや、なれるよ。

（二〇〇九年三月一八日、聞き取り）

藍　璞

（らん・ぼく／Lan Pu）

男性・一九三四年生まれ・華僑四世
出身地：神戸市
祖籍：広東省
元学校法人神戸中華同文学校教員

一八七〇年、曾祖父藍卓峰さんが香港上海銀行の買弁として神戸に来た。藍璞さんは、神戸大学文学部卒業。大阪の広告代理店勤務の後、二八年にわたり神戸中華同文学校で教鞭を執る。妻も同校の教員を務めた。インタビュー時、神戸華僑歴史博物館館長・兵庫県広東同郷会監事・孫文記念館理事・神戸中華同文学校監事・神戸常盤大学非常勤講師（中国語担当）。

・神戸中華同文学校の教育

石川朝子（以下、石川）：朝、何時に起きられて、とかから。

藍璞（以下、藍）：〔中略〕授業が始まって、そう、夏場は早操、朝の体操といいましてね、朝の全校体操があります。冬の場合はですね、冬季は課間操、つまり、業間体操ですね。授業と授業の間、二時間目の授業が終わって三時間目が始まる間に三〇分ほどの時間を入れてそこで体操します。そういう体操をして。それから授業といいますのは、中学部のクラス担任になりますと、自分のクラスの中国語はこれは絶対に持たなければならない。それ以外は英語も持っていましたので、他のクラスの英語と自分のクラスの英語と社会科もそうですね。そういう形で持ってましたね。授業は結構、授業そのものが忙しいというよりも、雑務もありますし、それからなによりもしんどかったのは、夜帰ってからですね。といいますのは、「国語」を担当する以上、「国語」というのは中国語ですね。中国語を持つ以上は、必ず中国語で日記を書かさなければならないんですよ。三〇人のクラス全員の日記を集めて、それを全部直す。それは一晩でできませんから、一クラスを四つか五つのブロックにわけて、君たちは何曜日として。毎日の量がたまってますから、一日でも体調が悪いとかあるいはサボったりするとこんなにもたまったりするんですね。一番つらい思い出はそれですかね。

それから出題するのも試験の答案みるのも、みんな家に持ち帰ってやりました。学校にいる間にそういうことしている時間がなかったですからね。ですから同文学校の教師としては忙しかったですよ。そういう意味ではね。一九六九年から同文学校は学生宿舎というものを作りまして、最初の一〇年間ほどは北野異人館の風見鶏の館ってご存知でしょうか？　いわゆる異人館、明治に西洋人が住んでいた館ですけれども、それを同文学校が買い上げて、寄宿舎に改造してですね、ウィークデーの月曜から土曜日まで は、専任の宿舎管理人の夫婦を雇って世話をみてもらうわけですね。ところが、日曜祝日の場合は、彼らにもお休みをあげなければいけないということで、教師が特に女性の教師は免除されましたけれども、男性教師は泊まり込みの宿直をするわけですね。宿直をして、それから土曜日泊まり、日曜日は生徒たちの食事の面倒をみて、私がいたときは焼き飯だけでしたけれども、そういうことをしている。学校自体の業務は全然減りませんから、増えるだけですもんね。学校の校舎の宿直もありました。ふたつの宿直をかねて。女性教師の場合はもちろん宿直はなくて、日直はありました。女性は宿直は免除されたんです。そういうような状況で、もし同文学校のある一日というと、ま、そうですね。結構忙しかったということですね。

それと、受け持ちの生徒の家庭訪問をやりますね。ところが同文の生徒は、東は京都から西は姫路あたりから通学していましたので、夏休みの期間中に教師が全生徒の家庭訪問をする。大部分が神戸市内ですけれどもね、それにしたって相手の都合もありますから、事前に予約を入れて、日程調整しながら家庭訪問をしていました。決して楽なものではありませんでした。けれども、仕事をしているうちに自分も民族教育の一端を担っているものだという自覚というか、これは自分に与えられた天職だと、自分に言い聞かせてやってきました。子どもができてからというもの、育児の負担がすべて家内に来ましてね、子どもが小さい時に泣いても私が起きてくるわけでもなし、家内の方は子どもの面倒みて、よく睡眠もとれないままに翌日また働くという。結構二人とも張り切って、おかげさまで大病もせずに過ごしてきたわけですけれども。二人目の子どもができたときに、古い洋館を同文学校の学生寄宿舎にするとき、二月でしたか、妻はその準備作業中に破水しましてね、近くに病院がありましたからそこまで歩いていきました。とにかく、今考えると、家内がいたからこそだし、ずいぶん苦労かけたなと感謝しています。娘も大きくなりましたし、あっという間に過ぎてしまいました。

・同文学校の教育体験

林正茂（以下、林）：ひとつ質問してもいいですか？　私は五年生で日本の学校行ってしまって、藍先生の授業を全然受けてないんですけれども、藍先生は二八年間同文学校で先生されていて、生徒たちに何か言い続けたとかいったことはありましたか？

藍：そうですね。ありとあらゆる場で言ってたのは、「君たち一人一人が中国の代表だと思え」と。つまり、日本の学校に行って、あるいは、日本の社会で陳くん、ね、王さんという固有名詞で勧めるんではなしに、陳さんが私に暴力をふるったとか、王さんがひとの悪口を言ったということではなく、中国人の行為だというふうに言われる。だから自分がどこに出ても恥ずかしくないような中国人として振る舞うように、ということは機会あるごとに言っていました。私自身も李万之校長先生に受けた教育ですしね。一人一人が外交官だと、大使になったつもりで行動するんだと。特に日本の学校に上がってからはね、一固有名詞で言われるんじゃなしに、あいつは中国人だからとか彼女は中国人だもんねなんて言われることがないように、みんな中国を背負っているということを忘れないようにということを言って。たしかあなたも……。

林：だから私もね、五年少しの同文学校生活で、誰にいつ言われたかという記憶がないのですが、李万之老師は常日頃言われていたし、みなさんたぶん言われたと思うけど、いまだに自分のその中国人としての原点みたいなん、いまだに持って、そのまま生きてる気持ちなんです。

藍：どういうことを強調してきたかというと、それですね。それだけしか思い浮かびませんね。大体中二から中三頃になると特に強調します。進学を控えてね。だけどね、遠足に行くときや修学旅行に行く前にも必ずそんな話をします。「君たちが外で騒いだりね、行儀の悪いことをしたら、みんな中国人の子どもやということで馬鹿にされる」と。

陳：生徒を戒めるという意味でね。自覚しなさいよということですよね。

藍：自覚がないとね。お互い不愉快な思いをするわけですよね。

・歴史をどう教えるか

質問者：たとえば中華同文で歴史を教えるときに、いわゆる社会が発展していくという形で教えたりしますよね。そういうのはどの程度徹底されて。

藍：社会の発展ですか？　そうですね。

質問者：たとえば、歴史上の人物、中国はたくさんの歴史的人物がいますが、そのなかでこういうふうに紹介したり、こういうふうに生きなさいというような

藍：模範的な人物として取り上げるということは歴史教育のなかでなかったわけではないですね。社会発展史の一部として周の時代から秦が統一して云々というようなそういうあらすじは教えますけども、そうですね、特に近代史でいえば、太平天国の乱のそういうことも含めて、近代史もかなり力を入れています。日本の中学校にないものは、同文学校のカリキュラムとしてね、中学校三年間の内で、中学校の一年は地理、二年は歴史、三年は今の学校のカリキュラムの上では徳育、道徳教育を徳育と呼んでいますけれども、公民科のようなものですけど、現代中国の仕組みなどを知ったりする。そのなかで中二くらいですから歴史的なことにも興味をもちますから、ずいぶん長いですからあまり古いことばかりやってられないわけですね。逆に日本の学校は、歴史でも結構古代史が多いですね。古代の部分がね。近代の方に行くと、どんどん端折って行って、ね、カットされるといったことがあるみたいですが。一応やるのは原始時代から中華人民共和国成立も含めた近現代史の方まで教えることは教えます。中国歴史ですね。日本の社会科は日本の教科書を使います。場合によっては、生徒が見比べて、日本の教科書と中国語の教科書と記述が違うじゃないかということがあるかもわかりませんね。僕も詳しくは比較したことないですけどね。

（二〇一一年六月二六日、聞き取り）

ＴＨ

男性：一九三二年生まれ・華僑二世
出身地：大阪市
祖籍：福建省福州
中華料理店自営

ＴＨさんは理髪店トコリンを経営するＴＹさんの兄にあたる。妻、ＹＧさんとの間に一女二男をもうける。中華料理店Ｏを妻と次男の三人で運営。福建同郷会の訪中団に参加し祖籍地に里帰りをした。父のＴＥさんは理髪店坊主（見習い）として渡日、理髪店を開業した。

・父、ＴＥについて

二宮一郎（以下、二宮）：お父さんＴＥさんが、（関帝廟の祭りで）最初中華料理を一手に引き受けてた、とＴＹさんに聞いたんですけどね。

ＴＨ：あれはだいたい中国の人はね、経験がある人やな。昔子ども時分に一八か一九になったら、方々に働きに行きますわね。うちの親父は福建省で黄鶴楼というとこでちょっと働きに行ってたわけやね。働くいうより、ちょっと坊さん（ぼんさん）で行ってたわけや。そんで料理覚える人と、それの傍で料理やってたん見て見まねで覚えて、手助けでやるわけや。それで祭りのあるときは三人か二人当てがってまあ、あとはみな順番に手伝うて、料理を作って、みんなでまあ、親睦会みたいなもんですわ。

二宮：お父さんは元々中国からこちらに何歳ぐらいの頃来られたんですか？

ＴＨ：あれはねえ、だいたい二十歳頃とちゃいますか。はっきり言えへんけどね。日本来て坊さんでね、みんな散髪屋してますねん。

二宮：丁稚のこと「ぼんさん」といいますの。

ＴＨ：丁稚のこと「ぼんさん」といいますねん。名前呼ぶのも、「ぼうず、ぼうず」言うて。
二宮：ほんなら中華料理も中国で習いはったんですの？
ＴＨ：ま、そういうことやわな。黄鶴楼というとこで覚えて、まま、覚えたいうか、そこへ働きに行ったら、下働きしてたら自然に覚えてまうもん。昔は手にとって教えへんよってね。下働きして、コックさんがガーッてやってんの見てたらね。それ料理できるようになったら日本へ来て、関帝さんの一年に一回のお祭りの時に、中国の福建省の人みんな顔見な知り合いよって、一〇月二五日みな寄ってくださいいうて、お金少し出しおうてね。

・福建福州に帰郷

二宮：帰られたことあります？
ＴＨ：まま、いっぺん帰ったけどね。
二宮：いつごろですか？
ＴＨ：昭和五九（一九八四）年一一月。
二宮：それは向こうの人から言われて帰った？
ＴＳ（ＴＨさんの次男）：それは福建同郷会っていう全国の同協会から、初めて福州で大会するっていうて、大勢で帰った時なんですよ。三〇〇人ぐらい連れて帰ったんです。
二宮：その時の写真なんか写していいます？
ＴＳ：写してますよ。
二宮：それを見せてほしいんですけど。
ＴＳ：あの長い記念撮影どこいったかな。
二宮：その時は帰ってみてどうでした？　印象は？　ここから日本に来たんだなという感慨みたいなのはありました？
ＴＨ：やっぱり故郷やなと。言葉が通じるよって、懐かしいなあとな。
ＴＳ：お父さん、福州語ちょっとできるんですよね。なんでいうたらおじいちゃん、おばあちゃんが日本語あまりうまくなかったんで、結構聞けてしゃべれるから向こう行ったら通じて嬉しかったんでしょうね。
二宮：よっぽど嬉しかったんでしょうね。
ＴＨ：子どもらが線路んとこ歩いてて、福州語しゃべってて、うわあ、素晴らしいなと思ったわな。これが福建省やなあと思った。はじめてその土地を踏んで。
岩見田秀代（以下、岩見田）：やっぱり近いものがあるというか、自分のそこに……。

TH：そうそう、ひとつのまた村にはいったみたいな感じやわな。普通（日本）でしゃべってたら、親子でしかしゃべらへんわな。表行ったらここらでしゃべってんのは日本語と韓国語。その時帰って、初めて福州語しゃべってたんやわな。

・理髪業から飲食業へ

二宮：最初に中華料理屋さんやって？

YG（THさんの妻）：ちがうねん、元々は散髪屋やねん。

TS：もう料理屋さんは、頭からのけたほうがいいと思います。散髪屋なんですよ。

二宮：こっちに来て、理髪業をしとったわけやね。

TS：というか、親方いうか。師匠がおって、連れてくるんですよ。

二宮：ほんで千日前のところで、仕事してたんちゃいます？

YG：そうそう、してたらしい。戦争中してた。今の蓬莱のところらへんらしいわ。

TS：要するに散髪屋ですわ、もともと。

TH：昔から千日前に、今の高島屋の通りありますやろ。蓬莱の近くで師匠が散髪してて、うちの親父は坊さんで働きに行ったわけや。

二宮：今の南華公会のあるところ？

TS：の近くですわ。

TH：学校あるやろ？

二宮：精華小学校？

TH：あの近所。ほんでそこで散髪の職人やな、やってて。ほんで、それから今度独立して。

TS：職業持たんとビザが下りないんで、それでみんな親方について来るみたいな感じですね。それは聞いてるんですよ。

・戦後の統制経済

TH：その時に散髪して、終戦後なって、食べもんの方が利益あるいうことやな。よう売れるよって。人間散髪よりも食べるほうに行くからな。ちょっと天ぷら揚げたりして。

YG：戦後しばらくはな。

TH：普通の家でやってて、それからよう売れて、終戦後なって経済封鎖なってもうて、みんな止められた。ほんでまた散髪屋戻った。

二宮：その食べ物屋さん、どこでやってたんですか？
ＴＨ：ここ。
二宮：ここは普通の家やった？　長屋？
ＴＨ：普通の家や。民家や。四枚戸の普通の家や。
ＴＳ：一応ここ商店街やから、どの家も店舗兼住宅みたいになってるんですわ。どの家も名残で。家の前で商売してる。あの時二条通りいうて、店というような店はない。軒先で。この辺の古い謄本取ったら、店舗兼住宅という風になってますわ。
ＴＨ：改造までしてせえへん。ちょっと鍋置いてやったら、なんぼでもお客さん来る。
二宮：ここ、昔から二条通り？
ＴＳ：二条通りです。田島まで続いてましたんで。
岩見田：ここで中華料理屋さんやって、トコリン行くまでは何年ぐらいなんですか？
ＴＳ：おじいちゃん、やったん二年ほどですわ。
ＴＨ：二、三年かな。二、三年で経済封鎖なって、うどんからみんな売ったらあかんねん。ごはんもん売る場合は、米持ってきて委託。寿司屋さんも昔あったんや、委託加工。委託加工って知らんやろ？
ＴＳ：経済封鎖いわんとね、えっと統制。
二宮：それは、進駐軍が出しやんやね？
ＴＨ：そう、いや日本経済やね。あの時はなんで、進駐軍言うたら、進駐軍言わなんだら聞けへん。都合悪かったらマッカーサーや。あの頃は子どもでも「うちのお母ちゃんマッカーサーや」いうぐらいの面白い話があったもん。
ＴＳ：全部マッカーサーが言うたら変わる言うて。
二宮：そんで、二、三年でやめて。
ＴＨ：トコリン行って、ずーっと散髪。
二宮：ようわかりました。最初から、あそこ（散髪屋）にパッと行ったような感じで思ってました。
ＴＨ：まあ言うたら、わしは今こんな年なってるけど、この辺の辞書みたいなもんや。よう知ってんねん
二宮：生き字引やね。

（二〇一一年六月八日・七月二一日、聞き取り）

王　天傑

（おう・てんけつ／Wang Tianjie）

男性・一九三五年生まれ・華僑二世
出身地：山東省蓬莱県
祖籍：山東省蓬莱県
中華料理店経営

大阪市西区川口には昭和の初期から中国人が多く住んでいた。王天傑さんは二歳の時、父親に連れられて来日して以来七〇年余りそこに住み続け、長く中華料理店を経営してきた。インタビューには妻の清子さん、長女の文美さんも同席し、王さんの人生について、あるいは一家の歩みについて語り合った。

・川口居留地

二宮一郎（以下、二宮）：川口は何年頃から住まれたんですか？

王天傑：二歳から。七三年前やね。

二宮：戦前から、川口？

王天傑：ずーと川口。

王文美（王天傑さんの長女）：小学校の前にRさんとこのお爺ちゃんの写真館とかあって。

王天傑：散髪屋があって、今の神戸の南京町みたいなもんやね。

王文美：川口、広かったやろ。

王天傑：広かった。それで、六三番やら三三番やら中国の貿易商がビル構えてね、川口町に船が泊まるんですね。貿易しとった。何番、何番、それで中国人の寮みたいなもんやね。

平野勲（以下、平野）：建物の名前ですか？　何番館て。

王天傑：そう。終戦後、うちとこ六三番地です。焼けたけども、三階建てのビルです。自分らでベニヤ板を貼って、そこで生活する。今はもう道路になってます。

黄清子（王天傑さんの妻。以下、黄）：何番、何番いうの分かるわ。今の中国行っても書いてある。

・日本で中国人として生きて

二宮：家族の皆さんは、日本に帰化しているんですか。
黄：子どもは、五人いますけど皆帰化しています。
王天傑：嫁はんは、帰化しています。年いってから帰化して、なにすんねん、私反対した。そらもう、年金でもくれれば帰化しますよ。年金も入られないような時代に生まれてね。
黄：私らの年齢はね、大会社に入っているとか、ある程度の組織だったら、皆年金いうのは掛けてて、いただいているると思うんです。私らその当時個人営業してましたから、区役所に申告しに行ったら、外国人は入れませんって言われたんですよ。
王天傑：保険も入れなかった。
黄：で、それから、何年前からか入れたかもしれんけど、私ら忙しいから、度々行けませんやん。だから、この年齢だけど年金貰ってません。税金はちゃんと納めてますよ、いろんな事で。いまだに介護保険も払ってるけど、もうそんな時代ですわ。私も、近所の郵便局の生命保険でも、「奥さん入ってくださいよ」と、なんぼ頼まれたか。私は、「いいよ入ってあげるよ、でも入れないいん違う外人やから」。相手は「いやー、きょうびそんなこと無いですよ」と。何十年前のことですけど、「じゃ、入ってあげるわ」って、入ってあげたんですよ。そしたらいっぱい調べた。一週間後に来てね、大変申し訳ないって玄関で頭下げてね。「分かってるよ、入られへんかったんやろ、私は何も気にしてへんから」。

私らの時は大変でした、本当に。子どもも咳したり、風邪ひいたりしても、保険に入れないから実費でしょう。すごく高くついたんですよ。で、この子が小学校一年生で行くのに、今、日本の小学校に行くのに小学校一年生になりますよ、という連絡がありますやん。無かったんですよ。だから、一年生に行くの分からなかったから、ほならお父さんが、もう中華学校（神戸中華同文学校）行こう。皆、ランドセル背負って行ってるのに、うちら来いへんから、中華学校行こうって。ほならこの子が中華学校一週間から一か月遅れて入学したんですけどね。遠いけど、行かしました、この子を。差別って言ったらあれですけど、NTTの株ありますやん。あれだってね、上場する時皆、株ブームありましたやん。バブルでね。私ら株って知らなかったんですけどね、忙しいから。でも、お客さんがね、NTT上場するからええぞー、って言うから、いっぺん株って買うてみよかって。私保険でも断られたんやから、でも外人が入るんやったら区役所行って証明書とか手続きやったら入れるよって。私、欲しいから区役所に行って印鑑証明から全部手続きして、証券会社へ持って行ったら、「黄さん、悪いんですけど外人やから買えません」って言われた。

平野：そーお？　今から二五年か三〇年ぐらい前でしょう。

黄：そうですよ。それで、上場して上がってからね、王さんどないですか、って（その後、購入できるようになった）。そんな馬鹿なことありますか、腹立って。うちの娘でも、M（飲食チェーン店）にバイトに行った時も、「中国人あきません」って言われたんですよ。可哀想に。

王文美：Rホテルの K（料亭）も掃除か、洗い場か、って。

黄：Kも、この子ね、時間があるから仕事してホテルにバイトに行く言うたら、ほなあんた裏の洗い場に行ってくれる、って。あんた一七、八の子が洗い場に行くて、やっぱりね。前でしたいのに、そんなだったら家で洗っときって、腹立つでしょ。ね。

王文美：それでも、そんな時代やったんや。

・留日華僑第一回国慶節慶祝代表団

王天傑：私、国交回復した時に中国へ行ったから。一九七二年。行った時に、中国の外交官が言いました。「あなたたち、なぜ国籍、中国人のパスポートで帰ってきたんや、どうして日本の国籍取らないですか？」それが、アメリカに三年間か何年か住んだら、アメリカ人になりますわな。日本の国はそうじゃない。それを知らんわけ。「そんなことできないから」と、ある中国人に言ったんですよ。「もっと努力せい」て言うて。「日本国籍を取りなさい」と。「お前何言うとんねん」日本にいる中国人が文句言うた。

黄：お父さんね、中国と国交回復する時に、あの時に行ったんです。日本の華僑で四人しか選ばれへんかった。お父さん、入ってたんです。選ばれるんですよ、推薦されて。調べられて、もの凄く。その時は、お父さん蓄膿で手術した後、手術して一か月経たないうちにね。そういう話が出て、ものすごい愛国の気持ちがあるから中国に。行きたい、行きたい言うから。店忙しいのに、てんてこ舞いやけど、私行っといでて。行った方がいいよ、自分に気があるうちにって。
たまたま推薦されたんです。参加するのに、思想ね、向こうからの。今日は名古屋で会議、今日はどこそこで会議って、行くまでに二、三か月前からずっと調べられるんです。
王天傑：向こうへ行って、変なことしたらあかんって。
黄：ものすごい調べられ方ですよ。この人は仕事に忠義やし、自分がおらんかったら商売できないから、夜帰って来て、もう朝方帰ってきても寝ないで商売します。あの時、中国へ行くのに大変。名古屋経由で行くんですよ。総会（華僑総会）から、Kさんとかさん、皆、新大阪駅に行って、見送ってくれるんです。
二宮：その四人は、どなたですか？
黄：陳舜臣さん。
平野：作家の。
黄：作家の。選ばれたの、分かりますやろ？　そんだけ立派なんですよ。
王文美：横浜の中華学校の校長先生。
王天傑：そう、中華学校の校長先生。
王文美：九州の何かの会長さん。
王天傑：全部忘れちゃった。
黄：四人だけね。あんな偉い人とこのただのラーメン屋のおっさんとが。
平野：周恩来が出てきたんじゃない？
王天傑：鄧小平。
黄：周恩来もおったんでしょ？
王天傑：いや、おってない。鄧小平に会って、その一週間目に又やられたんですよ。それで田舎行ったんですよ、帰りに。田舎に行ったら、田舎の親戚が「早よ帰ってくれ」って。後から、わしらつるし上げられる。日本に住んでるだけでね。あの時まだだね。

（二〇一一年二月五日・三月一九日、聞き取り）

林　珠榮

（りん・しゅえい／Lin Zhurong）

女性・一九四一年生まれ・華僑二世
出身地：神戸市
祖籍：福建省
居酒屋経営

林珠榮さんの母は先に掲載した林木宋さん、父は戦時中に華僑の行商人六人がスパイ容疑のため警察の拷問によって死亡した神戸華僑呉服行商弾圧事件の被害者、陳守海さん。陳守海さん亡き後、林木宋さん一人の手で育てられた林珠榮さんは、高校卒業後に結婚、夫亡き後に家庭料理の店珠の家を営んでいる。

・母、林木宋と父、陳守海

林正茂：皆様にお配りしました資料にもありましたように、林木宋さんは長い間、娘さんにもお孫さんにも陳守海さんが亡くなられたことをお話しされず、珠榮さんは初めてこの番組（「夫たちが連れて行かれた――神戸・華僑たちと日中戦争」ＮＨＫ）によってお父様が獄死したということを知って、去年この『落涙成珠』（晃洋書房）という本を書かれまして、それで私たちも前回木宋さんにインタビューさせていただきましたけど、なかなかできていないところがたくさんあったんですけども、この本によって細かいところが分かってきました。まず、本にも書かれておりますが、放送を見られたときの正直な印象というのをお願いします。

林珠榮：初めてテレビ、母がテレビに出るというので、本にも書いているように、華僑のお盆のビデオかなあと見ていましたら、母がよく、そういうのに出ますので何気なくビデオに録ったら、さっき見られたように父のことが出て、すごいショックでした。しばらくは本当に自分の気持ちを表現できない、人ごとみたいにずっと何日間かは過ごしていた気がするんです。でも本当に母には感謝してます。言うてくれなかったことに関しては、一つには教育だと思うんですね。やはり、〔中略〕小さい時に聞いてたら、日本に住んでいて、日本で子どもたちできて、主人亡くなって商売はやはり日本の人に助けられてきてますので。この本を書くきっかけになったのも、店のお客さん方に勧められて、本当にありがたいんですけども、もう亡くなれた林同春先生に親しくさせていただいて、彼が本当に日中に尽力なさったんでこういうテレビに取り上げてもらえたと思うんです。これを書くにも二年かかったんです。母にいろいろ聞くのに。父が亡くなった後に、戦争すんだ後に、東京なんかにも行ったらしいですけど、その時はやっぱり一介の中国人ということで何処も受け入れてくれなかった。今現在、こうして何年か前に出してもらえたというのは、本当に同春先生が話して、日本の方に取り上げてもらえるだけの人になられたから、これが残せたと思うんです。でなかったら、私たち一生知らずに済んできたと思います。だから見た時は辛いし、今でもこうして思い出すと。映画やテレビでの事で拷問で亡くなったかなと思うけど、想像すると自分の父がこんなことか思うと辛い感じがします。母は、無言の教育だと思います。悪いことを言わなかったとか。そういう感じです。

林正茂：ありがとうございました。

・お見合い結婚

林正茂：〔中略〕高校三年生でお見合いをされたということで、ご結婚されて、それの話を教えてください。

林珠榮：主人のお姉さんが、母の知り合いで、兄の結納の時に家でしたんですね。私の兄の結納の時にね。その時に主人のお姉さんが、私の家にお客さんで来られて、勇ましい女が居るいうことで、主人の親に弟の嫁にはあれぐらいの勇ましいのが良いんじゃないかと言ったことがきっかけだったんです。

平野勲（以下、平野）：それでも当時は、現代みたいに晩婚の時代じゃなくて、クリスマス前とかイブとか言葉があったぐらい、二〇代の前半で結婚されたんですけど、今のお話聞いていると、高校生ということで、もっと早いですね。それはどうでしたか？　その時、そんなに早く結婚するというのは。ちょっと世間の水準から言っても早いでしょ。

林珠榮：いや、する気は全然無かったんですけどね。ちょうど、今言うように青年団で、母はいろんな方のお見合いをよくしていて、しょっちゅうお見合いの光景は見てたんです。私にお話があるって聞いたんで、お見合い面白いかな、それぐらいの気持ちだったです。

平野：華僑の世界では、その頃は一〇代で結婚するという事は特別ではなかったですか。

林珠榮：一〇代はちょっと早いですけどね、私なんかあれという間になったみたい。ただ、母は片親だったんで、その時分父のこと知りませんけど、こんな良い縁談はお父さんが守ってるて言ってね、これは守っているうちに行かないかんのかなと、暗示にかかったような、本当にものすごい喜んでね、勧めるんです。で、私の伯父さんがね、この日本国中の華橋の中でここへ行って務まらなかったら何処行っても務まらんって言われた一言が、すごい（しっくり）して、じゃ行かな、親が喜んでくれるし、どうせ恋愛できないならというのはなんとなしあったんです。日本の人と恋愛してもあかん、というのは暗黙のうちに聞かされているんで。じゃ、母が思うとこ行けばいいかなって。高三の一月一〇日と一二日、二回お会いして一六日に結納でした。

・珠の家のこと

林珠榮：主人が亡くなって、主婦してましたので何ができるかなって、食べ物だったんで、「珠の家」って本当に世間知らずで結婚して、今度初めて生活せないかんと考えたんですけど、やっぱりその時も一生懸命になって、母の一生懸命とまた違うんですけど。母のこと思いましたらね、日本語もできなくって、字も書けなくてやれるんだから、できんことないやろなっていうのがありました。で、三年間はもう本当に三六五日、日曜・祭日なしでやってこれたいうのは、元気に母が産んでくれたおかげだと喜んでます。本当に、今日も姫路からも応援が来てくださってるんですけど、いいお客さんで、本にもいろいろな職種の方々で肩書解放区でと夜の商工会議所と言われるぐらい、もう何億財産なくしましたけど、何億もの人脈に恵まれました。今本当に幸せだと思ってます。

平野：何の経験もなしに、主婦のそれこそ細腕繁盛記みたいなものですね。お嬢さん、ま、奥さんの家業からぱっと転職されてご苦労が多かったと思うんですけど。昔から店をやるというのは、がむしゃらに働くだけじゃだめで、だめだと思うんですよね。お客さんをどういう風にネットワークを作るというか、来ていただくというそういうことは、旦那さんのそういう人脈とかそういうのがあったんですか。

林珠榮：多少主人の人脈もありますが主人は割と人のいいお坊っちゃまでね、あんまりその大事にしてくれる人はいいんですけど、ちょっと嫌なこと言う人からは逃げるんです。だから逆に、私はやっぱり母見てきたからかなと思うんですね。料理屋しだした頃、おでん屋ですよね。でも人件費も入れられないので、お手伝い一人してもらったんですけど。男のお客さんはしゃべりたがりますね。私はそれまでお酒飲めなかったんですけど、ま、本当にあれだけよう飲めたなと思います。飲んではトイレ行き、飲んではトイレ行き、ホース付けとるような女やなと言われました。それぐらい一生懸命やったんですけど、お客さん同士を繋げていって。自分が接客すると料理ができないので。家庭料理の福建料理とか、本当に家庭料理の福建料理と日本の日本にある料理で、比べようがない。福建料理をこれだと言ったら、普通の中華料理屋で売ってない料理だから、それが良かったんかな。誰もやらないのいっぱいありますよね。

平野：おでん以外にも福建料理を？

林珠榮：そう、福建料理全部したんです。たとえばにゅうめんとか、中華風にした。それで、私結婚して一番良かったのは、母のときは料理しなかったんですけど、姑さんが料理の上手な方で、それを教えてもらえて、厳しい方でしたけど、本当に生活の糧になったんです。お客さん同士が趣味、趣味の人を引きつけていき、手が無いから客と客同士でやっぱり結びつけていく。

平野：はー、そういう組織作りの才能が無いとやっぱりだめ、そういう政治家に向いているタイプじゃないかな。

林珠榮：ありがたいです。今日もね、ゴルフの帰りとか来ていただいて、ある部門部門で碁、ゴルフ、マージャン等の会をそれぞれのお客様がして下さり、私は何もしないでです。そういうのに恵まれて、いつもお父さんが守ってくれているんです。母は、良い事は父さんが守ってくれてるとよく言います。

（二〇一二年一月二八日、聞き取り）

林　同福

（りん・どうふく／Lin Tongfu）

男性・一九四五年生まれ・華僑二世
出身地：岡山県津山市
祖籍：福建省
不動産業

林同福さんは、神戸華僑のリーダーであった林同春さんの弟にあたる。父は京都の福益号（のちのロンシャン）を頼り呉服の行商を始める。林同福さんは神戸中華同文学校出身ではないが、子どもの関係で同文学校理事長と、自身の出身校の神戸高校ＰＴＡ会長も務める。

・父のこと、福清人の行商のこと

林同福（以下、林）：さかのぼると父親が、一九三〇年かな、新天地を求めて中国福建省福清市そのまた田舎の東瀚村から日本へ渡って来た。単身でね。父親はその時三一か二だと思うんだけども、東瀚村という所はあまり畑が肥えてないし、産業もないし、仕事もない。で、多くの福清人がね、新天地を求めて、日本とか東南アジアとか一部はアメリカに向かった。うちの場合は、同郷の先輩が京都で呉服、反物卸商をしていたので、それを頼って父親が一九三〇年に日本に向かった。その後に五年間仕事に励んで生活の目途がついた段階で母親を中国から呼び寄せた。五年間は母と長男を残しての単身生活でした。

平野勲（以下、平野）：京都というのは、いわゆるロンシャン？

林：ロンシャンの前身福益号です。福益号から商品を借りての行商。反物とか呉服とかそういう物を。

平野：ま、問屋さんですわね。

林：資本がないわけだから商品を借りて自分で担いで、野山を越え商売しとった。今みたいに交通の便がいいこともないし、店舗も大都市にしかなかったからね。だけどそこ

が狙いで便利の悪い誰も行かない地方の農村を相手に重い荷物を担いで商売をしていた。〔中略〕
平野：男性は、ちょっと洋服があったけども、昭和一〇年代、もちろん大正もそうだけど、我々は洋服が当たり前だけども、その頃は皆和服。写真を見たら分かる。だから、逆に言ったら呉服しか売れなかった。洋服なんか売れないね。で、皆買ってあれ、自分で作ったんでしょ、家で。
林：そうですね。それで嫁入り道具にタンスの中に一揃い呉服を収めて持って行ってた。嫁ぐ娘に対する親の愛情だったんだね。話が飛んでしまうけど、福建人は縄張り意識があって、私の父親は京都で反物借りて、舟屋で有名な伊根を中心に行商をしていた。
岩見田秀代（以下、岩見田）：はい、天橋立の。
林：そうそう。伊根を縄張りにして、そこでこつこつ商いをしていた。帰りは魚かなんか仕入れて、京都で売って、その往来ね。伊根の田舎にはバスも行かないから、そこが狙いやね。バスが行ったり車が行ったらね、日本の人どんどん商売するから、我々福清人は便利の悪い誰も行かない農村を相手にしていた。それで、福清人はお互いの商売を邪魔しないような暗黙の了解があり、既に他の福清人が商売している村には行かなかったし、あるいは飛躍して北海道に行った人もおるけどね。私の父は福益号から、反物を借りての行商、店なんか持つことできなかったからね。
岡野翔太（以下、岡野）：店は構えられなかったんですか？
平野：これはね、勅令三五二号によって、店舗を持つことを禁止されてた。当時ね。そういう関係もあって、行商から入って行った。
岡野：行商ですね。
岩田：福益号以外にも、そういうのありましたか？
林：福益号はね、福建人の店だった。どうしても福建は福建、広東は広東、台湾は台湾、自分の同郷、言葉の壁もあるし、福清人の多くは、福益号を頼った。故郷の大先輩で言葉も通じるし、商品を借りて来てそれを行商してお金にし、借金を返し、残りのお金を生活費や仕送りにしていた。無担保で商品を賃貸するのも同郷人は決して裏切らないという信頼があったと思うよ。
岡野：あ、なるほど。
林：こうやって今はね、各省の人とも親しく話できるけど、昔は福建は福建、他省とは言葉が通じない。習慣も違う。で、結婚もやっぱり同郷の人間同士結婚するパターンが多

かった。〔中略〕
平野：すると、ご自身は生まれからいうと、行商の経験は無いわけですね？
林：ええ、無いです。一九三〇年に父が母と兄を残して渡日した。父がある程度生活の目途ができて五年後の一九三五年に、母親と兄を福清から呼んだ。兄はひょっとしたら行商の経験、あるかも分からない。父親の後についてね。きょうだいは長男、次男、長女、次女、三男の私と五人です。長男以外は全て日本生まれです。一九三七年に盧溝橋事件を端緒に日中戦争が始まり、父が拠点としていた伊根は舞鶴港に近くて、そこで行商していた時に、海を見たらお前は船の数を数えておったん違うかとか、そういう嫌疑を警察にかけられて、それでもう行商もできず、伊根を離れて、岡山県の津山市に移って行った。
岡野：一家で。
林：そうです。
岡野：なるほどね、そうなんですか。津山って華僑が多く住んでいるイメージが無いですよね。
林：無い、無い。姫路はけっこうあるんだけどね。津山を行商の拠点としていたおじを頼って津山に移って行った。僕自身は津山で生まれて小学校三年までいた。〔中略〕
小京都という、良い所ですよ。戦中は津山を拠点に岡山県内の山中に分け入って行商生活が続いた。戦後は津山市内に小さな衣料店を開店した。店名は東和洋行。小姓町という所でね。それから、一九五五年には、日本社会も落ち着いてきた頃、大阪へ転居した。大阪阿倍野に、小学校三年の時に。転校先は阿倍野小学校、その後は阿部野中学校。
岡野：全くじゃあ、華僑系の学校へ通ってたというのは？
林：行ってない。その後、今度は神戸に移って来たの、家が。それで神戸高校へ入学した。その後ずっと今の現在の住所を住まいにしてる。もう五〇年以上になるよ。大学は同志社。だから中学時代が大阪、高校は神戸で大学が京都と、京阪神のどこかで学んでいたことになるね。
平野：それは大阪へ行かれたり、神戸へ行ったり、皆やっぱりお仕事の、商売の関係ですか？
林：大阪へ転居した時に、父は行商でなじみのある衣料繊維販売の店を開店しました。阿倍野のえびす商店街にね。

・神戸中華同文学校と神戸高校への関わり

林：その後は、（子どもが通う神戸中華同文学校の）家長会の旅行に行ってからは、中華同文学校に意識を持つようになって、家内は同文学校卒業生だけど、僕は卒業生でない。歴代の家長会会長には卒業生が指名されていたのに、どういう訳か僕が会長に推薦されてしまって。

岡野：届きましたね、家長会の、丸付けてくださいみたいのが。

林：同文学校では、活動することによって、いろんな華僑社会のネットワークも広がったし、横浜にも中華学校があって、毎年交流の場を持っている。横浜は横浜で学校の運営の仕方、神戸は神戸の運営の仕方、お互いに良いところを吸収し合ったり情報交換したりしてね、それはそれで楽しい思い出になってるね。

岡野：任期はどれぐらいなされたんですか？　家長会の会長として。

林：五年くらいやったん違うかな。

岩見田：何年くらいからですか？

林：同文学校は小中九学年制で、一番下の子どもが小学校五年から中三までの五年間やったと思う。昭和六三年から平成五年までかな。

岡野：一九八八年から一九九三年までですね。

林：その後に、今度は神戸高校でもＰＴＡの会長に指名されてね。たしか震災の年、一九九五年やったと思う。神戸高校のＰＴＡ会長というのは非常に責任ある職務で、就任には躊躇したけれど、それは僕も卒業生でもあったし、母校の発展に少しでもお手伝いできればという気持ちもあり、引受けさせてもらった。その年はなかなかなり手がおらず震災で大混乱してしまっていてね。

平野：いやいや、そうでなくても普通の時でもなかなかなり手がいないですよね。

林：よく、神戸一中、神戸高校と創立一一〇有余年の伝統ある学校に中国人選んだと思うね。それまで外国籍のＰＴＡ会長とかはいなかったと思うよ。

（二〇一二年六月一九日、聞き取り）

林　斯泰
（りん・すうたい／Lin Sitai）

男性・一九三二年生まれ・華僑二世
出身地：福建省福清県高山市
祖籍：福建省
中華料理店経営

林斯泰さんは生まれてすぐに家族とともに渡日。日本では岡山県の林野の小学校へ通い、途中から両親と離れ神戸中華同文学校へ通ったが中退している。その後、洋服の商売の手伝いをし、パチンコ店やボウリング場やダンスホール経営を手がけた後に、父親の中華料理店を継いでいる。

・神戸で成功した商売について

呉宏明（以下、呉）：お父さんは、津山の華僑総会の会長だったんですよね。

林斯泰（以下、林）せやから津山に来ることになってしもてん。

呉：なるほど、それで林さんはどうなされたんですか。

林：弟なんかは皆その姫路出て、姫路で商売して皆大きくなった。あの時分林野にね、そのRとうちらとおじともう五、六軒はみんな神戸とか姫路に出た。うちの親父は津山にほんまー、事務所を置いたばっかりに、出れなかったわけ。

呉：そうですか。

林：あっち出とった方が皆成功した。金持ちになってる。

呉：なぜ、そんなに中国の方が多かったんですか？　やっぱり呼んで？

林：どういうんかな、あの田舎であの時分、皆行商やってた。田舎の周りに住んでた。せやから津山とか林野とか、あいうとこからほんま、大原の方も結構おるね。

田中剛（以下、田中）：大原の方も？

呉：その総元締いったらおかしいけど、そのーどういう仕組みになってるんですか？　どこが拠点とか？
林：僕らはまだ小学生でしょ、せやからそう詳しいことは分からんやけど、岡山に仕入れに行くと、中国の人でまとめて卸すところがあったらしい。それでそこから仕入れして、親父なんかは自転車乗って、あちこち田舎に売りまわるわけ。
呉：どういう物を売ってたんですか？
林：着物地とかね。せやから絣、綿とか絹とかそういう反物をいろいろ売ってた。あの時分は繁華街でなかったらパチンコもたなんだから、今のような車社会じゃないからね。駅前とか、なに本通りの賑やかなとことか、そういうとこしかパチンコ屋はなかったわけ。「ちょっと辺鄙やかららようやらん」いうてな、「自信がない」いうて。それであの時分にボウリングが流行ってた。神戸に一番最初できたのが三宮駅前の新聞会館いうとこ。新聞会館の屋上。屋上に仮の建物を作って、ボウリング場ができた。それで僕らも遊びに行って、ほんならもう、ボウリングはただ儲けでしょ。パチンコ屋はある程度払い戻しがあって、ボウリングは払い戻しがないわけ。僕が東京行った時、東京には品川のボウリングセンターがあって、そこで投げて、それで神戸にできたから神戸にも遊びに行って。せやからあの時分はどういうんかね、もう金持ちの子ども、遊び人のような子ばっかりが行きよったわね。まだ一般的でなかったから。せやけど、僕からしたら、もう丸儲けやから、客が投げるだけ。もう一ゲームなんぼ、まるまる入るわけやかな。せやからこれはいいなあ思て。そんなことよりボウリングなにやからな。ボウリングやったらどうだいうて。そんなら林同春も他の人とこ聞いてみて、「あんなお坊ちゃんがやるような遊技せんでもええやん」いわれた。半年ぐらいシェアしとった。それでも思てそれやったわけ。せやからほんま二階建てせずに、最初は半分一二レーンでやった。そうすると、もう待ち時間二時間、三時間で、大入り満員や。

・津山で料理店を始める

呉：中華料理店を始めたのは何年頃ですか。
林：昭和二五（一九五〇）年頃に父が始めた。それまでは、生地を売っていた。途中でね、反物、つまり巻きになっているものやギャバ（ギャバジンうねの高いあや織の服地）とかの巻物を置いて営業していた。あの時分、晩になったら、クルクルとカーテンを閉めて、朝起きたら、ごそっとなくなっていた。全部盗まれていた。それで、父が一時パチンコやったり料理やったり、それでその料理屋が昭和二五年頃だったと覚えている。従業員が悪いことをして帰ったりするもんだから、それで僕がちょっと行ってみると言って、そういうことで料理のほうへ行くようになった。

原田茜：おいくつくらいの時ですか。料理の道に行かれたのは。

林：こっちへ昭和四〇（一九六五）年に帰っていたんやから、三三歳位か、しばらくパチンコやっているから三七、三八もう四〇近うなってからやね。途中から覚えたから。そのコックさんとか母がやっているのを見よう見まねで、こういうふうにする、こういうふうに味付けするということを見ながらやってきた。そやから、正式にどこにも習いに行っていない。自分とこだけでおぼえた料理やけど、みんながおいしいと言ってくれた。まあ、よかったけれど。

・ダンスホールの開設

林：それでその後、麻雀クラブをしようかと思うけどどうやと警察に相談した。あの時分は防犯と言って、パチンコの関係で、防犯の部長と親しかったものやから彼に相談したら、「キーちゃん、この津山のようなところでな、ダンスホールの一件もないの淋しいから、ダンスホールせんか」と言ってくれた。その、麻雀クラブというものも津山になかった。あの時分、麻雀いうたらチンピラの集まりのような感じがあったわけ。都会のようにサラリーマンが仕事が終わってからぱっと行くんでなく、あんちゃん連中が変な賭け麻雀をして、そういうナニが田舎では多かった。僕らは神戸なんかにおったりしたから、その麻雀クラブいうても、会社員がぱっと来るということも考えておったけど。津山の方ではね、もうチンピラが集まる場所やと思われていた。警察にしても、ナニよりもダンスホールの方がいいと思って、ダンスホールやったらどないやと言われた。それで、僕の友だちの中に一人ダンスの先生がおって、友だち四人で、ほんなら共同でやろうやと言うて、ダンスホールをやった。

・林野と戦争体験

田中：林野に住んでいらっしゃったときは駅前ですか。
林：いえ、町なかです。だいぶ駅から離れていました。駅前、そうね、店舗がなかった。駅から川沿いに歩いて、それから林野の中心になる。商店街がある。
田中：それで小学校も町のなかですか。
林：山のふもとにあった。町なかの高台にあります。それで戦時中、食糧難でしょう、僕らは弁当持って行けない。昼になると家に帰ってサツマイモを蒸かしたんがある。それを食べて、それからまた学校に行った。あの時分、勉強よりも勤労奉仕の方が多かった。稲刈り麦刈り田んぼの虫取りとか、そういう勤労奉仕にかりだされることが多かった。
呉：林野での戦争体験のお話をもっとしてください。
林：林同春も言っていたけれど、年も上だったので、相当いじめられたと『橋渡る人』（林同春著、エピック）の中にも書かれているけれど。銃剣の練習の的にされた。だけど、ぼくはいじめにあった覚えはないけれど、津山からかよ通ってきていた絵の先生にいじわるな人がおって、「このチャンコロ」と言われた。「この教室にはチャンコロがいる」と先生に言われた覚えがある。同級生や他の生徒には「お前はチャンコロ」だと言われたことはない。その代わり、良い先生もいた。その一人、担任の先生にはものすごくかわいがってもらった。僕が朝礼のとき貧血で倒れたことがあって、その先生は下宿をしておって、僕をおぶって下宿まで連れて行って、筒からまんじゅうを出して、それを食べさせてくれた。すごくおいしかった。それでその先生も戦争にかりだされた。僕の家の隣がＩといって、そこの息子が大佐だった。中隊長だった。それで僕を可愛がってくれた先生が編入されておって、その先生が戦死したことを教えてくれた。そやから、お母さんがその先生が僕をかわいがってくれたことをよう覚えておったから、その戦死を聞いて泣いていた。そういう覚えはある。それ以外は父がスパイ容疑をかけられて、何もないのに警察に留置されたことを覚えている。それ以外はたいしたことはなかった。同級生にいじめられたとかそういうことはなかった。学校が終わったら、魚とりにいったり、山へ行ったり、いっしょに遊んでいた。

（二〇一二年七月一四日、聞き取り）

愛新　翼

（あいしん・つばさ／Aixin Yi）

男性・一九四一年生まれ・華僑二世
出身地：遼寧省大連市
祖籍：遼寧省大連
元神戸中華同文学校校長

愛新翼さんは神戸華僑教育界で長らく活躍し、神戸中華同文学校校長、孫文記念館館長、兵庫県外国人学校協会副理事長ほか要職を兼ね、神戸華僑歴史博物館館長を務める。清朝皇帝康熙の子孫であり、金翔さんの兄にあたる。

・生い立ち

愛新翼（以下、愛新）：〔中略〕次が、急に飛ぶんですけども、大阪から神戸中華同文学校に通ってたわけです。僕たち兄弟。当時、後の大阪外大が上六（上本町六丁目）のほうにあるんで、上六、上八の官舎に住んでたんで、そこから市電に乗って、梅田から汽車に乗って兵庫駅に下りて通ってたわけです。

林正茂（以下、林）：その時は、大阪に中華学校はなかったんですか。

愛新：大阪に中華学校はありました。

林：あ、あったんですけど、わざわざ神戸まで。

愛新：それは、父と万之さん（当時の李万之校長）が結構仲が良くて、神戸に行きなさいということで、皆、神戸に通いました。その後、親父が大阪中華学校のＰＴＡの会長になったみたいで、どうして神戸の学校へ行くんやということで、大阪中華学校に戻ったわけですね。だから僕二つの学校へ行っているわけです。四年生から大阪中華学校です。

・大学進学、就職

張玉玲（以下、張）：先ほど写真に出たんですが、高校卒業して上京されたんですか？

愛新：いや、高校卒業して、大学受験をしたんですね。そしてチャレンジするつもりで東京へ行ったんです。東京の予備校の手続きをして、住む所は清華寮といってね、友だちいたんで、そこで手続きしたんですけども、横浜でうちの長男、兄が中華料理をしていて、人手が足らんから、ちょっとお前来いや、ということで、そこで一年間働いた。僕が作るような焼きそばや焼き飯だから、全然流行らなかったです。当然やったことないんだから。兄に言われたのは、今考えたらね。まあ、その時は、大学を諦めてまして、とにかく将来、自分小さな中華料理でもやろうかな、そんなことを考えていたんです。

張：大学は、もう諦めた。

愛新：もう諦めました。諦めたのは毎日が忙しいから、中華料理はね。

張：それでまた再び受けようと思った？

愛新：一緒の友だちがね、僕二人で東京へ来たんですけども、もう一人の彼は早稲田大学を受験するということで受からなかったわけです。で、僕のところへ来て、もう一回やろうじゃないかいうことを言われたので、兄に相談して、頼むから許してくれ、いうことで、次、京都の光華寮へ行ったんですね。光華寮で大体一年浪人した。それで受かった（大阪府立大学）わけですけども、当時、僕らもやっぱり中国に帰って社会主義建設に参加することが流行ってまして。僕も、やっぱり電気がいいなあと思って、電気に入ったんですけども、電気関係ね、でも電気が嫌いで、この四年間は苦しかったですよ。昨日もある縁がありまして、ある高等学校へお話に行ったんですけども、僕の考えは、人はそれぞれ長所が必ずあるんでね。で、自分の長所を案外分からない人が結構多い。早く見つけるように。僕は、結局電気へ行ったんですけど、全然センスがないわけね。

林：本当は、理学部で勉強したかったとか。

愛新：そう、最初それをしたんですけども、ま、あまりセンスないですね。だから商売しとった方が良かったかな（笑）。で、四年間でちゃんと卒業して、今でも大学の退官された教授と結構仲良くしてるんですけども、その教授の推薦でＤ機工という一部上場の、君、向こうが来てくれ言ってるので、ともう決まったわけ。
林：内定してた？
愛新：そうそうそう。その時、結構、電気いうのは花形だから。
林：その時代では。
愛新：カラーテレビの出る前だからね。で、喜んでたんですけども、ある日、李万之先生が見えて親父となんだかこそこそ話して、あくる日、僕に、お前の就職先も仕事も決まった、神戸中華同文学校行け、って。

・神戸中華同文学校での勤務

林：先日ちょっとお話伺わせていただきましたら、やはり中華同文学校は途中で転校されましたので、同文学校の先生をされ始めるんですけど、当時の先生、卒業生の方が多い中で、やはり大阪の中華学校のご出身やいうことで、最初はちょっといろいろ悩みというか。
愛新：僕は、同文学校の卒業生じゃないからね。大阪中華学校では、台湾系で僕が中三の時会長していてね。毎日台湾の国旗揚げて、皆で歌って、そういうことが主旨だから、ちょっと同文学校とは違うなあということ。それともうひとつは、中国語がやっぱりレベル低かったね。
林：向こうの方が低かったんですか？
愛新：いや、僕自身ね。同文学校行ったら朝から晩まで中国語喋るの、もの凄くしんどかった。そのレベルが低かったんです。
林：大阪中華学校のレベルが低いんではなく？
愛新：僕自身低かった。やっぱり、その意識がなかったから。高等学校行っても、大学行ってもそういうのをなおざりにした。
林：自分の中で同文学校の教師をするというあれが入ってなかったので、という意味も含めてでしょうか。
愛新：やっぱり中国語で仕事するという、生きるという意識がなかったんでしょうね。だから、行ったら李校長がいつも、僕だけと思うんですけど授業前、校長の前で読まされとったわけです。言い方が悪いとか言ってね。厳しく指導されました。
張：最初に教えられた科目は何ですか？
愛新：ああ、何でも。同文学校、選ぶ権利ない。李校長が、君、体操教えなさい、って言ったら、はい体操ね。ダンス教えなさいと言ったら、はいダンス。極端に言えばそんなんだったね。そうやって皆、学校でやっぱり、不平不満言わずに、一生懸命学校を支えるためにね、皆協力してやった。先輩たちのそういう姿勢を見てね、自分も段々そう変わったね。

・家系

愛新：僕自身、僕ら自身、兄弟一族も満州族、そういう意識なかった。自分の出身も、僕、分からなかった。うちの父は過去、自分の過去をあまり喋りたくなかった。母親といつもこそこそ話をしてるんですね。ただ、僕が分かってたのは、一九七〇か七一年に父が中国帰って墓参りをしているんです。七一年にうちの父と長男連れて、それと長男の子ども連れて中国へ墓参りしている。息子がおるので北京に行けるのでね。二番目の兄なんですけど、北京外国語大学でロシア語を教えているんですね。中国の親類縁者の方、人づてに探してもらって、後で分かったんですけども。

林：一時、音信不通だったんですか。

愛新：そうなんです。七一年に中国へ行って、会って、墓参りしているわけです。母は、ある意味で分かっている。それで、自分たちは、いわゆる愛新覚羅というのは全然分からない。自分は漢民族と思ってたわけ。ところが、父が身体的に弱くなったとき、先がそんなにないという状態でした。当時、『ルーツ』という映画が流行っていた。僕が親父に、自分の家のルーツを知りたいと言ったんです。そしたら、親父が実はあなたは愛新覚羅、康熙の家の流れと言うた。それでも、皆半信半疑でね。それから、皆で北京へ墓参りしようということで、三六人一九九二年、（写真を見せながら）これがお墓なんですけど、皆で行こうということで、一族郎党、皆で墓参りした。そしてこの時まだ分からなかった。甥たち、父からいうと孫たちがね、大きい子もいてるんですけどね、甥たち、孫たちが故宮へ行ったんです。故宮へ行って、愛新覚羅家の家族、家系図を見た、と言ったの。出てきた。そしたら、愛新覚羅家の下のところに、親父の名前と、長男の名前だけが書かれている。これで分かった。これでもの凄く詳しいわけ。ずーと上にいったら、康熙帝まで行ったわけ。康熙までね。

張：それを知った瞬間どんな気持ちでした？

愛新：いやー、皆喜びましたよ。自分のルーツ、分かったということでね。うちの息子も喜んだみたいだし。

（二〇一三年一月二六日、聞き取り）

陳　正雄
（ちん・まさお／Chen Zhengxiong）

男性・一九四三年生まれ・華僑二世
出身地：大阪市
祖籍：広東省
職業：元中華料理店経営

陳正雄さんの父は、広東省珠海市の出身で戦時中に渡日。陳正雄さんは、大阪で生まれ京都で育ち、京都中華学校から中学、高校、大学へと進学し、若い時から華僑運動に励んだ。中華料理店を営みながら続ける華僑研究では、京都華僑研究の第一人者である。

・大阪生まれ、京都育ち

平野勲（以下、平野）：ご先祖やどんなお仕事をされてきたのかを簡単にご紹介願えればと思います。

陳正雄（以下、陳）：私は京都生まれじゃないんです。大阪なんです。住吉の我孫子です。そこで生まれて、一九四三年一月生まれです。親父は、戦争中はそごうの食堂の中華料理屋で働いていた。大阪の。

平野：心斎橋のそごう、大阪の。

陳正雄：戦後進駐軍がいたところです。

平野：あそこはＧＨＱの司令部になってたんですね。

陳正雄：それから京都の河原町三条の中華料理屋に親父が行ってて、だから、私が小学校へ行く、姉が小学校の時は女の子やからというので、近所の日本の学校に行かせてた。ただ、私、妹と姉がいて、私、男一人なんで、息子にはやっぱり中国人の学校へやらにゃいかんというので、大阪の学校は我孫子から遠いのか不便なのか、まあその当時ですから、今みたいに交通の便は良くなかったんで、自分も京都で働いているので、皆、京都に引っ越すということになったらしいです。私が小学校一年のときに京都に。お店が一階、二階にあって、その三階にちっちゃい部屋があって、その三階に家族が住むことになった。
平野：お父さんの代で中国から来られた。
陳正雄：そう。
平野：どこのご出身ですか？
陳正雄：広東、広東省中山県（現在は珠海市）。
平野：広州の隣ですね。それで日本では、大体中華料理の。
陳正雄：親父は神戸に上陸した、神戸だったと思う。私とこは、それ以外何も知らない、何もない。私も、それをまあ学校出てからですけど。親父が六〇過ぎに倒れてから、私はもう学校あれして、まあまあ行くことは行った。ただ、私日本の学校へ半年入っているわけです。華僑学校は九月からだから。その当時は、皆ね。新学期は九月だから、四月から夏休みまでは遠里小野小学校に行ってました。大和川のすぐそばですね。私は、母が日本人ですからね。
平野：ああ、そうですか。
陳正雄：病院で生まれたんじゃなくて、家で生まれたんじゃないかなあ。
平野：あの頃はね、結構産婆さんが来て。
陳正雄：昭和一八（一九四三）年戦争中ですからね。家の前では電車が走っている、難波からの道路があって、家があってね、そこの前に防空壕がみな掘ってある。だから何かあったら防空壕。私は、防空壕へ入るのを嫌がってたてね。まあ、そんな時代ですね。
平野：大阪大空襲の時はまだ、一歳、二歳、記憶は無いですわな。
陳正雄：私は無い。地震、福井かなんかの地震があって、揺れがひどくて、往生したとか聞きますね。戦争中は、地震はあまり聞かない、発表がない。あれは戦後ですねやはり。
平野：和歌山の地震が、僕の小さい頃ありましたけどね。福井の地震もちょっと聞きましたけどね。
陳正雄：私とこ、姉はだから出てます。日本の学校、三年間。二つ年上だから、一緒に日本の学校へ行ってました。だから、昔の脱脂粉乳の給食とか皆さんとよく似た経験がありました。それで、虫下しみたいの飲まされたりね。まあそういう経験はみな同じようにしてます。
ただね、華僑学校行くと、何もないんです。それこそ音楽も理科も何もあれへん。小さいオルガンが一個あるだけ。実験室があるわけでもなし、歴史のなんやあるわけでもなし、そんなん全然ない。ただ、私の行くまでは、戦後すぐの時は一〇〇人ぐらいいた。スクールバスもあったと聞いている。私が行ったときはそんなんではなかった。朝鮮戦争の始まる時かな、その時分ですからね。
平野：陳さんは、その後ずっと京都にお住まいで。
陳正雄：そうです。
平野：京都では、だいたいどんなお仕事をされていましたか？
陳正雄：いや、もう中華料理だけです。
平野：家業を継がれた？
陳正雄：そうです。学校は、まあちょっと行かしてもらいましたけどね、父は。店も、初めは人から頼まれて、三条河原町の所に教会があるのですけど、その入ったところでしていました。

・華僑研究について

陳正雄：（質問票を見ながら）次のページ、華僑研究で私が一番影響を受けたのは神戸大学の遊仲勲先生、華僑で華僑研究をされて、大学教授になられた草分け。先生のお話を何回か聞いて、本もいただいたりしてたんで、游先生から受けた影響は結構大きかったと思いますね。私自身、で、あの、聯歓節とか青年の集まる学習会なんかで先生を呼んで来て、華僑のお話をしてもらったこともありますから、そんなんで、いろいろと。それで游先生も同文学校で、代理でしばらく先生をされてたけど、誰かのお休みの時とかね。それで、私が華僑学校へ行ってなければ、絶対にこんな民族意識とかアイデンティティとか全くなかったと思いますね。私の姉は華僑学校へ行って、妹は行ってません。
平野：じゃ、ごきょうだいで違いますか。
陳正雄：違います。何か意識がね。いまだに、例えば、姉のところは同窓会へ出席するとかで、なんだかんだで、皆まとまっていく。私だって、華僑学校の先輩、後輩だとわかりますけど、妹は日本の友だちしかあらへん。日本の学校しか行ってないから。もちろん、あの、私らと共同の華僑の親戚とか知人は、同じように共有しているわけですが。そういう意味では、私らの後の人で、京都の華僑青年がいろいろ集まっても、やっぱり意識ある人、ない人と。やっぱり華僑学校へ行っていた人とか、たとえば今の華僑総会の会長とか、意識的に子どもに中国語を覚えさせようと、北京とか広東の曁南大学とかへ行かせるとか、そういう話をしたり、親戚が行ってたり、そんな人はやっぱり子どももそういう意識もあるし、そのきょうだいとかそんなのにやっぱり影響を及ぼしたりしますからね。そういう意味で中国人意識は教育から結びついていると思いますね。何も華僑学校へ行ってない人はそういう意識は少ないですね。家庭でしっかり教育しておられる人は別ですが。

・中国人意識の源

陳伯英：もう一つお伺いしたいのですけど、お母さんが日本の方ですが、陳さんの中国人意識が非常に高い。同じ中国人の私も恥ずかしいわけです。自分の母親が日本人だから、自分の血には日本の血が混じっているということで、日本人という意識はありましたか。どんなんでしたか。
陳正雄：僕は、あんまり考えなかった。でもね、自分が思っているほどね、中国は中国人だと見ていないのかもと、それはものすごく思っているんですよ。これは片思いやね、本当（笑）。自分は中国人だとものすごく思っているの、誰よりもと思っているんですけどね、中国は私を中国人だと絶対思っていないなあと確信持ってるね。だから、ここのずれが、ちょっと、もどかしいというのがあるんですね。
陳伯英：私の両親は台湾なんですけどね、そういう意味では台湾人というのがあるわけやけど。それで、日本に住んで、私五歳で日本へ来て、だから、七一年も日本に住んでいるわけです。だから、ある意味において、非常に日本人に近いと思ってるところがあるわけです。それが良いのかどうかということを、私、ずっと悩み続けてきたわけですけど。でも、七一年も日本に住んでますけどね、自分が中国人であって、日本をいわば外国だということを否定できないわけです。私自体も染まっているわけです。これが私にとってもある意味ではジレンマなんです。今、お聞きしたら全然そんなことないとのことで、全くそういう気持ちは今までなかったんですか。
陳正雄：やっぱり、中華学校行ったからかなあ、そういうような気がしますね。どっちでもええと言うたら、どっちでもええはずですけどね。私らの友だちでも、高校大学の同級生に聞いたって、まだ、日本籍を取ってないんかみたいなんが多いですけどね。

（二〇一三年九月七日、聞き取り）

張　敬博

（ちょう・けいはく／Zhang Jingbo）

男性・一九五三年生まれ・華僑四世
出身地：京都市
祖籍：福建省
美術商

福建省で村長をしていた曾祖父が渡日し、長崎で商売を始めて後に京都の室町で呉服店を営む。祖父と父は普度勝会の継承など京都の華僑社会に大きく貢献した。張敬博さんも京都普度勝会の総理に就任している。

・渡日した曾祖父のこと

張敬博：僕の聞いているのは、ひいじいさんは昔、福建の村で村長をしていたらしい。そこで、よく水の争いがあって、しょっちゅうあったらしいのですが、その闘いに負けたらしい。昔は棒木でやって、目をやられた。見栄っ張りだったから、もう負けたからここには住めないと。俺は、もう日本へ行くと。それが最初の日本へ来た原因だったと聞いていますけど。

張玉玲：誰を頼りに。

張敬博：それもまあ、曖昧なんですけど。一応聞いているのは、張は張でも五降家という方がおられて、長崎に金持ちの方がいて、花火と砂糖をやっていて、その昔、花火と砂糖を扱っているのは相当の金持ちだった。その下働きとか荷物運びに来て、そこでお世話になって、それから自分であちこち行ったと聞いていますけどね。現在、ＣＣさんという方が何代目かなんですけどね。

張玉玲：もしかしたら益隆号。ちなみに、長崎の四海樓（中華料理店）の陳さん。あの方のおじいさんも益隆号に。

張敬博：そこまで聞いていないですけど、たぶん最初長崎に来て。

張玉玲：お父さんは長崎生まれ？
張敬博：京都生まれです。
張玉玲：ひいおじいさんの奥さんはどちらの方。
張敬博：中国です。薛さん。おばあさんは何かしっかりした方だと聞いておりますけど。
張玉玲：同じ福建ですか。
張敬博：福清です。
張玉玲：それで、長崎でお父さんが生まれて。
張敬博：おじいさんです。
張玉玲：おじいさんが生まれて、どうやって京都へ？
張敬博：その辺はね、私もあまり詳しく聞いていないですけど、何か、福建の方は呉服の行商をやっていた方が多かったので、それに、京都はやはり、呉服のメッカだったもので、そこへ来て、そこから仕入れしたり。それから、聞くところによると、小金、現金は少し持っていたらしい。それで買ってすぐに売ると。叔母から聞いた話では、はじめは何か通信販売のようなものをやったと聞いておりまう。お客さんを探して、商品を決めて、京都でいえば、丸紅とか佐々木とかそういう大きな所へ買いに行って、それを買って、郵便局から送るわけ。結果的には在庫の残らない商売をしていたと聞いております。それで、段々とお金を増やしていって、それで、京都の室町という所に、呉服の店を出したそうです。
張玉玲：かなりの年数を重ねて。
張敬博：そうですね。
張玉玲：気になるのは、やっぱり親族とか同じ村の人が先に京都で、そういう繋がりはなかったのですか。ネットワークができて、それを頼りにおじいさんが来たのではないかと思いますが。
張敬博：親戚はそのころ、京都にいなかったと思いますよ。
張玉玲：そうですか。
張敬博：うちのおじいさんが、それをやってた頃は、多分少し流行ったと思うんですけど、地方から頼って来たというのを聞きました。いろいろと、皆来て、身元引受人とか、お金貸してくれとか。その時、うちのおじいさんが考えたのは、親分というとちょっと言葉が悪い印象を与えると。商品はおじいさんが仕入れて、皆に持って行かせて全国に売りに行かせた。が、福建語で「タウア」と言って、そんな人からお金をもらって、寝泊りさせて、食事をそういう話を昔、してましたけどね。

張玉玲：それはもう張記号ですか。
張敬博：そうですね。
張玉玲：それは、何年も。
張敬博：それはちょっと。うちのじいさんも、あんまりそういう話をしなかったものでね。
張玉玲：じゃ、いわゆる親方みたいなもの。
張敬博：そうですね。
張玉玲：何人ぐらいいらっしゃったのですか。下で働いてる人は。
張敬博：それは多分一〇人ぐらいだと思いますね。
張玉玲：一〇人ですか。やっぱり、同じ塘北村の方ですか。
張敬博：やっぱり、福清の方だと思います。
張玉玲：どうやって呼び寄せたのですか。
張敬博：評判。多分、日本に来たい人が多かったと思うんです。あの当時は中国は聞くところによると皆貧しくて、一獲千金を狙って日本に。福建省の場合は、おじいちゃんに聞いたところでは、内海から外海へ船を出せば、黒潮で勝手に日本へ来た。二週間もたてば日本に来れると。

・中国人だと知らなかった

張玉玲：あと、敬博さんの生まれてから、今日に至るまでのことを簡単に。
張敬博：僕は京都で生まれて、初めは日本の学校へ行ってましてね。その頃はうちの家は室町というて、呉服屋をしていたもので、女中さんがいて、番頭さんがいたもんで、うちの父も母も全部日本語ですしね。周りも日本人でしょう。あんまり中国人という意識はなかったですね。高学年になってから学校で中国人と言われて相手を殴って、なんで殴ったかと先生に言われて、「中国人と言われた」と言ったら、先生に言われた。「張君は本当、中国人ですよ」。その時、名前が三文字て、おかしいなと思ってたんですけど、そんなに気にしなかった。家でもそんなに中華料理食べていたわけではないし、味噌汁食べて、ご飯食べて。小学校六年の時に、父が自分は中国語を勉強しなかったから、横浜の山手中華学校へね、ちょっと見に行こうと。本当は騙されたんですけど、新幹線にのせてやろうと、それで行ったら、置いてそのまま帰る。京都の人は皆、そこへ連れて行って寮に下ろして帰る。そのまま置いていくんですよ。あの頃、毛沢東全盛期やったから、横浜の山手学校が主流やった。そこに置いて、華僑として、中国語を習わす。
張玉玲：小六の時？
張敬博：僕は六年終わってから、中学へ入るとき。その間の春休みに連れて行って、そこへ入れてしまう。僕とかHさんの子どもとか。京都は皆そうやった。何人かいますけどね。被害者が。
張玉玲：被害者。（笑）
張敬博：今では良かったと思てますけどね。その頃はなんでこんなことを。僕は狭いからそんなんやったら、中国へ留学させてほしかったです。思い切って。習うんだったら向うへ行った方がなんぼか良いと。
張玉玲：中国に帰れなかった時代ですよね。
張敬博：僕は寮に入って、栄養失調になったんですよ。ご飯あんまり食べなかったもんで。それで、母のおじいさんが京都へ帰って来いと、神戸の中華同文学校へ行けと。僕も向こうから帰るぐらいやったら、同文はあんまり思想をやってなかったから。横浜の山手は丸一日、時には国民党の学校と喧嘩したり、僕はあんまり好きやなかったし、あんまり思想なかったしね。それで、神戸へ帰ったら、台湾の人もいるし、全然そういう政治活動一切してないんですね。僕は良いかなと思って、そこで最初はおばの家から通ったんです。YGさんです。でも、やっぱりしんどかったんで家から通おうと。それで、中学三年通って、うちの母が仙台に実家があるもんで、そこで、高校大学へ行かせてもらって、それから僕は親父のした仕事を順番にやってるんです。うちの親父も仕事いっぱいやってますからね。はじめは呉服屋、次は料理屋、それから麻雀屋してアレンジボール、それから美術品とか古美術とか、もう一〇種類ぐらい商売してますね。
張玉玲：ひとりで？
張敬博：そうですね。全然流行ったことがない。何も流行ってません。何とか食べてきましたけどね。
張玉玲：結構、手を広げてきたのですね。
張敬博：うちの父も、僕は思うんですけどね、学校の先生とかああいう仕事に向いていましたね。人が良かったんですけどね。ちょっとね、やっぱり、ずるい方が商売に向いている。あんまり真面目な人は儲かることないですね。商売ではね。

（二〇一四年二月一五日、聞き取り）

連　茂雄

（れん・しげお／Lien Mowshiong）

男性・一九四〇年生まれ・華僑一世
出身地：台湾新北市
祖籍：台湾
職業：アールエス生命科学株式会社代表取締役

連茂雄さんは父が出稼ぎで渡日していたが、自身は留学で渡日したため華僑一世となる。卒業後は翡翠販売、真珠販売、医療品の輸出などさまざまなビジネスを手がける。大阪中華学校副理事長や大阪中華基督教会長老、大阪中華総会など華僑社会でも活躍している。

・日本への留学

連茂雄（以下、連）：私の父の方から紹介すると、昭和一三（一九三八）年頃、当時台湾はまだ日本の植民地時代ですから、日本を内地といいまして、内地に出稼ぎに来て、その間に第二次世界大戦に遭って、戦後そのまま日本に残りました。（台湾に残された）私たち家族は、私と姉、兄の三人兄弟で、母がずっと育ててくれまして、私は大学卒業してから、日本に来たんです。父との関係では、私は二世代目の華僑となりますが、私の場合は完全に一代目の華僑になると思います。他の華僑の方たちとは、ちょっと違った形になります。

張玉玲（以下、張）：連さんご自身はその後留学生として自力で来られたので、（華僑の）一世ということになるんですけど、お父さんとお母さん、そしてご兄弟たちと離れ離れになるというのは、それは何かの事情ですか。

連：父が、最初は戦後に（台湾に）帰るべきでしたが、連絡の途中で一時連絡できなくなって、その経緯は私もよく分かりませんが。ただ私が留学の時に、父が大阪にいたので、いろんな便宜、たとえば住まいのこととか、生活補助とか、他の留学生よりは少しは楽だったと思います。

張：お母さんとご兄弟が台湾で過ごしていた時期は、収入源はやっぱりお父さんからでしょうか。
連：そうではなく、私のおじいさんの代から、昔は地方の田んぼをたくさん持っていて、小作人みたいな人がいまして、毎年の収穫の時に米をもらいます。その後に台湾の政府の政策がありまして、北京語でいう「耕者有其田」、要するに小作人が働いても地主に取られるので、それを緩和するために、まずは日本でいう減反をした。元は（収穫の）半分の分け前だったのが、その後は、地主は三七五、三七・五（パーセントの分け前）に、その後のもう一つの政策は、地主が（土地を）全部手放すという政策がありまして。
張：小作人に対して。
連：小作人に手放して、その時にもらった金というか、米とかで生活を。そして母の小さいときの故郷の両親は、漁師をしてまして、その結果母は魚の販売をしてました。私は小学校の時からそういう商売を手伝って、後にもつながったと思いますけどね。ええ。子どもの時から商売人として。本当は私は教育に進まなければならないのに後に商売の道に入るのは、その時に培った才能があったんじゃないかと思います。
張：その時には、お兄さんたちも一緒に手伝ったり？
連：そうです。もちろん、兄も姉も。でも一番長いのは私ですけどね。というのは、兄と姉は高校卒業してからすぐに勤めに出かけまして。私だけは、生まれてから、先に紹介していただいた双渓の田舎に高校までおりました。ついでに私の郷里、双渓というところを紹介しますと、双渓というのは二つの川があってできた町ですから双渓というのです。昔の石炭の産出の元締めというか、そこに鉄道の駅があり、石炭を運ぶのは私たちの田舎からでした。田舎といっても、当時は、七〇年前はすごく栄えていた。今はもうないですけど。場所としては台湾の北東部、今では有名な九份の近くなんです。
張：九份ね。日本人には馴染みの深いところだと思います。それじゃ、連さんは、大学は師範大学までですよね。
連：そうです。
張：そこで四年間勉強した後に、どうして日本に留学に行こうって思ったのですか。
連：そうですね。これも非常に不思議というか。大学は国立の師範大学、当時はまだ公費の制度がありまして、学費から生活費まで国が持って。卒業してから五年間、義務的に先生に。もちろん義務といっても給与はありますけど、逆に言えば、一つの就職保証みたいなものですから。で、たまたま大学四年生の時に、同級生の誘いでうちの大学、師範大学には日本語の講座がありませんでした。それで、隣の国立の台湾大学にそういう講座がありまして。私と友と二人で自転車で、師範大学から二〇分くらい（かけて行きました）。単位を取っていないから聴講生。どっちかというと、学費も払っていないから、盗み聞きというかね（笑）。そういう聴講に行って、日本語に興味を持ちまして。卒業してから、先生をしながら、夜は日本語の塾に通いまして、約三か月間で一回のコースで。台湾では当時、留学生に対して非常に厳しい制限がありまして、すべて国家試験、留学試験といいまして、それをパスしなければならない。なぜか三か月間の勉強でこの難しい国家試験をパスできたのは、今から考えても不思議。それと父があの当時、日本におりましたから、他の同級生たちはほとんどアメリカに行くのに、私が日本への留学にパスしたから、日本に来たんです。

・家族について

張：あの、奥様も今日来られているんですが、ぜひ、お二人がどうやって知り合ったのかと。

連：あはは（笑）。家内のお父さんは牧師ですから、私は小さい時からクリスチャンですからね。家内は実は南の高雄に住んで、私は台北。すごい距離ありますが、なぜ知り合ったか。まあ、今でいうお見合い結婚みたいなもの。私の郷里のところから、一人の牧師になっている伝道師の人が、たまたま、家内の実家の近くで、教会で働いていて。

張：ええと、誰がですか。

連：私の郷里の知り合い。先輩の牧師になった人が、あちこち行き、南部の高雄へ行って。その人の紹介で知り合った。その時期では、まさか見合い結婚って。というのは、流行ってないですよ。我々の年代でもね、大体友だちになって交際して結婚した方が多かったけどね。でもあの人の紹介で、二回断った。一回目は、会いに行って断られたら、こっちが格好悪いじゃないですか。逆にこっちが断っても、向こうが格好悪いし感情もよくないと、断っていた。二回目は、私が台中で兵隊をやっていた時、その話を（知り合いの牧師が）またもってきた。台北も行かず、高雄も行かず、台中で会いましょうって言って。ところがあの時、私は兵隊に行っていたから、丸刈りして顔真っ黒になっているから、この格好ならもっと悪い、断られるだろうと、それも断った。で、三回目、私の父がずっと日本にいたけど、その年に台湾に帰っていた。その時私の父と母を案内して、中南部旅行を企画していて、ついでなら、一回行って会ってみようか、ということになりまして、そこで、見合いができたんですね。

張：じゃ、お父さんたちも加わって、一緒に。

連：そうですね。一緒に見合いに行きました。

張：その友人の方は三回も薦めるなんて。先ほど（奥様と）お話ししたら素敵な方で、だから、三回も薦めてくれたんですね。

連：そうです（笑）。

張：で、即二人ともOKということで。その後進んで。

連：そう。そのような感じで、トントン拍子いうかね。でも、婚約してから結婚まで時間がかかりました。というのも、私が先ほど言いました留学の手続きとか、その間一段落してから、結婚して。結婚してからすぐ（日本に）来ました。〔中略〕

張：連さんのこれからの予定としては、日本にずっといらっしゃるのですか。

連：ええと、どういうかな。さっきの話で触れてますが、私には息子と娘が一人ずついる。息子は日本におりまして、今歯医者として彦根で開業している。娘は、小学校は中華学校。三年生まで。それから中学までは日本の学校を行かせて、高校はアメリカンスクールに一年間、神戸の。それから二年間はアメリカの学校に留学して。その後、台湾に留学して。で、台湾で今言った、娘婿と結婚して。娘は台湾にいる。息子は日本にいる。だから両方行ったり来たりが現状。まだ元気なうちはそういうことができるんですよ。元気がなかったらどこにいるかというと、たぶん台湾の方がいいと思います。

（二〇一五年二月七日、聞き取り）

呉　伯瑄

（ご・はくせん／Wu Baixuan）

男性・一九三一年生まれ・華僑三世
出身地：上海
祖籍：浙江省
職業：呉錦堂有限会社継承者

呉伯瑄さんは戦前の神戸財閥の呉錦堂さんの孫にあたる。上海の家はフランス租界、現在の淮海路にあった。五歳の時に渡日。自動車販売の会社員を勤めた後に塾の経営をするかたわら、呉錦堂さんの子孫として日中友好の役割を担っている。

・フォードの仕事

呉伯瑄（以下、呉）：私はフォードの自動車会社へ入社しました。たまたま、米国人から英語を習っていたものですからまあ非常に貴重がられました。そこで大きく成績を上げましたからね。西日本、兵庫県から山口県までが私のテリトリーだったわけです。

平野勲（以下、平野）：会社はどこにあったのですか。大阪ですか。

呉：そうです。大阪、名古屋、東京にもありました。英語も話せるし、やはり祖父の名前が結構仕事に寄与したようです。ものすごく業績が上がりましたね。ナンバーワンになりました。

平野：フォードは当然、戦争中は閉鎖されていたんですね。

呉：そうです。

平野：戦後すぐ会社開いていたんですか。

呉：フォードと契約していましたから。元自動車会社のそういったことに精通しておられた方が二人おられましてその方々が率先して、大阪の種田さん、府会の副議長されていましたけれど。常務二人が私の家柄をご存知でしたので〝呉君、来て下さい〟ということになったんです。幸いにして英語も話せましたし、祖父の名前を味方につけながらすごく頑張って成績を上げました。そのようなことでアメリカフォード会社本社からの推薦もありまして、ヘンリーフォードII世が日本へ初めて自分の飛行機で広島へやって来るという、その出迎えを任されまして、ヘンリーフォードII世が自家用飛行機のタラップから降りて来られた時に私が代表でしっかりと握手をしましたね。新聞社に撮られた写真は今も家の自分の部屋の入り口に飾っていますよ。普通は社長が出迎えるわけですが私が行くことになってしまいましたね。なにしろ彼は自分の飛行機で来日していますからね。その日はテレビ福山（広島県）や他局も取材がものすごかった。まあ幸い英語が話せたのと祖父の名前があったということで業績を一番上げましたから。私一人じゃとても、やはり祖父の力だと思いますね。フォードII世が全国をまわる時、常に私が同行し、他に重役が同行してもテーブルにつく時は役員ではない私がその中心にいましたからね。それは通訳の役目もあったのでしょう。多分話せて場を盛り上げることができましたので重宝されたのでしょうね。そのようなことで自動車の会社を長年勤めあげましたね。しかしご存知のようにある時期から会社の状況が良くなくて閉鎖するということになったんです。

平野：何年頃ですか。アメ車が売れなくなったというのは。

まあ、オイルショックですね。やっぱり、オイルショックの時に。

呉：そうです、そうです。

平野：燃料を食うのは要らないと。

・日中交流に尽力

平野：それで、フォードを辞められてからはどうされたのですか。

呉：七二年に中国と国交回復しましたね。そのあくる年、私はまだ自動車会社にいたのですが中国に行ける背景がありましたので初めて中国訪問することになったのです。七三年だったと思います。その時明石の市長さん、その方が明石の「ミン＝明」と中国寧波の「ミン＝明」と姉妹提携してほしいと言われましてね。

平野：明石の「ミン」はどこにあるんですか。

呉：明石の明の読み方は「ミン」でしょう。中国の明「ミン」という王朝と関係があると。そこで〝呉さん、あなたのお祖父さんも寧波出身ですし是非明石市と寧波市と姉妹提携してほしい〟ということになったようです。それで親書を持って寧波に行ったんです。そうしましたら寧波では天津と神戸が姉妹都市提携を結んだばかりだったんです。まだ姉妹都市提携とはどのようなことをするのか、まだ私たちはわからないと。だからもう少し様子を見たいということになりましてね。私にしばらく待ってほしいと言われました。ですから私その親書を手渡しせずに持って帰ってきたのですね。その後どういうことか寧波が京都の手前のね、長岡京と姉妹都市になりました。なぜそういうことになったのかと思いましたけれど。

平野：港じゃないですよね。

呉：そうですね。どういうことであんな展開になったのか、それに私が一番に行きました時もそのような理由があって拒絶されたとも考えられるのですね。まあそんなこともありましてしばらくしましたら中国から私に、いわゆる、祖国のために日本との懸け橋役をしてほしいという話がきました。私、その時にちょうどフリーになったところでしたので、すぐ動けました。そうしたら中国から一週間くらいでしたが、もう接待詰めでビジネスの友好条件を全部提示されました。それはあくまで私個人との提携です。そして日本とのビジネス交流を広げてほしいということだったんですね。その時の中国のお偉方は皆さん順番に代わられましたけれど。ここから中国との親交がはじまったわけです。

平野：それは中国のどこの街と。

呉：寧波です。それに慈渓です。今は慈渓市となり大発展を遂げています。慈渓と寧波はグループ都市ですから、一緒ですね。寧波の中に慈渓市があります。その上に杭州があり杭州は省都です。浙江省の省都です。慈渓は当時小さな町でした。だから官僚は慈渓、寧波、杭州へと地位が上がっていくわけです。当時私には特別の条件を渡すのでビジネスで日中国交をしてほしいと言われました。そこで中国に不足している機械部品などを輸出したりしました。もうそのころには世界が動き出していまして外国との価格競争にも巻き込まれたりもしました。日本の機械の最大手企業との取引も私の手にかかっていました。そうこうしているうちに中国が支払えるドルに制限があり取引が難しくなってきたのです。その時中国製品を買ってほしいと言われたのですが、どうしても中国製品を買って売ることは当時の私には不可能だったのです。

平野：いわゆる貿易商社をやられていた。しばらくはね。
呉：そうです。まあそういうことですね。
平野：その時は、お店は神戸に構えていらっしゃったのですか。
呉：ここ（神戸中華総商会ビル）にありましたね。陳徳仁さんの紹介で五階に事務所を持っていました。
平野：昔の建物ですね。
呉：今の建物です。
平野：この建物そんなに古いのですか。
呉：錦堂産業。この建物は陳徳仁さんが昔、〝実はここに一〇〇坪ほどの土地があるんだ、それを返してもらえるから〟と。そこに自分たちでビルを建てたいという話が出ていたようです。そこで何もないところから図面に始まり建設、分譲まで私もお手伝いすることになったんです。昔から住んでいる方の中にはC実業他、会社がたくさんありましたが、それを分譲、契約すべて関与させて頂きました。この建物を分譲するために事務所を分割するなど。陳徳仁さんに呉君、全部やってほしいと言われて、その時はまだ上の建物はできていませんでした。私たちの事務所はまだなく山手にある事務所を拠点として陳徳仁さんと契約にこぎつけるまで一軒一軒回って話を取り付けましたね。ワンフロア、ハーフフロア、四分の一といろんな分譲をしました。すべて陳徳仁さんの意思で私が協力して行ったことでしたね。

（二〇一五年六月六日、聞き取り）

張　文乃
（ちょう・ふみの／Zhang Wennai）

女性・一九四〇年生まれ・華僑二世
出身地：神戸市
祖籍：江蘇省
NPO法人国際音楽協会理事長

日中国交正常化から五〇年を迎えた二〇二二年、西宮市で「平和の祭典」と題した記念のコンサートが開かれた。張文乃さんは、このコンサートを主催したNPO法人国際音楽家協会の理事長である。大阪音楽大学を卒業後、母校の神戸中華同文学校の音楽教師を務め、退職後も華僑社会の中で音楽活動を着実に積み上げてきた経歴を持つ。

・子ども時代の思い出と母の言葉

張文乃（以下、張）：そうですね、ちょうど戦争の時ですね。やはり昔は日本の方に、華僑はよくいじめられていた時期がありました。その時母が見ててあまりにも、兄がかわいそうだから、「日本の人はね、ほんとに強い人は弱い人をいじめないんだよ。強い人は弱い人をいたわるんだよ、それがほんとの強い人だ」と言ったらそれからね、日本の子どもたちが兄と一緒にほんとに仲よく遊ぶようになってよかったって言って、私も日本人なんだよというようなことも、母はたまりかねてその子どもたちに言ったそうです。

その頃、母は中国へ嫁いだことをひた隠しにしてたんですね、昔はいまみたいに国際結婚というのがあまり、認められていなかったので。田舎にはずっと言えなかったんですね。手紙を出すときも自分のもともとの名前で出したりしていたんですね。田舎の方には国際結婚が理解できなかったのです。

私は兄と七つ違いなので、何のことかよくわからないまま兄に付いて、一緒に遊んでいたということでしたね。それからほんとに仲良く、みんな普通に国籍関係なく遊べるようになったということで、母からは「ほっとした」とよく聞いておりました。

平野勲（以下、平野）：文乃さんご自身は物心ついたときはもう戦後で、逆に世の中がコロッと変わってしまったということで、いじめとかそういう記憶はあんまりないですかね？

張：そうですね、兄の方が強烈だったと思います。棒を持って追いかけまわしますからね。男の子同士ですから。そんなんから一緒になって逃げてたような気がします。でも叩かれるんだったら私が叩かれてたんだろうなって。

平野：で、文乃さんは中国人と日本人の間に生まれたと。それで国籍はどうされたんですか？

張：国籍は中国です。今だったら日本国籍になりますよね、今の社会でしたら。でもあの頃は父の国籍の中国籍になるんですね。だから今もそのままで私は華僑です。帰化しておりませんのでね。

・神戸中華同文学校の音楽教育

平野：同文学校での音楽の授業の内容というのは、日本のものとだいぶ違ってたんですか？

張：はい。日本のものじゃなくって小学校は中国の歌を教えるようにと。

平野：中国語の教科書を使ってということですか？

張：教科書はないんです。ないから私が就職してから、毎日少ない資料のなかで一所懸命曲選びするんですよ。その学年に合う曲を小学校三年から中三まで選ばないといけないんです。ガリ切りやガリ版刷りなんですよ。

このころの歌は「毛主席万岁（万歳）（マオツーシーワンスイ）」とか、周恩来がどうのこうのとか社会主義の歌ばっかりなんですよ。共産党（ゴンチャンダン）とか。音楽の授業で毎回そんなんできませんからね、ついに校長先生に訴えたんですよ。なんとかしてくださいと。「きれいなメロディだなあ、なるほどなるほど」と思ってもね。そしたら毛主席の部分を変えたらいいって。変えてもね。その前はどうしたらいいんだってことでしょう。（一同笑い）

でもメロディーがすごくきれいですが、あのころはぜんぶ行進曲風でした。五星紅旗迎風飄揚♪（ウーシンホンチーインフォンピァオヤン）そんなのが多かったんですけど。希少な資料のなかから一所懸命探して、……職員室で張先生の頭上げてる姿を見たことないという先生たちが多かったですね。もう次から次へとガリ切り。自分で輪転機、それも私の責任ですからね。クラスが多いでしょう？

やってるときは一年間ほんと大変でした。ある先生が私の仕事ぶりを見かねて、一年目の資料があるから二年目からは教科書を作ったらどうかということになって、中華同文学校の音楽の教科書ができたんです。二年目にできてそれ以降いろんな教科が、教科書できるっていいねってことでできてきたんですね。そのうちにまた中国からの教科書が入ってきたという感じになるんです。

今も音楽の教科書は手作りでできております。もう少し改訂はされてるんですけど、ベースはこれです。それで私が作りました折に日本の教科書とレベルを揃えないといけないので、日本の必修曲を中国の子どもであっても歌えるようになってほしいということで中国の曲の間に入れました。

・一九七二年の国慶節

張：大学卒業してから鈴の会というピアノ教室を立ち上げてたんです。学校が終わってから少しだけ生徒さんにピアノを教えてたんですね。それで子どもが小学校に上がったくらいの時に、お母さんコーラスがものすごく流行ったんです。父兄会の会長さんがお母さんコーラスを同文学校にも作ろうとおっしゃって、あなたは音楽の先生をしていたし、子どもも一年生に上がるということで指導をしていただけませんかというお話を頂戴しました。「はい」とお受けして、そのときが日中国交回復した七二年だったんです。まず七二年の九月に神戸の華僑で日中国交回復後はじめての国慶節でお祝いをしようというお話をいただいて、組織しました。そして、四〇人ぐらいで「団結は力なり」(団結就是力量)、この歌をね、お祝いに歌ったのを覚えています。その時は男性がすごく多かった。半々ぐらいだったかな。混声で歌いました。その後、このまま解散するのはもったいないから、そのころコーラスが盛んになりつつあるころだったのでそのまま続けていただけませんかっていうことで、そのまま続けてやらせていただきました。

・「歌唱祖国」の思い出——中国での演奏旅行

張：私が初めて、中国の土を踏んだのは一九八二年なんですね。初めて祖国の音楽研修旅行っていうのを計画して。その時に上海で音楽会をし、天津でし、北京でし、そうす

るとそこのトップの音楽家たちが皆出て来てくれるんですよ。すごく応援してくれたんですね。〔中略〕

駅に着きましたら音楽家がずらっと駅いっぱいに並んでおられました。天津では一流どころが全部揃って迎えに来てくださって。音楽会も本当に成功させてくれました。北京に行ったら北京の有名な音楽家、北京中央音楽学院の葉佩英先生が私たちと一緒に北京首都劇場で歌ってくださったんです。とにかくこれも全部中国がその時の、八二年当時の一番いいホールを選んでくださって。上海は音楽学院だったと思うんですけど、入りきらなくて外にもいっぱい窓から覗いている人がいて。外に出たらわんさと人がいるという状態で。だってそういうママさんコーラスって中国にはないですから。そうしたら帰国華僑が懐かしくて、皆見にきてくれていて。その時に、お帰りになられた同文学校の先生もいらしたので、またお会いして夕ご飯をいただいたりして。そして北京や天津にも帰国華僑がたくさんいましたので、それと李萬之先生のお嬢様も天津にいらして、とても上の位にいらした方なので、私たちの演奏会を全部サポートしてくださいました。

それで普通は王莘という作曲家はとても有名な方のなので、どの演奏会でも指揮棒を振ることはまずないのですが、私は「歌唱祖国」（祖国を歌おう）って歌を作曲されたその人にどうしても指揮をしてもらいたかったんです。それで、直接言ったら嫌ですって言われたんです。これからどうしようと思って、ちょっと他の裏方さんにあの方に舞台の上に上がっていただくにはどうしたらいいかお尋ねしたら、「その場で言ったら上がらざるをえない。舞台の上でどうぞ先生上がってきて私たちに指揮してください、そして会場の皆さんと一緒に歌う指揮をしてください」って言ったら絶対上がってくださるって教えていただいたんです。それでそのとおり、そのことをそのまんま言いました。喜んでくれました。これで大成功したんですね。客席の皆さんもめったに見られる先生ではないので、ものすごく喜んでくださいました。王先生の指揮で歌えたって。「歌唱祖国」は中国の第二の国歌で中国の人は皆歌えましたしね。

（二〇一五年一一月七日、聞き取り）

關　登美子（欧陽效平）
（せき・とみこ／Ouyang Xiaoping）

女性・一九四五年生まれ・華僑一世
出身地：上海
祖籍：上海
職業：大阪家庭裁判所家事調停委員・参与員

關登美子さんの父、欧陽可亮さんは泉堂の学号を授与した中国の甲骨文学者、日本の中国語教育者。一九四二年に東亜同文書院大学『華日辞典』編纂に就職。日本敗戦で大学は廃校、辞典資料は接収された。一九五四年周恩来総理が辞典単語カード一四万枚を贈物したことを発端に日本に招聘され、妻の張禄澤と辞典編纂に従事、一九六八年『中日大辞典』初版後に共に愛知大学を離れた。關さんは父の遺墨を基に世界初の甲骨文字絵本を著している。

・上海から台湾、そして日本へ

張玉玲（以下、張）：東亜同文書院大学が廃校して、その辞典の編集は中断せざるを得なくなった。その後、台湾に渡ったっていう話があるんですね。台湾でしばらく暮らして、日本に来られたという感じですか？

關登美子（以下、關）：はい、ご存知だと思いますが、日本も終戦の後、脱脂粉乳が給食に配給されました。それは何故かというと、フーヴァー元大統領が、戦争が終わったけれども、それは弾が飛び交わないというだけのことであり、終戦後の伝染病、貧困、飢餓はもしかすると弾よりも怖いかもしれない、と言いました。すると当時のトルーマン大統領がフーヴァーを敗戦国の日本とドイツへ何をどう助けるべきかの視察に行かせます。「ともあれ、ミルクを」というのが脱脂粉乳です。中国は敗戦国ではありません。でも戦場でした。日本ではあまり話題にされませんが、上海で伝染病が流行り、私の姉がジフテリアで亡くなったんです。というのは、日本敗戦で東亜同文書院大学は上海交通大学を引き渡さなければなりません。日本人は帰国しなければならず、中国人も一度はキャンパスから出なければなりません。母は私を身ごもっていました。父は空き家を見つけて、そこで私が八月三一日に生まれました。ところが九月二二日に二歳の姉が亡くなりました。父は医者に「風邪だと言ったのに、風邪で亡くなるわけがない」と迫りました。本当のことを言ってくれません。近所の方が「実は、そこはジフテリアで人が亡くなって出て行ったんだよ。消毒していないんだよ」と話すと、父は五歳の兄と生後三週間の私への感染を恐れて家に戻れません。途方に暮れた父は「夜が明けてから考えよう」と母に言い、たまたま見た小舟に入り、夜露を凌ぎました。ところが舟は夜中に出たのです。どこに行くかもわかりません。陸に着くと、そこは台湾でした。一九五五年に両親と日本に来ると、私が最初に覚えた日本語は、「お父さんは共産党と闘ったの？」でした。満九歳の私は、どうして子どもにこういうことを聞くのかととても不思議でした。一九九二年に私が初めて上海に行った時、両親に貰った住所で自分が生まれた場所を探しました。すると街角の人が、当時のジフテリアの恐ろしさを話してくれ、「子の命を守る為か……」と泣いた人もおり、私は改めて両親の愛を感じました。こうして台湾に着いた父には妻子以外に何もありません。当時の台湾は日清戦争後の一八九五年下関条約による植民地から解放され、国語教育が最大の課題でした。父は身体一つしかない国語教師になりました。私たち子はみな国語実験小学校に上がりました。マンダリンを如何に効果的に教えるかを考える学校です。台湾の国語教育に使命感があった父は、毎朝、日本外務省が私どもの自宅に来て父を招聘する説得に一九五五年に応じました。私は四年生でした。よく覚えています。

・父が残したもの

張：〔中略〕どこかで知らない人に会ったら、その辞典を使っている人がいっぱいいらっしゃるのは、何よりもうれしいことですよね！

關：そうです。皆、仲良く暮らして学問をすることが最も肝心だと私は思っています。周恩来総理が以徳報怨の心で日本敗戦時に接収して上海教育部京滬区特派員弁公処で保管していた華日辞典単語カードを一九五四年に贈物としなかったならば、どうなったでしょう。背景には一九五一年に吉田茂総理がサンフランシスコ平和条約に署名、翌年に中華民国と平和条約を締結して戦争状態を終結とした史実があります。単語カードを積んだ引揚船興安丸九月二六日舞鶴港到着。六週間後の一一月四日、父は羽田空港で神戸市外国語大学坂本一郎教授（元東亜同文書院大学教授）と外交官吉田長雄氏の出迎えで辞典編纂再開検討会に出席して帰国。吉田総理が外務省研修所の中国語教育を企画すると、駐台北日本公使清水董三氏（元東亜同文書院大学教授）が父を推薦し、国際基督教大学にも推薦しました。辞典編纂には語源語誌を調べる書庫が必須です。日本は義和団事件賠償金で一九三一年に外務省管轄の東方文化学院を東京と京都に開設し、戦後に東京大学と京都大学所属とし、東京の建物内に外務省研修所を開設しました。だから父は外務省と辞典編纂を兼務できたのです。仲良く学問することが肝心です。月刊誌『二〇世紀』一九七九年七月号に、父は、「これは運命だ。だけど、この運命はすごく良いことだ」と答えたと掲載しています。一九七二年に日中国交が正常化し、七八年に日中友好条約が結ばれた翌年のインタビューでした。抜粋しますと、父は「日中の間にはもともと二千年も長い友好の歴史がございます。不幸にして途中八年間の戦争の時代はございましたが、いまは友好関係がとり戻りました。私は、日中の友好を喜び、そのために力を尽くし、この願いを達成する為に私は情熱を教育文化の仕事上に燃えつくしたいと念じています。」と語りました。翌八〇年一一月一三日に、父は残念ながら、脳溢血で倒れてしまいました。

張：可亮先生は自分の、その郭沫若からもらった泉堂という学号を使って泉堂春秋学院を設立されたとか……。

闞：そうです。日中戦争勃発後の一九三八年三月二七日武漢で中華全国文芸界抗敵協会が周恩来、馮玉祥、郭沫若の講演と老舎の宣言朗読で成立しました。祖父と親交が深い馮玉祥は学生参加の父を見ると、郭沫若に紹介して殷の甲骨片に刻まれた卜辞を学ばせました。郭師は幼少期から王国維、羅振玉と董作賓に師事された父の学識を評価して泉堂の学号を授けました。中華人民共和国が一九五六年に漢字簡体化法案、翌年に拼音審定、五八年に漢語拼音法案を公布しました。日本の中国語指導界が狼狽える中、父は『中日大辞典』顧問として「繁体字も簡体字もルーツは甲骨文字。繁体字と簡体字併記の辞典を編纂すべき」と進言、五八年に自宅を泉堂春秋学院甲骨文研究所としました。二年前の二〇一三年、国際基督教大学の日比谷潤子学長がアーカイブにある父の文章のコピーを下さいました。父が「一九五八年は明代の儒家朱舜水来日三百年、厳父欧陽庚生誕百年であることを記念して、一家をあげて、中国学術研究の為の決心である。—中略—孟子は「世道衰微し邪説累行するのとき、孔子『春秋』をなせば乱臣賊子すなわち懼る」といい、春秋時代には真に興味の尽きないものがあります。—中略—いわんや、春と秋の両季は読書の候でもあり、「春華秋実」は年若き学徒の長成する様を象徴し、かさねて、神聖にして犯すべからざる、人心の尊崇を集める、献身的犠牲的な、等々という意味の語を通じ、いみじくも春秋学院の主旨と一致し、教育上また意義あることといえましょう」と書いていました。当時中学生だった私が半世紀後に父の意志と、母も賛同したという文章を読むことができたのは、実に幸せです。春秋学院は甲骨文献復刻版発行、甲骨文と金文解読を主旨とし、年一回、東京日本橋の此花画廊や新宿の紀伊国屋書店や銀座画廊などで開いた個展は私たち一家の最も楽しい年中行事でした。

張：〔中略〕こういったいろいろな政治的な要素に影響されながらも、一生懸命に頑張ってこられた方なので、何か、娘さんとして、お父さんが残してくださったメッセージか何かあれば教えていただければ。

開：これを紹介しましょう。（会場にかけてあった掛け軸を指しながら）「人生不足百而行千年事」と甲骨文字で書いています。私たちの命はたったの一〇〇年でも、私たちの行なったことは、皆さんが書かれたことも、ずっと残るんです。だから責任をもって生きていきましょう。これは、父が脳溢血の四年後に左手で書いたもの（甲骨文字の作品）です。この影を作るのも、父のオリジナルのアイディアです。今日は「時如心」という私の大好きな字を持ってきていませんが、父はよく「時は心だ。時如心。心をもって時間を大切にしましょう」と言います。父も母も、いつも私に言いました。「神様が一番平等にくれたのは、時間だよ。誰でも、一日は二四時間しかない。それをどう使うか」と。私はこの言葉をとても大切にしています。第一次世界大戦中の一九一八年に六〇歳の外交官の子に生れた父は一四歳時に満州国成立、大学生時に日中戦争勃発、人生計画を立てても次々と直面した課題と向き合わなければなりません。私が父から教わったのは、不懼・不折・不棄（懼れない・折れない・諦めない）で美しく生きることです。行いに責任をもちましょう。

（二〇一六年一月三〇日、聞き取り）

林 伯耀

（りん・はくよう／Ling Boyao）

男性・一九三九年生まれ・華僑二世
出身地：京都府
祖籍：福建省福清市
職業：旅日華僑中日交流促進会代表

林伯耀さんの父の林同禄さんは、福建省福清の出身。一九一三年ごろに来日して一度帰郷、再来日して呉服の行商に従事した。母も福建籍の中国人で朝鮮生まれ。林伯耀さんは高校時代から華僑青年運動に参加し、終戦間際に中国人労働者が蜂起した花岡事件訴訟支援など様々な社会活動に献身している。

・戦時中の経験と戦後に京都へ

林伯耀（以下、林）：けど、なんかこれから世の中が明るくなるんだってね、小さい頃にも分かりました。私はこの時ね、実は小さい時、学校や村でよくいじめられるんでね。私は国民学校一年生と二年生の途中まで行きましてね。だからあの、いじめられていたからね。学校行くのが嫌で嫌でしかたない。だからなんだかんだ言うては学校行かない。登校拒否になっていました。

四方俊祐（以下、四方）：それはあの、今で言うところの美山でのことですか。

林：はい、美山でした。当時は宮島村と言いました。はい。で、一番だったのね、朝鮮人のGっていう、今でも覚えているんだけどね。体の大きな男がいて、下校するのを待っていてね。バッと朝鮮人で集まってくるんですよ。で、「俺は日本人だ。お前はシナ人だ。だから謝れ」と。何の理由もないんだけどね。僕から言えば「お前も朝鮮人、バカにされてるじゃないか」と腹では思うんですけどね。もうなにしろ怖い。

四方：体も大きいし、年も上ですもんね。

林：日本人にいじめられるのも嫌だったけど、朝鮮人にいじめられるのも本当に嫌だったね。本当にだから、一年生のときは学校に行くのが嫌で嫌でね。それでも先生はノートにね。ノート買うお金がないから、学校のノートを全部鉛筆で書くでしょ。あとまた全部消しゴムで消してまた最初から書くんですよ。
四方：林さんがそうやって授業中するんですね。
林：はい。で、その時ね、実は日本名つけられていてね。林秀一（はやしひでかず）って名前をつけられていました。多分ね、日本人にいじめられないように日本名つけたんでしょうね。
四方：それはお父様がつけたんですか。学校の先生ですか。
林：いや父親がつけたんですね。私の家は玄関横の四畳半には少し円物呉服をおいて林（はやし）呉服店になっていて、「はやっさん」と呼ばれていました。一部の人を除いて、一般に村の大人たち中国人に対してはあまり軽蔑の気持ちがなかったですね。みんな言い方は「しなはん」。まあ関西弁だな。シナ人ではなくて。
四方：「しなはん」。「はん」というのはどういう字でしょうか。
林：関西弁では「なになにはん」という。
四方：ああ、「なになにはん」という。人の名前の。
平野勲（以下、平野）：「〇〇さん」という意味ですね。
四方：ああ、「〇〇さん」という意味ですね。
平野：「いとはん」とか「こいさん」とかね。
林：そうそう、それで「しなはん」というふうにね。で、僕が小さいときの思い出は、父親は自転車に乗って遠くを回るんです。遠くの村を。
四方：行商で？
林：ええ。で、母親は近くを回るんで、私がまだ六つくらいかな。五つか六つくらいの時、母は私の手を握って回るわけですよ。下の弟は姉がみていた。家でね。そしたら、ある家の前に来たらですね。そこは中国大陸で戦死者を出した家です。すると、そこの親父さんが出てきてお前らシナ人はここに来るなと言うわけですよ。私の母親と私に対してですよ。
四方：門前通るなっていうわけですね。
林：で、お前たちはどっか行けっていう感じでね。黒い大きな犬をけしかけてきたんですよ。ワンワン吠えて。小さいからね、その犬がものすごく怖かった。で、母親は背中に反物を背負ってましたからね。

四方：ロールになったやつを持っていた。
林：ロールを持っていたからね。重いね、あれね。あれを持って私の手を引いて、田んぼの凸凹のあぜ道を走ったんですよ。そしたら、あの背中の風呂敷からゴロゴロと反物が落ちちゃった。田の水の中にね。
四方：泥だらけになっちゃったんですね。
林：それで「わあ大変だ」言ってね。母親はあわてて田の中に入って一生懸命かき集めてね。私も一緒に入ってね。あの反物集めてね。横で犬がワンワンワンワン大きな声出して吠えているわけですよ。本当にそのとき恐怖でしたね。親子は田んぼを横切って、犬が来れない向こう側に渡って、そっから山沿いの方に行って、谷の方に行って。母親は汚れた反物を、あれ早く洗わないと、泥にまみれちゃっているから。
四方：川かなにかで洗ったんですか。
林：谷川でね。綺麗な谷川で汚れたものを洗って、それで一生懸命あの、まあ木の枝にかけて干してね。で、干しながら、「アイゴーアイゴー」言うて、空に向かって泣いて、怒っているんですね、あの日本人をね。で、朝鮮生まれですから出てくるのは「アイゴー」で朝鮮の。
四方：言葉なんですね。
林：うん、朝鮮語が出てくるね。それで何か言っているんだけども、で、ポロポロポロッて涙流してね。頬にスーッと何本も涙が流れて。だからそういう時の母親っていうのを見ていて、私の気持ちは複雑だね、私はまだ小さかったから。そういう嫌な印象もいっぱいありますよ。他にも同春さん（林同春さん）にもいろいろそういった似たようなお話がありますね。それから私の二番目の兄貴はとっても足が速いから、これ同春さんと同じですね。兄は村の代表に出て、これから「よーいドン」で走る時にね、配属将校が出てきて、兄の首筋をつかまえて「シナ人は待て」と。それで村の人がブーイングするわけですよ。次兄は村の代表だから。だけど将校に対しては正面から文句よう言わないんだね。そしたらビューってみんな半周くらい走ったら、やっとパッと兄を離してあげる。「それ行け」ってね。で、バーと四〇〇メートル競争か分からないけど、何周か走っている間に、みんなが「ワーッ」で言うからなんだと思ったらね、兄貴が一番で。
四方：すごいですね。
林：で、ゴールに入ってくるわけだ。で、その時は母親をそおっと見ると、母親はメガネを外してポロポロポロって涙流していたね。だけど当時はそういう世界だったでしょう。だから京都へ移る時の兄貴たちのあの明るい顔。私も何かこれから良いことあるかなっていう思いで京都に行きましたよ。で、京都ではその時、華僑の人たちがみんな団結して、組織を作っていこうっていう思いがあって、華僑聯合会ができたんですかね。

・両親の日本語と福建語と朝鮮語

四方：林さんはネイティブでしゃべれるのは日本語の方なんですか

林：それは、日本語ですね。

四方：お家で話す時はどの言葉をお使いになるのかが気になっていたのですが。

林：日本語ですかね。父親、母親はやっぱり日本人を対象にやっているから、けっこう日本語がしゃべれたんですね。でも福建語もしょっちゅうしゃべっているのは聞いていましたから。ある程度はなんとなく理解できるようにはなりましたね。僕の姉なんかは完全にしゃべれますが……。

四方：お母様は日本語でしゃべられていた、ということですか。

林：日本語も福建語もね。しゃべれる。

四方：朝鮮の方とお聞きしましたが。

林：いいえ、福建籍の中国人です。朝鮮で生まれたので、朝鮮語もしゃべれる。母親は全くの無学でした。母親の行商は、多くは月末請求の掛け売りか、時には物々交換でした。商品と交換に、鶏や米、野菜をもらったり、病弱の父に食べさせるための、サンショウウオや、鰻やスッポンだったりしました。母は月末になると、自分で請求書を書いて、顧客の農家に持って行き掛け金を請求しました。母親がたどたどしく片仮名で書いた「メーセ」とか、「ハフタイ」を見て、ある農家の主は、こんな物は買ったことがないと難癖をつけ、母親に請求書を突き返し、母を追い出しました。銘仙とか羽二重とか漢字で、又は正しい呼称で書けなかったからでしょう。私が少し大きくなってからですが、よほど悔しかったからでしょう。残していた、しわくちゃになったその請求書を私に見せて、目を腫らして涙をこぼしながら、「勉強だけはしておくれ、人にバカにされてはいけないよ」と言いました。

（二〇一六年五月七日、聞き取り）

金　翔

（きん・しょう／Jin Xiang）

男性・一九四四年生まれ・華僑二世
出身地：大阪
祖籍：北京
神戸中華総商会事務局長・有限会社昌華企業公司社長

金翔さんは、清朝金一族の末裔で愛新翼さんの弟にあたる。大学時代から華僑青年運動にのめり込み、日中国交回復前後の時代に東京華僑総会事務局長を務め、華々しい日々を送るも、その後ラーメン屋さんに転身するなど波乱万丈の人生を送る。

・金一族の歴史

金翔（以下、金）：実際、父は自分が清朝の末裔ということに対して、どういうのかね、自分のお父さん、祖父に対して申し訳ないという気持ちがあったのかもしれないけれど、あんまりしゃべらなかったね。僕らは、本当言うと金と名前の真ん中に字があるんですよ。ところが僕ら兄弟にはないんです。「恒」の字が本当はあるんです。僕だったら金恒翔とこうなるんです。これがずっと順番にあって、溥儀も「溥」という字があって、僕の祖父は溥潤と。溥儀の「溥」なんです。だから溥儀と同じ年代やと。だから。それを見たらこの人が自分の祖父、叔父にあたるとかがわかる。中国のほとんどの家族にはみなこれがあるんです。で、この次はね、「啓」なんですよ。息子の代です。ところが息子の代、うちの親父にとっては孫やね、孫が生まれた時はね、全部これをつけろと言う。自分の息子にはつけなかったくせに、どうしてつけなかったかというと、さっき言ったように自分は清朝が辛亥革命で倒されてそれで自分は一九四三年に日本に来て、その間、まあ言うてみたら落ちぶれているのやね。本当、僕のお父さんに残された財産は膨大なもので、映画館何軒も北京であの時。中国の一九二〇年代に映画館とミシン工場とかあったらしいんです。それが全部なんかでなくしてしもうてね。それを申し訳ないという気持ちがあったかもしれないけれども、日本に来た時には息子の名前の真ん中の字を外したんです。真ん中の字は愛新家の関係を表す字ですが、ところが自分の孫にはつけたんですね。ここに複雑な父の気持ちが表れているのではないかと、僕はそう思っている。

・華僑青年運動にのめりこむ日々

二宮一郎（以下、二宮）：二二歳のときに留日華僑青年聯誼会の本部執行委員長になったのは、何かきっかけがあったんですか。誰かに声をかけられたとか。

金：そうやね、一九か二〇で大学に入って華僑青年運動にのめり込んだ。朝から晩までそれをやっていた。ちょうどその頃は日本と中国がね、一九六四年、中国では文革のはしりであり、世界中で反ベトナム戦争運動、アメリカで黒人人権運動と世界的に左翼傾向の時代でした。だから日中友好運動がすごく高まりを見せた時代であった。片一方ではそうであって、片一方では、佐藤内閣やったと思うけれど、ちょっと反動的な右寄りの「中国を認めない、国連の議席で中国が加盟するのに認めない、妨害する」とか。というような動きもあったし、安保改正とか、日本の社会がすごく揺れ動いた時代ですから。六〇年安保の後やから。だから、日本の社会自体が大きなうねりがあって、その影響もあったと思うんです。だから、僕らも何か、日本で住む華僑運動というのか、青年運動やっていることが中国を一つ支援している、微力ながらもというような意識があってね、まあすごく生き甲斐を感じて、毎日生活していた。

・華々しい東京華僑総会事務局長時代

二宮：それでね、私が不思議でならんのは、ものすごくトップとかのリーダーしてはって、その経歴を見ていくと、ラーメン屋とかしているでしょう。パタッと違う畑に行って、そういう面では苦労している。それが、しっくりいかない。歴々たる経歴があったらええとこに行くんとちゃう？　全然そうじゃない。そこら辺はなんでかなと。

金：それで日本の極左集団に影響された「華青闘」の問題（華僑青年聯誼会における華僑青年の革命運動をめぐる論争）が起こってからね、華僑青年運動いうのは分裂気味で下火になってきて、華僑総会に入ってやれということになって、華僑総会に入った。ちょうど国交回復の時なんで、いろいろな仕事があった。引き継ぎとかね。いわゆる台湾の大使館の敷地を引き継いで、中国に渡すとかね。そういういろいろな日本の政府との交渉があった。それで、華僑総会に入って、中国も文化大革命でかなり左寄りの政策を取っている時代ですからね。入ってね、最初は『華僑報』の編集とか、やってた。その後、華僑総会の幹部の後継者問題が起こる。「あなた次の後継者になりなさい」と大使館から指名されるんです。だから、すごく鼻高々というのか、うぬぼれているというのか、僕はね。自分で言うのもおかしいけれど、ちょっと傲慢なところがあったね。大使館からは指名される。入って一年目にすぐ東京華僑総会の事務局長になった。東京の華僑総会というたら、いわゆる大使館がない時やから、大使館なみの仕事をする団体ですからね。日本の法務省とか、入管当局との交渉。さっき言った国慶節とか、権利獲得とか。日本の社会党とか、共産党、公明党とかの幹部、委員長と、何とか法案を衆院議員の法務委員に上程してくれと。そういうふうな活動やった。その事務局長に選ばれているからね。だから、中国からいっぱい代表団、偉い人が来る。あの頃、国交回復寸前の時、本当に毎月ワーと人が来るんです。歌舞団が来る、やれなんとか政府の高官、なんとか協会という名目で、いわゆる偉い外務省の幹部の人が来る。つまり、国交回復の下工作や。それを一緒に世話するから。そしたら、毎日のようにどこかでパーティーです。そういうことがあって、二年くらいやったのかな、事務局長のことをやっていてね。古くからこの事務局で働いている人たちが十何人いるからね。僕を支持する人もおるけれども、僕の先輩には反感を持つ人がいて、「後から入って来て事務局長に。えらそうに、ああだこうだ、口だけ立つみたいな、演説だけ上手いみたいな」。一部浮き上がってしまった。自分がうぬぼれている面もあってね。それで地に足がついていないと反省したんです。毎日のようにホテル、帝国ホテルのパーティー、やれ明日はオークラホテル、明日はニューオータニ、こんなんでしょ。それも主賓席に座ってね。挨拶する人は委員長、公明党のなんとか幹部、国際部長とか、何か自分が偉くなったようでな。で、こう考えてね、これじゃダメやなと思った。華僑運動の目標であった「中日国交」「華僑の地位向上」などが達成され、華僑運動の意義が薄れたと感じ、また浮きあがった生活から、現実の世間で自ら鍛えようと結婚して二人の子どもがいたけど、無謀にも華僑総会を辞職して、人生一からやり直しと思った。実際、世間のことは何も知らない。学生運動からいきなりそういう世界に入った。いわゆる手形とか仕入れとか、売りとか、買いとか、何も知らない。〔中略〕はじめて分かった、世間のことが、何もない、バックが何もない。生活、まず就職するところがない。三〇なんぼで。しょうがないから横浜の曾徳深ところへ行って新光貿易のザーツァイ運んだり、ピータン運んだり。いきなり事務局長からザーツァイ運びになった。それを半年くらいやった時、名古屋でお兄さんが料理屋やって、頤和園、神戸の神仙閣とか第一樓とかと同じ規模の料理店でした。「うちに来い」と。そして一年か二年たって、兄弟やからね、やっぱりやりにくい面もある。兄弟ゆうても、言うに言われへんし、お兄さんやから。で、ちょうど子どもが七歳になった時に「神戸の同文に入れるので神戸に行くわ」で辞めた。で、兄に言われた「あんたもう四〇近い。三八やから、神戸行って多分何もできへん。脱サラで成功したのは一〇〇人のうち一人か二人。ほとんどは、家買う、店やる、あっという間に一〇〇〇万二〇〇〇万は消えるよ。残るのは借金だけや。そのあと失敗したらどうする。何もないよ。就職もできない」。それでも「行くわ」と言うて、神戸に来たんです。始めたのがラーメン屋。

・人生を振り返って。華僑として。

二宮：最後に華僑として、今まで生きてこられて、いかがでしたか？〔中略〕

金：そうやね。何か自分の人生振り返って、青春の時は精一杯自分はやることをやって、最後は葉剣英中国共産党副主席ですね、毛沢東の次でね、単独ではないけれど、人民大会堂で会って直に言葉を交わすところまで行ったので。行くところまでは行けたかな、という気持ちはしました。で、その後、さっき言ったような人生、急に華僑総会辞めたり、急にラーメン屋やったり、その後、貿易会社を創立して四〇年、ある程度成果を出すことができた。息子二人は医師になったし、結構面白い人生やった。最後はどんでん返しばっかしやっていたけれど、自分の家族はよくついて来てくれた。一つ間違ったらどうなったか分からない人生やった。ただ一つ言えることは、自分は中国人としての誇りをもっている。それを失わずに生きてきたつもりですけれど……。

（二〇一七年五月六日、聞き取り）

吉井　正明（楊　錫明）

（よしい・まさあき／Yang Ximing）

男性・一九四六年生まれ・華僑一世

出身地：台北市

祖籍：福建省

神戸合同法律事務所弁護士

吉井正明さんは、小学二年生の時に母親と二人で来日。台湾籍で初めて司法試験に合格したが、日本国籍を持たないため最高裁から司法修習生への採用を拒否された経験を持つ。弁護士となった後は、自らの経験をもとに、外国人の人権、差別されている者の救済に取り組んでいる。

・日本へ渡航

吉井正明（以下、吉井）：子どもの頃だったので、多分あの当時にうちの両親、特に母親が母親の友だちの旦那さんが国会議員をしてたんですよ。その人がいろいろと手続きを取ってくれて。

二宮一郎（以下、二宮）：その方のお名前は分かりますか？

吉井：いや、ちょっと覚えてない。ずっと昔の方なので。

二宮：その方が身元引き受け、と。

吉井：まあ、そうですね。引き受けにはなってないけど、その人が入管と交渉して特別の在留資格を得て、入国できたと思います。私は子どもだったので、どういう資格だったかなど分からないんです。

二宮：仕事のためとか、理由が要りますよね？

吉井：うん、うん。だからそこはちょっと、子どもだったので分からないのでね。最初に私は母親と来てるから。どういう在留資格を得たか分からない。本来で言えば在留資格はないような気がするんだけれども。

二宮：（前回の聞き取り資料を見ながら）そうですね。その質問の中で、その理由がよく分からんってここに書いてあるんですよ。

吉井：うん、うん。
二宮：それで、考えてみればそうやな、と。特別の何かがない限り。
吉井：国会議員に頼んで、何らかの形で特別に入国できるビザを取ってもらったと。最初に父親が仕事で来たわけじゃないのでね。私と母親の二人だけで来たので。その当時の入管法でも、取得できる資格というのは限られていて難しかったので、いろいろと世話になったという話がありました。〔中略〕
二宮：経済的にはどうだったんですか？　お母さんが何かお仕事をされて？
吉井：父親が台湾で商売をしていて仕送りをしていたので、母親は全然働いてなかったんだよね。まあ内職はやってたけれども、ほぼ父親の仕送りで生活できていたと思います。あと、父親が日本に来てから働いて、みんながそれで生活できていたと。
二宮：お父さんいつ頃日本に来られたんですか？
吉井：いくつだったかなあ。僕が中学、高校上がる前にはもう来てた。中学校二、三年くらいの時にはもう来たかな？
二宮：中学はどこでしたか？
吉井：九段小学校、九段中学校です。
二宮：お父さんが来た時は、仕事のビザで入ったんですか？
吉井：僕はまだ中学生だったので、どういうビザで入って来たかとかは分からないんです。〔中略〕長男が一番後に来て、その前に父親が来た。長男が来た時もうあそこにいたから、中学三年の時には長男が来てたんじゃないかなあ。この前一緒に話した時、時期を聞いたけど忘れちゃったなあ。中学三年くらいだったと思いますね。
二宮：お姉さんはいつ頃ですか？
吉井：お姉さんは僕が小学四年生の時ですね。上の兄が六年生で、お姉さん二人と合わせて三人で来ましたのでね。中学二年と高一くらいに日本に来たのかな？
二宮：お姉さんがね。そのもう一人は？　一番上のお兄さん。
吉井：僕が中学三年くらいだから、その五年後くらいに来たってことになるのかな。僕が小学校二年の時に来て、小学校四年の時に姉二人と下の兄が来て、中学一、二年に父が来て、中学三年くらいの時に兄が来たと思います。

二宮：下のお兄さんは？
吉井：二つ違いだから、小学六年の時に九段小学校へ入学した。
二宮：お姉さんは？
吉井：常盤松中学・高校に入ったと思います。
二宮：ほう、皆さんものすごい優秀やったんちゃいます？　最初お会いした時に写真撮ったら、いわゆる普通の中国人と違ってて、いわゆる文人（知識人）がおるでしょ？　私から見るとそういう（知識人の）雰囲気なんですよ。
吉井：そうですか。

・吉井氏のアイデンティティ

二宮：皆さん家族のなかでは、帰化されているわけですね？　カナダに行かれたりして。
吉井：そうね。だから長男は吉井姓なんです。
二宮：差別されて四五歳まで帰化できなくて、司法試験受かってから。受かったら帰化できると思ってたんですね（台湾では男子は四五歳にならないと国籍を離脱できないと法律で決まっており、当時、最高裁規則で司法修習生には日本国籍を要するという国籍条項が定められていた。吉井さんは採用拒否された一年後に帰化できた）。同級生の韓国の人はすぐに帰化できたとか。そういう人たちとは今も付き合いがあるんですか？　一緒に司法試験の勉強してた。
吉井：僕が大学入った時に大学の日本人の先輩から、韓国籍の先輩がいてその人は「司法試験受かってからすぐに帰化できたから、お前もすぐに帰化できるよ」と。だけど僕はその時、韓国の知り合いはいなかったんですよ。その人は先輩で、会ったことはなくて、そういう話を聞いただけだから。
二宮：自分が元々台湾人であったことに、プライドとか矜持はお持ちですか？　いわゆるアイデンティティと、社会学なんかでよく言いますけれど。
吉井：そんなにない。司法試験受かるまでは中国名で全部通してましたから。中国名はあったけれども、入学した時に職員が、「日本名を名乗れますけどどうしますか？」と聞いてきた。中国人の名前あるんだからわざわざ吉井にする必要もないか。楊のままでいいですよと。その意味では別に台湾人であることを隠すということもなかったし。自分の気持ちでは小学校二年の時に日本へ来て、一度も台湾に帰ってないし、周りは日本人の友だちしかいないから、司法試験受かったら日本に住むつもりだから、弁護士をやろうという気でいました。
二宮：周辺に台湾の人はいなかった？　高校、大学……。
吉井：高校にね、台湾の友だちが、同級生が一人いました。彼も法学部を目指して、弁護士になりたいとか言ってたんだけど、二浪したけど東京の大学に受からなくて。そのあと東北の東北学院大学に行っちゃって、元々仙台に実家があったんです。彼のご両親も台湾の人だったんだけど……お母さんが日本人だったかな。よく分からないんだけど。彼は一応法学部に入ったけれど司法試験は受けずに、親がやっていた中華料理屋を継いだ。司法試験受かってから遊びに行ったことはあるんですけどね、仙台の実家に泊めてもらって。

・近況について

二宮：ずっとお忙しいんですか？
吉井：今週はちょっと木金と、日弁連の委員をやっているので、東京に行かないといけないんです。来週……八月は裁判官が交替で二〇日の休みがあるから、だいぶ暇になりますけれどね。法廷はあまり行かなくなるから、事務所にいる時間は増えます。
二宮：人権関係の役員をされているのですね？
吉井：人権委員会の委員やってるのと、人種差別撤廃条約のWGの座長をやってますので。
二宮：特に今、そういう（人権）問題とかって起こっています？　在特会（在日特権を許さない市民の会）とか？
吉井：うん。在特会のヘイトスピーチの問題もあるし。あと外国籍の調停員を家庭裁判所に推薦したら、「外国籍を持っている人間は調停員に採用しない」と差別している問題があるので、それはおかしいんじゃないかということ。
二宮：うん、おかしい。
吉井：その採用を求めるPTの座長と日弁連の委員、全部で四つの委員やってて、そのうち二つの座長をやってる。僕自身が差別されたことがあるから、そういう人権関連のをやっています。

（二〇一六年六月三〇日、聞き取り）

W・S

女性・一九五八年生まれ・華僑一世
出身：台湾
祖籍：福建
団体職員

W・Sさんは台湾の淡江大学で日本語を専攻し、卒業後留学生として来日した。その後、Y証券で働き、日本人男性と結婚、一九九二年に日本に帰化後宮古島に移住した。一九九九年に夫の母の住む関西に戻り、以後神戸市に居住している。兵庫県人権教育実践団体に勤務する傍ら、移情閣（孫文記念館）友の会企画運営委員長も務めている。

・Y証券で働く

W・S：Yは四大証券でしょう。私は海外営業推進部にいて、そして何をしてるかというと、海外ブランチの商いの管理。もう一つは超得意のお客さんいうたら中国やったら、中国人民銀行、台湾だったら台湾の中央銀行、各国の中央銀行がお客で、それのセミナーしたり、東京ディズニーランドへ連れて行ったり。日本人と一緒に仕事して、私は二六で入ったから、同期は二〇か二二、二三。私は台湾で四年間の仕事の経験あるから、留学で来て、だから戦力になるんです。指一本出して「一億買った」大きな声で言う。とにかく元気やから重宝された。「Wさんみたいな人、もっとたくさん雇いたい」とか言うてくれて、部長さんがね。それで、声大きいしね。元気やし、当時は。今でしたらインターネットとか入力したら、ピッと行く。立ち合いないね。当時は立ち合いだから、私男の人と一緒してね、普通の女の子は事務してるけど、私は男性の営業マンみたいに本部にいて、茅場町か、東京証券取引所のあそこにある支店のとこへ行って、仕入れしたものもあって、売って売って、「一億やー」と言うたりしてな、ものすごく活発にしてたから、部長が「Wさんみたいな人たくさん雇いたい」と。あの当時は八六年ね。男女雇用機会均等法が施行された年でしょう。

平野勲（以下、平野）：ああそうか。

W・S：私は四年勤めたから、総合職で採ってくださいとお願いしたけど、「ノー、ノー」。女性はお茶くみコピー取り寿退社で、私は一般職でしか入れへんかった。「私、経験ある。すぐできる」と言うても。でも、その後、部長の推薦で試験は受けさせてくれるんです。でも、三年してもだめ。というのも、私、日本の経済、勉強してないし、本をちょっとかじった程度でしょう。で、台湾の四年の日本語の勉強でも、「アイオエオ」から四年でペラペラってできへんや。〔中略〕

Y証券、四大証券で、すごく良い会社。福利厚生も良いし。外国人のお客さんも、そういう機会あって、接することもできるし、縁があって、今の夫と結婚した。私万年ヒラで、とうとう総合職になれずに九年勤めて、とにかく、子ども生まれて、育休取って、次、復職したら良かったけど。

・宮古島に移住

W・S：最初、農業だけやってて、持って行ったお金、一年、二年、五年で空っぽになった。私自身まいってしまうじゃん、お金ないし。で、仕事探した。たまたま沖縄から航路で、飛龍というフェリー、沖縄、宮古島、石垣島、高雄を航路する。宮古島の建設資材みんな台湾から来るんですよ。台風来たら、一週間スーパーに物がない状態。船入って来られないとか。一週間に定期航路があって便利で、飛行機やったら沖縄本島に行くが、船やったら石垣へ行って、一晩寝たら翌朝、高雄です。安くて便利。よくフェリーで台湾へ帰った。そのうち台湾から豪華船が来て、海上でカジノできて、下りたらちょっと観光してもらって、上野村のマルクス城の案内。観光客がたくさん来て、私はドイツ文化村で通訳の仕事をしてた。私アルバイトへ行ったりして、そういう感じが沖縄の生活です。

平野：で、ちょっと先へ進みますが、沖縄の生活、決算すれば赤字だったと。何ごともお金だけじゃないですが、精神面の事もありますけどね、まあ、Wさん自身としては、生活は良かったと。

W・S：良かったです。私自身だけなら、絶対安定した東

京の生活を捨てる、そういう勇気は無い。〔中略〕

・神戸へ

平野：それでね、沖縄生活から一九九九年、神戸に移られた。その原因は何ですか。

W・S：何で帰ってきたかというと、夫曰く、私たち貧乏人やから、年取った後に結婚して生まれた子やから、成人した時カルチャーショック受けたら可哀そうや、学力付けてあげないといけない。でも、残念ながら、宮古島とても良い所やけど、学力は全国最下位で、高校までしかなんですよ。で、娘が二〇〇〇年四月に小学校上がること考えて、九九年暮れに夫が急に「帰るぞ」と言い出してん。

平野：高校までね。

W・S：だから、宮古島の人早い時期から、お金持ちの人は、もう小学校、中学校で、九州か関西、東京へ子どもだけでも送り出してるんです。話変わって阪神大震災の時、神戸の大震災の様子、私、宮古島テレビで見たの。で、翌年、義理の父が亡くなって、義理の兄が神戸生絲で働いて、社宅は神戸にあって、被害受けて、ちょっと傾いてこんなになったから、S市に帰った。兄さん夫婦は訳があって義理の母は八六やねんけど面倒見られへんということが分かって、一人暮らしは心配や言うて。私たち、東京へ戻ったら、また、証券会社で仕事できるかもしれない。でも、義母の事考えたら、とにかく関西へ。で、帰ってきて、義母さんに一緒に住もうかと私が言いました。で、日本で嫁姑戦争というのは、テレビでやってたけど、実際にあるのか。義理の姉に聞くと、若いころは厳しかったお義母さんらしくて、で、「Mさん（W・Sさんの日本名）、あんた幸せやな母さん年取ったから、今あんまり怒らないよ」と言うねん。そんなの私全然知りませんし、一緒に住もうと言ってみた。お義母さんからは、「ノー」なんです。まあ、子どもが三歳と六歳で、平屋で走り回るし、おばあちゃんはもう八六やから、早う寝る、朝早う起きる。私たちと生活リズム違うこともさることながら、一番大きな原因は、推測するに、口に出しては言わんへんけど、私は外国人、変な日本語使うやろう、で、S市って田舎じゃん。それで、嫁の務めできるかいなと思われてるのと違うかなって、自分で思う。一応、柔らかく、「私、質素に一人で暮らします」というふうに断られて、それで、夫が沖縄の畑処分したお金で、今の家、舞子ビラの近くにウサギ小屋のような小さな家買って移り住んだ。そこをなぜ選んだかというと、苔谷公園の裏、あそこに遊具があるんです。子ども遊ばせられるって。

・講演活動

平野：話が尽きないでしょうが、ちょっと話を前へ進めますね。あの、兵庫県人権教育実践団体で、会計のようなことをされているわけ。それで、二〇〇一年から講演を始めていらっしゃいますね。それはどんな動機で。

W・S：そうね、講演の始まりはさっきちょっと言いかけたけど、家でしゃべらない分。

平野：外でしゃべりたい。

W・S：そう、職場行ったら、先生たちと普通にしゃべったりしてたら、「Wさん、話面白いね。講演してみないか」と言われて紹介してくれた。「W・S」、何の肩書もないし、誰やねも分からへんや。で、初舞台は出石町に呼ばれた。どないしよう、やったこともないのに九〇分もしゃべれるか。で、その日家へ帰ってね「お父さん、今度、講演に呼ばれたよ」と言うたら「へー、あんたが講演へ行くの。で、何しゃべるの」と言われて、えらい心配してくれた。そうしたら、うちの先生が「NHKのアナウンサーが四〇〇字詰め一枚を二、三分でしゃべるのが聞きやすくていい」とアドバイスしてくれて。それから「九〇分やったらどのくらい原稿要るのや」。一万八〇〇〇字程度やと分かった。あの頃はワープロでしたよね。で、台湾でああやこうや、東京はどうの、沖縄はこうや、神戸では……と必死で、自分史を綴ったカンニングペーパーを作った。こんな分厚い原稿用意して、初めてやから棒読みで、緊張してしゃべった。〔中略〕

で、講演しているうち、まあ、いろいろ聞いて場数踏んだら上手になってくる。それで、多い時、年間四〇回くらい行った年もあったな。そのおかげでうちの娘の大学費用は何とかなったとありがたかった。それで、講演に呼ばれるから、常にアンテナを立てて新しい内容もしゃべれるようにしないといけないと情報収集してて。で、今日みたいに自分の事を話したらいいよと言うてくれたら、もう喜んで何時間でも話しちゃう。

（二〇一七年六月三日、聞き取り）

呉　富美
（ご・ふみ／Wu Fumei）

女性・一九四〇年生まれ・華僑二世
出身地：神戸市
祖籍：広東省
職業：富美宝飾店オーナー・神戸貴金属工芸組合長・学校法人神戸学院顧問理事

呉富美さんは神戸中華同文学校、セントマリア女学院、神戸森女子高等学校、神戸学院女子短期大学に学ぶ。卒業後、大阪の広告会社に勤務するが、真珠の貿易会社に転職、その後、独立して宝飾店を経営する。父は広東出身の華僑の有力者で、第二次大戦後、華僑救済活動にたずさわり、その貴重な記録を神戸華僑歴史博物館に寄贈した。

・祖父の渡日

呉富美（以下、呉）：祖父は、明治の初期に来たんですが、呉華星という名前なんですが。五人のお友だちと広東から船で漕いできたと聞いております。それこそ鑑真和尚じゃないですけど、一度ならず二度三度と失敗したことも聞いています。やっとたどり着いて神戸に住み着いたということですね。その時何の仕事やったと聞いたら、中国では三把刀といって、包丁とハサミともう一つカミソリがあるでしょう。洋服屋さんと散髪屋さんと料理ですよ。コックの腕を持っていたということです。そこからスタートして、日本の奥さんをある人の紹介でもらって、そこからスタートですね。

・父の仕事

二宮一郎（以下、二宮）：ちょっと前に遡るんですが、一九歳でマッチ工場を造っておりますね。そのきっかけは何だったんでしょうか。
呉：やっぱり神戸はマッチの盛んな街だったから、父はいろいろと付き合いもありましたし、それをやりたいという希望があったんでしょうね。「成功するにはマッチや」と言いまして。あのころ神戸はマッチとか砂糖とか輸出がありましたよね。
二宮：創業した方は何人か少ない方でやられていますよね。まさに町工場のような。
呉：そうですね。そのころ私がまだ生まれていないころだと思いますけど。いつも一九歳でこんな会社創ったんや、町工場創ったんやと言うて、お酒飲んだらその話をしていたから。私も現場も見たこともないですから、父は若いころから頑張っていたんだなということしか分からないですけどね。
二宮：貿易業もされていますね。そのきっかけは？
呉：貿易は中国として一番盛んなころでしたからね。中国の人がこっちに来たらそれこそラーメン屋さんとか散髪屋さんとか。テーラー屋さんというのもありますね。イギリスのところで修業したそうですけど。そういった職人になって独立した人が多いんですね。トアロードの一流のテーラー屋さんはイギリスで教えてもらっているから、二〇年も三〇年も型が崩れない背広を作るんですね。だけどだいたい南京町に集まったのは広東の人で、料理をやるのね。父はとにかく中華料理を盛んにせなあかんということで、中華料理組合を自分で兵庫県の理事長になって建てたわけですよ。そしたらラーメン売るにしても、ビールを一本売るにしても、値段がバラバラで全然統一が取れていなかったから、それではダメだということで、父が自ら兵庫県の中華料理組合を創立させて、自分が理事長になって全部まとめたんです。戦後は中華料理がどんどん盛んになってきて、宴会料理をせなダメやということになったそうです。自分が海産物の貿易をやっていますから、だからアワビとか貝柱とかナマコとか全部提供できるわけですね。

・教育について

呉：〔中略〕父に九歳の時ですが、中華同文学校を卒業して、中国語もしゃべられるし、一応はマスターしたから、あと中学に行っても日本の学校に行くための進学の勉強ばかりやと思ったんで、それならインターナショナルスクールに行くと言って。そこはフランス語ももちろん英語も教えてくれる。だから願書を取ってきたんですよ、勝手に。父親にそれを見せて「明日からここに行きますので、月謝だけ出してください。将来成功してお金は返しますので」と。

二宮：それは一人だけで行かれたのですか。それとも誰か友だちと一緒だったんですか。

呉：全然！　父にも聞かれましたけど「友だちと行くんか」と、だから私は「私一人で行きます」とね。でも、ＡＢＣとか This is a book とかくらいしか分からないのにね。突入した時は本当に苦労しましたよ。本当に大変だったんですよその学校が。入学はしたんですけど、月謝が普通だったら五〇〇円から六〇〇円くらいの月謝が、五〇〇〇円くらいでしたもん。それでフランス語が入ると一〇〇〇円高くなるんですよ。だから父の力を借りないといけない。それで父の反応は面白くて、「この子は少し変わっているから、将来ものになるやろう」ということで、何も言わずに行かせてくれたんです。

友だちも何もいないから、私はそこに苦労しに行ったみたい。そんな場所に投身したんです。そしたら領事館や大使館の娘ばかりで日本語も通じないしね。だから、どないしたらしゃべられるようになるかなと思って、毎日一〇〇個ずつ単語を勉強して覚えましたよ。それが今までで一番苦労して勉強したことやと思う。暗記を。その時にした勉強が今役に立っていますね、やっぱり。

・仕事に関して

二宮：それで、短大を卒業されて広告代理店に入りましたよね。ここに就職したのは何か理由があったんですか。

呉：これはね、私は大学の時から自分で脚本書いたりしてね、演出家志望だったんですよ。だからプロデューサーとディレクターとかになりたくてね、一生懸命脚本を自分で書いたり、読んだりしました。演劇部だったもんで、その時にちょっと習いに行った先の方がＤの課長さんだったんです。水の江滝子さんなんて知らないかもしれないですけど、当時石原裕次郎を売り出した日活の有名なプロデューサーなんです。女性の。「あなたは第二の水の江さんになれるからうちにいらっしゃい。僕が仕込みますから」と。それでＤに卒業すると同時に受けに行って、入ったんです。そこの放送制作部のところに。事実ラジオ番組とかを受け持たせてもらって、原稿を書いたりコマーシャルソングを作ったりしてたんです。

だけど、一向に雑用ばかりでちゃんとした仕事は来ないし、どうなっているのかを尋ねたら、「女性は後回しや」と言われてね。だから後から入ってくる男性の方がどんどんどんどん出世していくんですよ、当時は。でも考えると、私は三〇年から五〇年くらい早いんですよ。今の時代ならものすごく受けていると思いますけど、当時はそんなのはいらないんです。別にどうでもいいわけですよ、男性の就職の方が優先されるわけですし。それに、中国籍でしょ。だから、やっぱり後回しになってね。いつも部長会議で「あの人はなかなかうちの会社に必要な人やで」と言ってくれる人もいるんですけど、六人が反対で五人が賛成。いつも却下されて、なかなか正社員になれずいつまでも嘱託社員みたいな感じでね。辞令が来ないんですよ。「どうなっているんでしょう」としびれをきらして尋ねたら、そういう事情だと分かったんです。それだったらね、もう私のせいではない。男になり変わるわけにもいかないし、国籍は中国ですから、すぐさま日本人になることもできないですし、じゃあ第二志望の貿易会社に行きますと、さっとやめたのよ、Dを。

それで第二志望の貿易会社に入ったのが今の生涯の仕事になった。真珠会社。これがまた、華僑の人が社長でしたけど、始めたばかりで、柱時計一つで、社員一人で、社長一人だったんです。「共に大きくしていこう！」みたいなね。「もし勤める気があるなら、僕を手伝ってください」とRTさんが独立してね。この人も独立したって言ってはったわ。

その真珠が面白くてね。真珠っていったら、規格的な丸いものでコロコロ転がるものやと思ってたら、いろいろな変形、三角やら四角やら、もう太郎さん二郎さん花子さんですよ。もう面白くて面白くて、これは絵になるんじゃないかと思って。これは東南アジア向け、これはヨーロッパ向けと選別して、貿易するんですけど、材料ばかりというのはちょっとつまらなくて、三年ほど経った時に、絵の勉強もしていたんで、「デザインします」と。それで作品を作るとそれが売れ出したんですね。材料ばかり出していたけど、その店でちょっと飾ったら売れるんですよ！　私の給料は当時二万円くらいやったけど、月で一〇〇万円くらい売れるからね（笑）。「これは独立せなあかん！」と思ってね。それで独立したんです。

（二〇一七年一〇月七日、聞き取り）

林　聖福
（りん・せいふく／Lin Shengfu）

男性・一九三六年生まれ・華僑二世
出身地：愛媛県今治市
祖籍：福建省
福建商事代表取締役

瀬戸内海に浮かぶ愛媛県大三島で生まれた林聖福さんは、高校卒業後神戸で実業家としての人生をスタートさせた。婦人服地の卸売り業から輸出入貿易へと手を広げ、二〇〇二年には日本語学校も設立。また、福建同郷会の理事を務め、一九七〇年代には父親の出身地である福建省福清市西江村をたびたび訪れて寄付を続けた。

・戦中、戦後の暮らし

林聖福（以下、林）：田舎におった当時いうのは、やっぱり非常に戦争時代でしたからね、息苦しい特に中国人ということで差別もあったんですが、田舎の人ということで、多少は友だちはあったんですが、やはり私、記憶にあるんですが、きつい言葉で迫害を受けた記憶がありますが、その当時、お父さんお母さんは非常に頑張ってきたというのは、今お父さんお母さんを尊敬します。それから、私たち兄弟皆そこを卒業して、今治とか尾道に巣立って行ったのが、田舎の生活の始まりでございます。

張玉玲（以下、張）：分かりました。ありがとうございます。前、いろいろ話した時に、お父さんが一九四五年、戦争が終わった後に同郷の人たちと一緒に尾道まで行ってラーメン屋さんとか中華料理を始めたじゃないですか。それをきっかけに、尾道の高校に進学されたんですか。

林：そう。で、その当時お父さんが尾道で商売始めたというのは、田舎におったものですから、敗戦と同時に、当時中国戦勝国ということで有利な状態で商売してた時代があった。当時うちのお父さんは田舎におったものですから、皆町の人たちは一生懸命頑張って商売してたのに、お前何してるかということで気がついて、それからお父さんは尾道に出て、それから尾道の駅前で、私も知らなかったんですが、ここで商売したいと言えばそこでちゃんと商売させてもらった。土地は関係なく、そこでちゃんと家を建てて店を作ってということは自由にやっていたような時代です。で、お父さんは中華料理を始めて、ま、少し生活が安定したようです。

・日本語学校設立の経緯

林：学校を作ったのは、二〇〇二年にちょうど私が持ってたビルが空いてしまって、どうしようもない時代があって、私の友人が、友人というか福建省から来た学生が、学校をしたらどうですかという話があって。私も学校の「が」の字も知らないのに、学校なんかとてもできないということで断ったんですけど。これ、遊ばすのはもったいないということで、ほんなら学校作ろうかということで。今、考えてみたら、市場調査して、学校作るとしたら、東京に日本語教育振興協会いうのがある、そこで認定を貰わないといけない。それは法務省が設けている四つの団体が作っている日本語教育振興協会。そこの認定を貰わないといけないということで、早速東京へ行って。東京へ行ったんですが、当初申請をさせてくれなかったんです。で、なぜかと言うたら、あんた中国人だからということで、どうしても申請させてもらえなかった。その時は帰ったんですが、もう何日かして、もう一回行って、談判して話してると、偉い人が出てきて、とにかくなぜ悪いかと言わないんですね。よう調べたら、日本籍じゃないということが後で分かってきて、とにかく貰わなきゃいかんということで、申請だけしなさい、書類だけ持って帰ってくださいと。で、書類作ったんですが、普通一年のところ二年かかりました。やっぱり、ああでもないこうでもない、二年かかって。それから、申請させてもらったんですが、調べてみたら日本語学校作る外国人はいないんですね。日本の韓国の人はたくさん作っている。全部日本籍になってから申請、作っている。やっとできたら、中国人で作ったのは今までなかった。今もないみたいです。もう一回経験したのは、私、学校作って二〇〇二年に作って、それから二〇一四年に場所があって、もう一回作ろうと思って、もう一回申請したら、三年間ぐらい挑戦、挑戦てやったけどね。とにかく外務省（正しくは法務省、この後の語りでご本人が訂正している）と文科省へ行くんですが、ここが悪いと言わないんですね。どこが悪いとは言わない。とにかくダメダメで、返ってくるんです。東京へ三回行きましたね。ここが悪いから直してとは言わないです。ダメダメということで、私もちょっと難しいと思って、今回下がりますということで、引き下がった。どうも聞いてみると、あの時ちょうど何年か日中関係うまくいっていない時期だった。で、民間のある大手に聞いたら、そういう中国籍だからそういう差別あるんかと聞いたら、それはないとは言えないと言いました。ああ、そこで引っかかったなと思って、黙って引き下がって、今も現実、そのままになっているんですよね。そういう時代があったことも確かです。

・中国人、中国語、中国の故郷

張：神戸に出てこられた時に、神戸にずっといた中国人の方は、林さんのこと、どう思ってたんですかね。中国語をあまりしゃべれない、ちょっと日本人ぽいなと、なんかそういうのありましたか？

林：だんだんだんだん、今は違う。中国語しゃべれない中国人がおるよと（笑）。たしかに言葉できないんですけどね、やっぱり考えたら。でも、田舎におったらお母さん日本人ですから日本語で全部通じたし、あの話すでしょ。お父さん、街におったから。お父さんでもやっぱり田舎の言葉しか使わないですよね。福建語しか。福建語というのは、やっぱりあまり使う機会がないし。私も全部日本語だけで。で、神戸来てから、ああ、ちょっとできてないな、悲しいなという思いが。今でもそうなんですけどね。

張：まあでも、中国語ができなくても中国人だという人は世界中、いっぱいいますから。心配しなくても大丈夫だと思います。

林：心配じゃないけど、やっぱり言葉ができないと寂しいですね。あの、外国へ行ったら、「日本におって中国人です」と言っても、言葉はできない。寂しいですね、やっぱり。

張：でも、神戸だと割と通用しませんか、いっぱいいませんか？　日本語というか、中国語ができない日本生まれの華僑の方。

林：ええ、いくらかいますけどね。神戸におる方は、同文学校へ行っている方がだいぶいますから。多少はね、いますけど。私も全然出会いがなかったというと理由にならないんですが、やっぱり勉強不足で。

張：そうですね。これ、同郷会に入ってそこで中国人だと。それから福清についても考えるようになったんですか？あの、福清（フーチン）、故郷のことについて。

林：故郷はですね、私が田舎におった時代から私の頭の中では日本人だと、日本の感覚がいっぱいあったんですが。お父さんが、一九七四年七月そこへ帰れるということで、お父さんはちょうど日本に来て五〇年ということで、五〇年ぶりだということ。で、初めてお父さんとそこへ帰った時は、本当に言葉に表せないぐらいの貧しい地域でした。福建省福清市の西江村。その一帯本当に不毛の地で、赤土ですね。今はもう豊かになっていますが、赤土で、肥料もない、何もない、とにかく赤土で不毛の地でしたね。

・自分のルーツについて考える

張：〔中略〕いろんな話をお伺いして、今の私の気持ちですけど、林さんにとって、セイヨン（福建語、日本語表記で西江）というのはお父さんの故郷でもある、自分のルーツでもあるのですけど、その自分の心の中で故郷という時に、神戸と大三島と西江とどんな感じで、頭に浮かんでくるんですか？

林：私はまあ、日本で生まれた。その田舎で生まれたんですけど、生まれたのは生まれた故郷であるし、神戸は神戸の人生の中で過ごした中で、自分のルーツと言ったらやっぱり、中国人だという意識がやっぱり。自分を省みると、半分は日本人半分は中国人の血が流れているけど、やっぱり中国意識がやっぱりあるんですね。だから、故郷へ帰った時に、ああこんなところから日本へ来て頑張ってるという姿。やっぱりすごく印象にありますね。私だけじゃなくておそらく皆思ってます。先人が日本で苦労して、迫害を受けて、お金なくて、食べるだけでも一生懸命で、それを子どもに教育をさせて、田舎にもお金を送らにゃいかん。そういうことを先人は、非常に言葉に表せないぐらいの苦労をされた。その思いが、自分の故郷は優秀だったと思えて、それから、お金なくても教育には出すという、ここがやっぱり魅力があるですね。自分の故郷は、やっぱり中国だという、あの田舎だという思いはウェイトが高いですね。

（二〇一八年一月二七日、聞き取り）

湛　澤綸

（たん・たくりん／Zhan Zelun）

男性・一九五九年生まれ・華僑二世
出身地：神戸市
祖籍：広東省
聯發行有限会社代表取締役

湛澤綸さんは広東省出身の華僑二世で、神戸中華同文学校を卒業し、兵庫県立商業高校に進学。大阪経済大学卒業後、バッグを香港で製造する会社に就職し、父親が亡くなってから貿易会社を継いだ。高校一年の時に神戸まつりで龍舞・獅子舞を体験したことをきっかけに、神戸華僑總會舞獅隊の指導を中心に獅子舞の普及と発展に尽力している。

・湛一族の歴史

二宮一郎（以下、二宮）：それでは、さっそくインタビューに入ります。最初に湛一族の歴史を補足する形でお話しお願いいいたします。

湛澤綸（以下、湛）：書いてある通り私は良く存じあげなくて兄から聞いた話で、ただ、本家で湛兆霖という、トップの方ご健在なんです。その方が獅子舞関連で言いますと、香港中国国術総会、歴代の会長の写真があります。そこで、イップマン（葉問）先生ご存じでしょうか？　詠春拳（武術の一種）でブルース・リーの師匠だった方、イップマンの隣で写真に映っています。そこら辺もやっぱり湛だと、日本で獅子舞していますと、香港で申し上げたら、上の世代の人はお前！　湛兆霖の関係かと。伯父だと言うと、「お〜！　そうか！」って言われました。今の若い世代の子は分からないですけども、上の世代の方は私の伯父のことは良くご存じでした。

その伯父はマカオで百貨店営業した方です。広東省の増城、そこが田舎でして、資料の三ページに載っているんですかね？　湛家の祠楼がありまして、そこに帰った時はこんだけ湛家があったんかというぐらいの人間がおりました。自分が今まで会ったこともない湛という苗字がいっぱいあるんですよ。少ない苗字の中でこんだけ居たんかと驚かされたというか、勉強させられました。

・同文学校について

二宮：〔中略〕小学校と中学校は神戸中華同文学校ということが、中三の時の担任が周達生老師（先生）であったと。

湛：この時は周達生先生と、もう片一方のクラスとツートップで藍璞先生と周達生先生の二クラスがありました。周達生先生は私たちのクラスでした。

二宮：華僑歴史博物館の館長をしていたのが藍璞先生でした。厳しい先生でしたか？

湛：二人とも厳しい先生でした。藍璞先生についてはかなり、熱い先生で、エコについて授業の一コマまるまる説教を受けた。電気付けっぱなしで、天然資源には限りがあるんやと懇々と言って、それで、中国語、国語ですね、中国語の授業、一時間無くなりました。それから、私にとっては、その後、使わへん日は電気消せと習らわせられた。良い勉強になりましたよ。

二宮：中華同文学校については、一言で言うとどういう印象ですか。

やっぱり、そこで教育を受けたものに関して。

湛：うぅ〜ん！　行って良かった。両親に感謝ですね。幼稚園、小学校、中学校は自分に選択権がないものですから。高校からは自分が決める選択権があって行くもんであって。それまではないもんですから、やっぱり、両親は行かしてくれたことに対して感謝していますし、行ったことに、そこに行ったからこそ、私は獅子舞を始めたということもやっぱり事実だと胸を張って言えます。後でも書いてますけど、チャイナ・ブラッドということもやっぱり、その礎になっているということは感じます。

・獅子舞をしたきっかけ

二宮：〔中略〕それでその獅子舞をされた、きっかけは？

湛：ずっと蔡勝昌先生からお誘いをうけまして。で、私も就職して生活にも余裕が出てきました。それで当時はやっぱり、今華僑はこういう地位におられるのも我々の一世代上、二世代上の先輩方のお陰です。彼らが、やっぱりしんどい目をして、いじめられても差別されても、歯を食いしばって生きてこられて、そういう方々が、我々の地位を築きあげてくださった。そういう方々に何か一つ喜んでいただける物をボランティアとして、何かできればなと思いまして。

できるとしたらこれしかないと。高一の時に神戸まつりですかね。大陸系や台湾系や関係なしに華僑青年が集まって当時一つになって、龍舞、獅子舞をやった。そうした経験がありまして、政治の壁を乗り越えましたから、それはとても良いことだから、そういうことがあって大事やと思っています。文化するにあたっては政治を語ってはいけないという考えがあります。そこから獅子舞をやりたいな、やらんとあかんなという経緯にいたったのです。

二宮：神戸まつりはもともと、市民団体が始めた祭りでして、今はだいぶ変わってきています。もともと、それで地元のところから盛り上げてというのが最初の祭りのねらいで、先ほどの蔡館長さんが文化的な事をやらなあかんと言っていたので、それまでやってなかった獅子舞をやり始めて、それで広がっていったと。

湛：始めた時は台湾系の華僑の方のご指導を仰ぎまして、Oさんと言います。お亡くなりになられた方です。その方がものすごく良い方で、その人が中心なってこういう獅子舞を教えてくださった。今、思えば台湾籍の方ですから、獅子の動作や出てくる大頭仏、その動き、位置づけについても、台湾式のやり方だなと、後で獅子舞を勉強して感じました。

・獅子舞に対する思い

湛：香港の師匠に会いに行って、「先生獅子舞習わしてください」と頼みました。返ってきた返事が中国語で、「日本仔、会搞什麼事、走啦。日本仔」「日本人に、何できるねん、日本人帰れ！」て言われました。でも、それで帰ったら、神戸の獅子のボトムアップをすることは絶対無理やなと思いました。人のためにやってあげているという気持ちでは、そこまで言われてやる必要はないと思いました。でも、僕は自分のためやと思ったし、それが絶対自分が習って、若い世代に教えていかなければならないと考え、何度も通いました。一回注文した時、お願いした獅子と全然違う獅子なんです。オーダーした獅子と全然違う獅子ですよ。文句言いたかったし、どういうことなのか。そのおっさんはニコっと笑って、はじめてそこから、獅子のこと教えてくれました。結局、いま思えば、その先生はもう他界されたんですけど、私に「まあ、座れや」と。「お前の本気度を試していたんだ」というような顔をしていた。

私は注文する時に、切り抜きを貼って、一頭目はこの獅子ね、その次、この獅子で、この色に変えてください。四頭くらいですかな。（レジュメの）七ページの劉備の獅子だけが入っていたんです。他は、全部違う獅子でした。その時に文句言って、獅子のことを教えてもらえました。と同時に、「お前、獅子舞どう思ってんの。この獅子を作る上で、何のポリシーもなく俺に注文しに来たな。今まで通りのビジネスライクだと、お前の言ったような獅子を作れん。人の使っている獅子にあこがれるだけで。これ作ってよというような奴にはわしは獅子を教えん。ちゃんとポリシーを持っていたらちゃんと作る。お前、この獅子どう思うか。格好いいからやろう。そうや、この獅子をこういう色、かっこいいって。どこそこ作っとって。この獅子、ひげ、この獅子、色が違う」と先生に言われました。

・チャイナ・ブラッドに関して

二宮：最後に聞きたいのはレジュメの五番目の華僑の生き方です。特にチャイナ・ブラッド。これは私も非常に気に入った表現です。

湛：これは獅子舞をして初めて感じたことですけれども、やはり獅子舞をするにあたって先ほど言ったように、横浜で同じ中国人で政治の壁があると言いました。今は若い者にはそういうのは無くなっているのですが、やはり我々の世代には残っているんです。それって、非常にナンセンスなことと私は思うんです。

政治家でもないのに自分で勝手に政治によって線を引くのは、言い方が悪いかもしれませんが、共産党を応援しても中国共産党は俺を食わせてくれへんやんか。でも日本で生まれ育っても、流れている血は中国人で、獅子舞を始めていくことが、彼らが持っている考えというのは、同じ文化を共有している、というのは国籍は関係ないやと。

俺、マレーシアやシンガポール、流派は違っていても同じ獅子舞をやっている。佛山やっていても鶴山やっていても、これは違う、敵やというのじゃなくて、違っていても同じ伝統文化を継承しているんじゃないのかと。それは仲間じゃないの。海外で生まれも環境が違っても目的意識は一緒でしょう。それでチャイナ・ブラッドを感じました。


（二〇一八年一〇月六日、聞き取り）

鮑 悦初
（ほう・えつしょ／Bao Yuechu）

男性・一九五二年生まれ・華僑三世
出身地：神戸市
祖籍：広東省中山県
株式会社廣記商行取締役会長

中華料理の調味料として有名な味覇は、鮑悦初さんの経営する廣記商行の看板商品である。鮑さんは若くして家業を継ぎ、幅広く商売を展開させる一方、神戸華僑総会会長、神戸中華総商会会長も歴任している。南京町にある東の楼門は、鮑さんの父鮑日明さんが私財を投じて建てたものである。

・味覇のこと

張玉玲（以下、張）：廣記商行といえば、味覇（ウェイパー）ですね。味覇はいつごろからですか？

鮑悦初（以下、鮑）：昭和二八（一九五三）年、私の父鮑日明と母の陳玉蓮の夫婦二人で華僑と中国人の船員さん、神戸市内の中華料理屋さんを相手に始めた小さな食品店が廣記商行です。で、徐々に取扱商品を増やしていって、商売を大きくしていきました。だんだんお客さまが増えてくる。当時日本も景気が良かったから、いろんな料理店の経営者が最初は一店舗目から始まって、繁盛すると二店舗目、三店舗目と拡大していった。そういった経営者から「自分は三店舗経営しているけど、コックさんによって、スープの味が違う。なんとか均一したい」と。現場のコックさんたちからも「スープを作るのに鶏ガラや豚骨を洗ったりと非常に手間がかかる。一一時半にオープンするとなると、八時過ぎに来て、九時くらいにスープを炊き出す。それに一、二時間かかる。スープを取った後の鶏ガラや豚骨の処理に困っている」、そんなお客様の声を父が聞いて、味が統一できて、時間も節約できて、処理に困らないものを作れば、お客様に喜ばれると思い、考案したのが味覇でした。

張：中華料理屋さんから依頼が増えたのは七〇年代以降ですか。
鮑：そうですね。昭和三五（一九六〇）年前後には結構、そこそこ商売していたんじゃないかな。
張：味覇の名前、アイデアは父が考案されたんですよね。
鮑：そうです。自分のところは製造する設備を持っていないのでアイデアだけです。製造設備を持っている会社にお願いをして作って、料理屋さんに納めていました。コックさんにも便利で美味しい。個人的に分けて欲しいという依頼があった。だから、二〇キロ入りの業務用から、別に一キロ缶を作って発売しました。創業から店頭で小売もしていました。私が家業を手伝い始めた四十数年前の体験ですが、日本の方は中華料理の作り方を知らない。父は独身の船員時代にいろいろな料理作りの手伝いをした。実際に家でもよく料理を作っていました。だから、お店に来る日本人のお客さんに中華食材の使い方、戻し方などをよく教えていましたね。その時に、味覇で焼飯などの炒め物やスープなどいろいろ中華料理の作り方、使い方を一人一人お客さんに教えていました。そして味覇を使ったお客さん、お母さんたちが関西風に言えば、「おっちゃん、味覇便利で美味しいわ。今日は友だち連れてきたわ」と口コミで便利で美味しいと広がっていきました。

・往時の南京町

張：観光地化されて活気付いていく時期だったと思うんですけど、街の移り変わりは感じた。
鮑：そうですね、私が物心ついた頃、神戸の南京町は今のような状態ではなかったですね。車が一台二台通れるかどうかの細い筋で、道の舗装もされていなかった。向かいも隣も、はす向かいも外人バーがはびこっている。そういう店がたくさんあった。当時、神戸はいろいろな外国の貨物船なんかが来て、貿易港でしたから、外人を相手にした飲み屋さんがありました。私が朝、学校行こうと家を出たら、外人が酔い潰れて道端で寝ていたり、夜は喧嘩もありました。記憶にあるのはＭＰとかＳＰとか書いたヘルメット被って、腰に棍棒をさした人が白いジープに乗って来て、酔い潰れた人や喧嘩をした外人を乗せてどこかに連れて行く。当時はそういう光景をよく見ましたね。それから、外人バーのお姉さんが外人のお客さんに「この子にもなんか買ってあげてよ」言ってくれたんでしょう、おもちゃのピストルを買ってもらって、喜んで遊んでいたのを覚えていますね。
張：本にも書いていますね。
鮑：ちょっと余談ですが、神戸の南京町。三宮、元町、神戸の中心に住んでいる意識はありました。滝川高校に行き、日本の友だちができて、その時に「お前はどこに住んでんねん」と聞かれた時に、南京町と言ったときにショックな言葉が返って来ました。「南京町は知っているよ。でも親から南京町は汚くて危険なところだから、行くなと言われている」と。そう言われたのはショックでした。自分の生まれ住んでいる街がそう見られているのはショックでしたね。

・「落地生根」「落葉帰根」

鮑：〔中略〕私は三世ですが、今も古い歴史のある華僑の家だと五世や六世も生まれているんじゃないかな。七世の人もいますね。そういう方はねやっぱり「落地生根」ですね。日本で生まれて、日本で生きていく。一世の人はいろいろな苦労があって、苦しい仕事もして、飲めず食えずで親兄弟と離れて日本に来てますよね。私の祖父は政治犯として日本に逃れて来たようです。私たち華僑の先人は生活が苦しくて、故郷、祖国を離れて海外に渡って行った。私は小学校の時、「なぜ我々中国人が日本に住んでいるか」ということを父に聞いたことがあるんです。その時に「お前のおじいちゃんは政治犯として清朝政府に追われて日本に来たんだよ」という話を聞いたんです。その時、父から言われたのがね、「誰一人喜んで自分の親や兄弟、そして国を捨てて日本に来た人はいないんだよ。皆いつか一旗あげて、自分の親のもと、家族のもと、国に帰るんだ」と。「落葉帰根」ですね。たとえ外国で命を落とそうとも、いつか自分の屍は自分の家族のもとに帰るということですね。そういう価値観を持っておられました。
張：そういったことをお父さんがおっしゃられたんですね。
鮑：そうですね。でも、我々のように三世になると、「落地生根」ですね。タネを落とした地でしっかり根を生やして生きていく。そういう価値観ですね。

・中国人意識

張：〔中略〕一六歳の時に外国人登録の指紋をとられたこと、交通検問を受けて侮辱されたみたいな記憶があって、中国国籍にこだわってみようというのがあるんですか。

鮑：そうですね。一八歳で免許をとったんですけど、その時に自分の何人かの中華同文学校の同級生は高校を卒業して神戸や大阪の中華料理屋で仕事をしていました。私は大阪にある大学に通いながら父の仕事を手伝い、神戸から西宮のお客様をまわって、大阪の千里から大阪市内のお客様に荷物を配達していました。ある日の夜九時ごろ、大阪で料理人見習いをしている同級生を車に乗せて一緒に神戸帰ったんです。ちょうど摩耶のあたりだったかな。交通検問にひっかかりました。たまたま朝ズボンをはき替えて、免許証を携帯していなかったんですね。なので、すぐにお母さんに電話して免許証を持って来てほしいと言い、母がタクシーを飛ばして持って来てくれました。その時に警察官に免許証を見せたら、警察官が「免許証不携帯は許してやる」と言ってくれたんです。「ああ、いいおまわりさんや」と思ったんですよ。でも次の瞬間、「だけど、外国人登録済証明書の不携帯は許せない」と、それで反則切符を切られました。交通検問にひっかかったのに、免許証の不携帯より外国人登録カードを持っていないことの方が問題視されるんだということですね。

もう一つは四〇年前くらいやったかな。在留カード、外国人登録済証明書ですね。有効期限切替えに何の通知も来ないんですよ。自分で覚えていないといけないんです。ある年、切り替えないといけないと気付き、期限を見たら期限がその日だった。その時もう一七時近かった、今から入管事務所（出入国管理神戸支局）に行っても間に合わないということで、翌朝一番に入管に行った。「すみません、切り替えに来ました」と。それで「どうぞ、こちらです」と通された先が、取調室です。小さな部屋でした。その時に入管職員の方から言われたのは、「お前は、本来なら日本には居られないんだぞ」と言われましたね。法務大臣宛てに顛末書を書かされました。なぜこのような事態がおきたのかということをですね。そして最後に「どうぞ寛大なる御処置をお願いします」というようなことを書けと言われ書かされました。警察官であったり、入管職員であったり、そういう人たちから、「お前は中国人だ、外国人だ」と意識づけされたように思いますね。それで、私はそのように見られ、扱われるなら中国人として恥じないように生きようと意識づけられましたね。

張：そういう外の力で中国人意識が強くなっていくんですね。

（二〇一九年二月一六日、聞き取り）

盧　志鴻

（ろ・しこう／Lu Zhihong）

男性・一九四二年生まれ・華僑二世
出身地：神戸
祖籍：浙江省寧波
有限会社炳昌取締役会長

盧志鴻さんは大学卒業後、家業の洋装店は継がず、まず広島で、次いで岡山で中華料理店八仙閣を開業した。その後不動産業に転じ、元町商店街で不動産を所有しつつ街の発展に尽力している。また、実業家として活動する傍ら、三江会館理事長として母校である神戸中華同文学校への支援も続けている。

・トアロード炳昌

二宮一郎（以下、二宮）：まず、お父さんのことから、お話を。

盧志鴻（以下、盧）：親父のことから。親父は盧徳財といって、日本語が下手で、一七歳の時に洋服の仕立ての見習いで神戸に来ました。そして一九三三年、二一歳の時に炳昌（へいしょう：洋装店）を設立しました。本当にあの時代は大変な時代だったと聞いています。僕はその後に生まれてきましたけれど、親父自身はものすごく苦労していたと思います。これは、どの華僑も一緒やし、また、日本の方も一緒やと思います。大変な時代だったと思います。で、その後にちょうど、父が独立して炳昌を創設したから、まあ、親父は営業が上手で僕はだめだったんですけど、お客さんへの対応とかいうのがものすごく上手で、それが印象に残っているんです。どういうことかと言うと、お客さんから好かれるというのが一番大きかったですわ。好かれるというのは何かというと、まあ、お客さんのことを知って、商売は二の次、三の次やね。正直言って、お客さんのこと思ってやれたのが、親父です。元町のお店が、昭和二一（一九四六）年開店です。その時は、大体、白系ロシア人が主で。たとえば、モロゾフさんとか、ユーハイム（ドイツ系）さんとか、大体白系ロシア人という言葉使っていいのかどうかわからないけど。まあ、ものすごい裕福なロシアからの大金持ちが日本に来ているから。あとはフランス系のお客さんとか、米国系とか。それが炳昌のお得意さんでした。

・広島八仙閣の経営

盧：神戸の味と広島の味は全然違いました。これ、僕、つくづく思ったんですが、最初、これなんでかなと思ったのが、関東の味に近いんです。エビチリというのは、海老がちょっと悪いものでもごまかせる。これ言うたら悪いな。良い海老は良い海老の味を引き出す。で、手前どもはランチにしろ、宴会にしろ、一緒の海老を使うんですわ。だから、お昼のお客さんいうたら三〇〇人とか来るんですよ。もう、てんてこ舞いですよ。もちろん相席ですけどね。で、良い海老使うからお客さんやっぱり、正直やね。これ、活きてるん違うんかとね。冷凍でも素晴らしい海老あります。それを使ったら、ものすごく美味しい。本当に活きた海老みたいな味やね。そういうのは、絶対宴会とランチと区別せんとこと。率は悪いですよ。それで、まあ、たまたま受けたんかなあと思ったりして。

それと味付けも最初は、カキ油というのがあるわね。ハオヨウ（蠔油）というて。カキ油も少し余分に入れたら、広島の人に喜ばれる。そういうのは、あったんです、実際に。何でかな、僕、お客さんとの対話が好きやから「もし悪いとこあったら、どんどんおっしゃってください」。まあ、そういうのが良かったのかな。隣には広島倶楽部という経済クラブがあったんですよ。いわば、社長さんばっかり。たとえば、G建設の会長とか、T工業M自動車の会長・社長とか、そういう方々がおられまして、僕みたいな若造相手やからね。僕にとっては大先輩やし、お父さんみたいなものやから、「どうしたら良いか、教えてください」と、僕、言うんです。僕は大体、人懐っこいというか、そういう面はお得意さんとかというのではなく、自然にやっちゃう。お客さんに対しても、お年寄りに対しても。だから年配の方々にいろいろ教えてもらって、広島の味を作っていった。神戸とはちょっと違うんですけど。

・画家范曽さんとの出会い

盧：広島も分からんで商売始めた、岡山はもっと分からん。それで言うたんが、「僕、文化を売りたい」と。料理売るとかそういうものは、正直言うて、僕の頭の中では、お客さんは十人十色、百人百色であって、いわば、味というものはお客さんが決めるものであって、僕らが決めるものじゃないと思う。相手がこれやと思うもので、これがものすごく難しい問題。それをクリアすれば、もっといいものができる。だけど、それをクリアするにはどうしたらよいかというのを悩んだ末に、一番良いのは、「文化を売ること」というので、文化を売るには何をしたらよいか。社交場を作ろうと。中華料理店の中に社交場を作ったんですよ。

社交場いうたらオーバーやけど。〔中略〕この八仙図と言ったら、エレベーター降りたらすぐ、真正面に。縦一・七メートル横四・二メートルの大きな絵。どの先生に描いてもらおうかなという時に、ちょうど、李平凡先生という方がおられて、〔中略〕その方がちょうど神戸に来とった。そこで李平凡さんはどちらか言うたら、親戚同様で、ずーと一緒にさせてもらっていた。僕は、「店名が八仙閣やから八人の仙人の絵、描いてくれる先生を紹介してくれへんか」というと、「いや、人物画だったら今若手で一人おります」と。それが范曽さん。じゃ、「ぜひご紹介してください」。ということで、李平凡さんに頼んだ。その時にO・Hさんがたまたまテレビで、横浜の馬車道にある画廊で、范曽展をしていると。ほな、一回、范曽さんに会いに行こうやと、僕と叔父さん（姜成生。前三江会館理事長）と一緒に、范曽さんにお会いしました。それで、岡山八仙閣の絵を描いていただきました。もうひとつはいろいろな方にお店に来ていただいて、中国と日本の文化交流をせんといかんなあと。商売は二の次にして、文化を重点的にしようというので、朝日新聞さんにね、范さんの記事を毎日出してもらうんですよ。絵だけ。范曽さんの絵は、八仙閣だけですよ。范曽さんのPRです。

・結婚

二宮：〔中略〕家族でいろいろ集まりを持っていて、毎週土曜日に、妻の手料理で集まってとありますけど〔中略〕。

盧：そうです。陳慶子です、実は僕の家内ですが、長崎から神戸へ来て、お姉さんのとこへ居候して、信用金庫に勤めてた。その時に僕、まだ二四歳やな。あのとき、親父が、会計も何もわからへんけど、実際言われたことがある。商売人は、早う結婚せなあかん。何でやいうたら、お金一人要らんやろ。分かります？　従業員やったら給料要るんで。奥さんもらったらな、その人は無給でいけるやという方式やね。そういうので、早うせいというの。

それで、僕は二五で結婚せいと言われて、僕、はっきり言うて二四歳の時、結婚のケの字も分からん。実際はまだ若造やし、遊び呆けてるわけではないけど、華僑信用金庫に家内が勤めて半年くらいかな、親父が一回、華僑信用金庫へ行って、Oさんという女性がいらっしゃって、家内の大先輩です。貸付の部所の。その方の席の前に女性がおるから、行って見てこいというて。かなわんわそんなこと、行くのも恥ずかしいわ、こっちは。って返事したら、親父は銀行に入金に行く用事があるから、その時に「見に行ってこい」と言われて、「分かりました」と返事して、入金に行った。また別の日には、「もう一回行こうや」、「分かった、行こう」と。そしたら別の人やってね。前の人とどっちゃ分かれへん。それから今度、お見合いせいと言われて、これはM・H（華僑信用金庫の役員）さんが、親父に、「この娘さんは、ええぞ」と言うんやね。それで、見合いせい言うから、見合いした場所は同文学校、日時は運動会日。実は、家内のお兄さんの子どもさんが同文学校のたぶん中学生やったかな。ちょうど、運動会におばあちゃんも長崎から見えているから、いい機会やから、見合いしようということになって、僕、おふくろと行ったんですわ。その場所は、学校の食堂で。横には家内の親とおふくろ、僕遅れて行ったけれど、喋りにくいね。近くに同級生がいて、「お前何しに来たんや」と言われて、僕、逃げた。見合いどころじゃなくてね。それで、結婚したのが、今現在の家内です。

（二〇一九年七月二一日、聞き取り）

王　士畏
（おう・しい／Wang Shiwei）

男性・一九四八年生まれ・華僑二世
出身地：西宮市
祖籍：河北省
大阪華僑総会理事大阪中華北公所監事

王士畏さんは高校卒業後、大阪の二つの大手中華料理店に勤め、経理や営業に携わった。大阪華僑総会理事や大阪中華北幇公所監事といった要職につく一方、西宮市の市民としても自治会の役員になるなどして、日本人と友好的な関係を築いてきた。また、高校時代に柔道二段を取得した屈強な体力の持ち主でもある。

・大阪中華学校

二宮一郎（以下、二宮）：中華学校は大国町にあったのですか。

王士畏（以下、王）：一年の時は日本の本田小学校にあって、日本の小学校を間借りしてたみたいです。中華学校が大国町に建設中というので半年間だけ本田小学校のところで勉強したことを覚えています。大国町に中華学校ができたので、そっちに移りました。

二宮：そしたら、中一の途中で移ったんですか。

王：小学校です。半年だけ本田小学校に間借りしていました。昔の川口居留地でした。

二宮：我々は居留地を回りました。その時に本田小学校に碑が建っていました。その当時は中華学校の友だちはいたのですか。どんな方がいましたか。

王：ここにいらっしゃるOさん。（Oさんは）小学校だけで、中学校に行っていたら高校に行けないんですよ。中国語ばかり習うので、僕が中学校の時、中華学校ではあまり勉強していないんです。先生同士がはっきり言うと揉めていましたんで。国がややこしかったんですよ。台湾と中国が戦争をしていて、金門島で大砲が飛んでいる時代です。

大陸（中国本土）の先生と台湾の先生とかが何かして、僕が覚えているのは、今日も自習、今日も自習、学校で勉強していないんです。自習ばっかしで、「授業が無いから帰りなさい」と副校長に言われて、カバン持って帰ろうと思ったら、担任の先生に見つかって。「帰ったらあかん、教室へ戻れ」と。どっちの言うことを聞いたら良いのかわからない。そういう時代でした。だから日本の学校行ったのは正解ですよ。神戸中華同文学校に行っていたら良いのですが。本当でしたら、西宮だったら同文に行くはずだったんですけれど、親父が本町で仕事をしていたので、中国の友だちはみんな大阪にいたので、それで中華学校へ。小さいながらもそっちに行ったわけです。

二宮：その頃から身体は大きかったのですか。

王：身体は大きかったですね。僕は兄貴よりは背が高いです。ただ、ガリガリでした。

二宮：やはり、食べ物は無かったのですか。

王：生まれた時は、一応配給とかあって、小学校の小さい時はいろいろな外国のチョコレートやなんかを食べたのを覚えています。親父も幹部をしていたので、ただ亡くなってからは、本当にしんどいですね。収入が限られていましたから、足らん分は母親がパートで働いて。やはり大国町の中華学校に三人も行かすというのは、交通費もかかりますから。阪急乗って、地下鉄乗って、学費も私学で、日本の高校並みの学費だったと思うんですよ。だから、僕は日本の学校に行くよと言ったら、「あと、もうちょっとやから、がんばりなさい」と母親に言われた。将来貿易でもすると思っていたんでしょうね。中華学校の中学校に行かせて。

・就職

王：就職については一流企業は試験を受けさせてくれないです。先生から中国籍だから絶対だめだと、試験を受けさせてもらえませんでした。柔道でしたら自衛隊員や警察官になれます。高校で二段だったら高校の体育の先生は初段で、その先生より強かったから、体育の時間、僕が教えていましたよ。でも、自衛隊や警察は国籍が違うので入れない。県立西宮高校だったら卒業すればその当時一流企業に勤められる。就職しているんですね。でも、国籍が違うから受けさせてもらえなかった。願書が戻って来た。しかし中小企業は受けさせてくれるんですけれど、知っている人がいるから中華料理の方へ行った。また友だちもそっちの方へ行っているので、選びました。
二宮：就職指導の先生が、中国籍だから一流企業は無理と言ったのですか。
王：願書出しても戻って来るので、はじめから分かっていることであの時代、今はどうか知りませんが、当時は完全に無理でしたね。近所の人も大体「中国人」なんて言ってくれない。「お前は支那人か大陸か」、「大陸」とか「支那」としか言われない。台湾の方は「たいわん」と言っていました。今と時代が全然違いますからね。まだ台湾と中国が戦争するかどうかという時代の学生だったから大変だったです。
二宮：それで、結局企業に勤めるのをやめて、中華料理の方へ。
王：中華料理の方へ行きました。
二宮：中国の人から俺とこへ来ないかということはあったんですか。
王：いや、そうじゃなしに、どっちみち就職できないので、たとえ日本の中小企業に行っても、出世もできないと思うて、多分差別がその時代ありましたからね。そしたら、中華料理行って将来何か小さい店でも持とうかなと。前にちょうど父親の貸している店があったので、そこで、コックと違うから、それだったら自分が貸して賃貸の方がええと思って、自分はずっと働いていました。

・大阪心斎橋の店で働く

二宮：仕事に入って、最初にZという所で働いたのですが、ここはどういう所ですか。
王：最初入ったときは、ここは東洋一大きい。僕が一九歳で入ったときに一五〇〇人入る。一フロア一〇〇〇人ですから。あのとき、ホテルは全然無かったです。結婚式が一日二組、ほとんど韓国の人なんですね。四〇〇人、五〇〇人、そんなんです。心斎橋にあって、かなり大きなロビーだけでも普通のレストラン経営するくらいの豪華な設備の所です。普通の一般の人は敷居が高くて入れない。お客さんというたら、ほとんど有名人の方です。阪神タイガース、読売ジャイアンツ、大相撲の打ち上げや講演会や相撲協会、バレーボールなど。店の入口にいたから、有名人大体全部、顔見ています。プロレスの団体とか、みんな宴会するときは全部Zでやりました。

平野勲（以下、平野）：それは心斎橋のどの辺にあったんですか。

王：今のアメリカ村です。Tって、大きいのがあるんですけれど。六階建てで一つのフロアが少ないですね。だから一フロアに三五〇人しか入れないから、その八〇〇人位の宴会はできないんです。Zは一フロアに一〇〇〇人入るので、大きな団体、有名人、アーティスト、国会議員とかはZを使っていました。

・中国籍でいること

平野：王さんは国籍はまだ中国のままですか。

王：中国です。

平野：なぜそうされているのですか。何かこだわりとかがあるのですか。その辺をお話ししてください。

王：息子が同じ中国籍であったら、ただでさえ勉強もしていないでしょう。就職も難しいから、うちの妻が日本籍だから、もうこの際日本籍にしようと思うて、申請を出したんです。

平野：それはいつ頃ですか。

王：今の日本の法律でいったら、二〇歳の時に選択できるのです。最初はお父さんの籍になるけれど、今は二〇歳になったら日本人になりたかったら、お母さんの籍に入れられるんです。うちの息子のときはだめだったので、申請したんです。僕もその時に入管の署長から勧められたんです。署長から「この際、お父さんも一緒に申請されたら」と言われたので、これはオーケーだと思い、そのとき迷ったんですよ。でも親父がこっちにきて、そこまで頑張っておりいろんなことをして、兄貴も好き放題しているし、妹は日本籍になっているし、最後のお勧めね、僕で最後にしようと。僕が亡くなったらうちの表札は、「堀」（夫人の姓）に変わるから。僕は古い人間で、新華僑はいっぱい来ています。これから先は分からないです。神戸の華僑も多くいますが、帰化した人が多いです。最後の残りあと何年か分かりませんが、親父がやっていたように、華僑のために尽くそうかなと。ちょっとがんばってみます。

（二〇一九年一〇月五日、聞き取り）

蔡　勝昌

（さい・しょう しょう／Cai Shengchang）

男性・一九三九年生まれ・華僑二世
出身地：神戸市
祖籍：福建省
神戸華僑歴史博物館館長

蔡勝昌さんは民間企業勤務を経て神戸中華同文学校教員・事務長。長年、神戸華僑総会や台湾同郷会等の理事を務めた他、中日友好のため地道な活動を行ってきた。神戸華僑歴史博物館では館長として華僑社会の歴史や日本と中国の共存共栄について、来館者にユーモアを交えて熱く語る姿が評判である。

・神戸中華同文学校教員時代

蔡勝昌：僕ら、各種学校やから、先生足らんところ、全部教えんといかん。

二宮一郎（以下、二宮）：たとえば、社会科教員免許持ってないと、社会科教えられへんけど。それは関係なしに。

蔡勝昌：今はあかんけど。僕らの時は、足らんところを行くねん。教えてないのは、音楽、図工。

二宮：蔡さんが教えてはったんですか。事務長さんしてたんじゃなかったんですか。

蔡勝昌：事務は長かったけど、算数教えて、理科教えて。中学の社会、小学校の社会も教えて。

二宮：それは何年ほど教えたんですか。

蔡勝昌：僕、一年目は先生が足らんいうて……。あのとき、毎土曜日、安保闘争でデモばっかりやった。京都の職場五年間勤めたけど。

二宮：ああ、民間に勤めたという……。

蔡勝昌：新産別（全国産業別労働組合連合）や、毎土曜、日曜日デモに行かされる。だけど、僕らは、周恩来首相が内政干渉や言い出したから。

二宮：新産別の何という会社ですか？

蔡勝昌：E工業。〔中略〕
二宮：それで、新産別に入っていて、組合か何かされていたんですか？
蔡勝昌：組合もなにも、僕は副委員長やってて。副委員長やってたら行かないかんやん。
二宮：ああ、そうそう。
蔡勝昌：だけど、あのとき周恩来が方針で内政不干渉と。だけど、僕はものすごい矛盾を感じて。（デモに）行くのに。ちょうどその時、一週間ほど前に、李万之校長から電話があって、「お〜い、一人足れへんから、来い〜」と。
二宮：それで、E工業辞めて。
蔡勝昌：うん。だけど最初は事務や。
二宮：教員やったのは？
蔡勝昌：三年生の理科を教えて。
二宮：それは一年目から、教えたんですか。
蔡勝昌：小学校の理科。
二宮：その頃は、生徒はどうでしたか、まじめで教えやすかったですか？
蔡勝昌：僕が教えたんは、ちょうど王教頭の時やった。教頭が三年の担任。あの学年は「ワル」や。ワルの学年やから、はじめ行っても授業にならへん。あいつらガヤガヤ騒ぎよって。そのうち慣れて授業ができるようになった。
二宮：小学生でも、そんなに騒ぐんですか。
蔡勝昌：騒ぐ騒ぐ。
二宮：その頃は生徒は何人ぐらいですか？
蔡勝昌：あの頃は一クラス四〇人ぐらい。日本も四〇人。
二宮：はじめはガチャガチャしても、落ち着いてくる。何かやり方がありましたか。怒るんじゃなくて褒めるとか。
蔡勝昌：何やかやと……もう忘れてしもうた。
二宮：（笑）
蔡勝昌：それで、二年目は寮や。寮ができて寮長や。
二宮：それで、寮生は何人ぐらいいたんですか？
蔡勝昌：あんね、多くて五、六人。
二宮：寮長は、何年務められましたか？
蔡勝昌：六年。
二宮：寮長って、どんな仕事？
蔡勝昌：寮生の世話をする、長男みたいなもんや。
二宮：世話をする職員は、何人おりましたか。
蔡勝昌：二人おった。
二宮：二人。わりと楽しかったですか？　寮長の仕事は。

蔡勝昌：楽しかったよ～
二宮：結局、寮長六年務めた後は、事務へ？
蔡勝昌：違う違う。その後は担任で教師や。担任の教師は三三回生。中学二年生。

・台湾独立運動――王育徳を助けた蔡兄弟

二宮：神戸に台湾独立派の人がいましたね。
蔡勝昌：台湾独立派は、僕の叔父さんが台湾独立派の親分なんです。
二宮：なんという名前？
蔡勝昌：王育徳……母親の弟。うちとこは、左から右から真ん中まで、皆おる（笑）。一番下の叔父さんが共産党で、奥さんもみな共産党。医療生協を作って。
二宮：医療生協……その人の名前？
蔡直美（蔡勝昌さんの妹）：蔡東隆。〔中略〕
二宮：みんな、偉い人ばかりですね。
蔡勝昌：僕とこの系図は、わりかし真面目な、どっちにしても真ん中から全部いてる。独立派も真面目や。王育徳。
二宮：そらそうでしょう。
蔡直美：この人の娘さん、えらい頑張って、台南に博物館造ったんです。王育徳博物館。
二宮：娘さんが……。
蔡勝昌：なんせ、みんな真面目すぎんねん。僕たちの一族みんな。
二宮：（王育徳さん）はどこの学校を出られたんですか？
蔡直美：結局、東大を出たんです。
蔡勝昌：二・二八事件で殺された王育霖（蔡勝昌さんの母方の叔父、王育徳さんの兄）は、東大を出て殺されてんだから、おふくろ絶対許さへん。僕ら、二・二八のこと言われへん。言うたらケンカや。
二宮：あれは酷い事件でしたね。それで、日本の教育を受けた者は、もろに迫害されていますね。
蔡直美：殺された王育霖は、判事なんですよ。裁判官。だから余計にね、弟の方は亡命して。しばらく、（蔡家の）家にいたんですよ。その時に、蔡東華とうちの父などが、だいぶ力を賃したらしいよ。東大の中国語（中国文学）の先生、倉石（武四郎）先生が席を作ってあげて、亡命の話だけど。
二宮：話がどんどん広がりますね～。面白い。聞き取りは、こういう所が面白い。……結婚の話もね。

・神戸華僑歴史博物館の今後

蔡勝昌：ほんまに、もし金があれば、もっとええ場所に移転してね、みなさんに紹介できるような。本当は、研究するということは、いま差別されてる、差別というと語弊あるけど、異質なものと同質なもの。異質だから日本人が見に来る、もし異質でなければ日本人が見に来る必要がない。全部同質になったらいらないじゃない。

二宮：同質になったら、堅苦しい世界ですよ。

蔡勝昌：そういうんじゃなく、いわゆる考え方としてね。だから、博物館はある程度、存立していくべきだと思うね。そういう意味では。〔中略〕博物館は学者の周りに関心ある者がいたらいい。

二宮：人権関係の団体が来ますが、あまり資料が無くて申し訳ないと言ったら「いや、いろいろあっていいですよ」と答えてくれました。別に社交辞令じゃなくて。いろいろ情報があって、それなりにコンパクトやから、それはそれでええと思う。関心を惹いていることをコーナーで見せる。

蔡勝昌：日本人で関心ある人は多いと思うよ。華僑華人研究会でも日本人多いでしょ。華僑のイメージが結束力が強くて、というのがありますでしょ。ところがそうじゃなくてバラバラなところがある。

二宮：裕福になるとバラバラになる？

蔡勝昌：そうそう、差別されなくなると結束力が弱くなる。それは良いことだと思うけど。

二宮：まだまだ出身地の違いによる意見の対立とかあるんですか？

蔡勝昌：華僑の成り立ちは出身地別が基本。だから同郷会の力がなくなると、華僑の力がなくなる。それは、人間、感情論だから仕方がないと思う。

二宮：それで、先生は一族が一番大切？

蔡勝昌：それはそう。一族が大切。

（二〇一九年一二月一九日・二〇二〇年一月二日、聞き取り）

黄　承韜

（こう・しょうとう／Huang Chengtao）

男性・一九三八年生まれ・華僑二世
出身地：神戸市
祖籍：広東省番禺県
ジャズバンド「モダンタイムズ」リーダー

黄承韜さんは一女四男の次男として生まれ、かつてトアロードの西に広東出身者が集住した「広東村」で育った。自力で夜間高校を出る頃にジャズに目覚め、大阪で修業し、神戸でジャズバンドのリーダーになる。上海出身の家に育ち、華僑幼稚園で勤めてきた妻との間に一男一女。長男はジャズマン、長女は幼稚園教諭として活躍している。

・戦後の生活

黄承韜（以下、黄）：僕らどういうふうに生きたか、お金集めて食べようと。覚えているのは、神戸市から配給がある、差別なしに。今もある山手教会で、おにぎりの配給があった。酸っぱくて、お腹空いてても食べにくいものやった。

人のとこにいるんやから「郷に入らば郷に従え」で、人と衝突しないで何とかしていく。そういう中で生きていくことを大人たちは考えている。自分が大人になっていく時期に、ラーメン屋になるか散髪の仕事か仕立て職人か、どの仕事をするか悩んでいた。

・定時制工業高校に入学

黄：一九五〇年から始まった朝鮮戦争で、社会が復興してどんどん良くなっていく。その頃、中学校出るだけで精いっぱいやし、お金ないし、高校は夜間高校――神戸工業高校に入学。オヤジから高校行くんやったら自分で授業料出せよ、と言われていたから。二宮商店街でハムの運送バイトをしていた。それが一番最初のバイトやった。月に三〇〇〇円もろた。その三〇〇〇円のうち学費は一〇〇〇円、学校行って一〇〇〇円を自分のことに。あと一〇〇〇円を自分の食べ物代として家に入れなあかん。

学校で一番刺激を受けたのは、K製鋼あるいはM電機には養成工が五〇名ぐらいいた。養成工というのは中学出て高校と対等ではないが高校教育に近い、卒業したらK製鋼の社員になれる。しかし、高卒の資格にはならへんから、会社で五時まで働いて、その後夜間高校に来て、高卒の資格を取る。彼らはきちっとしているわけ、この人らは希望があるわけ、こんなに大きな会社に勤められる。だけど、僕らはそういう方向も何にもない、頼るものがない。そんな時に、華僑は自分の中では暗に「ワシは中華料理や」、弟も「ワシは流れに応じて自分は中華料理や」と。そんな生活が安定してくる中で、ジャズが流れてくる。

最初によく聴いたのがルイ・アームストロング。その時分の中学の音楽教育では、音楽はあくまできちっとしたものであって、きちっとした音楽理論があって、ピアノの運手法がきちんとしてバイエルがある。それが音楽教育だと。その時に刺激を受けたのがルイ・アームストロング。あのガラガラ声で歌って、こんな声でも、これ音楽になるの？　日本でも衝撃受けた人多いと思う。その時のトランペットがウワーと、すごい。僕にしたら、心が灰色みたいな時代でも心に残った。

それで学校に入った時に、部活しとったら、遅くまでブラスバンドの生徒が練習しとった。自分の中に、音楽をしたいなあという気持ちがあった。そんな時に、姉が「自分は結婚したい人がいるし、ぼつぼつ家から独立せんといかんし」。姉としては「ボーナスで、あんたらになんか買うてあげるわ」と。その時にアームストロングが頭にあって、その時に買ってもらったのが、トランペットだった。

後に「灰色の人生」という言葉があって、その時は分からなかったけれど、夕方配達していて、晩に五時半に夜間高校が始まって、兵庫駅からずっと和田岬近くまで歩いて行くねん。その時、だんだん冬が暗くなっていく。先が見えない。入学の最初に「就職は自分で考えろ」と言われる。いわゆる三把刀といって、中華料理、仕立、あるいは散髪しか道がない。

・トランペット奏者として

二宮一郎：トランペットは独学で……？

黄：それでね、トランペッター、だんだん世の中落ち着いてきてね。今の鯉川筋に音楽やる連中が集まってきた。そこで、少し教えてもらって、僕は山へ行って練習で吹いてた。とにかく音はドレミファソラシドの形だけ。しかし、ピアノに合わせてなかったら結局だめだけど。そんなこと考えずに、全くめちゃくちゃな吹き方しておった。すでに大阪でやっていたバンドプレイヤーが居たので、教えてもらわなければと頼んだ。だから、「こんな音ではいかん、全然違うやん」と言われる。人よりもはるかに時間かかった。ところで、日本は戦後大変な時期だったけど、朝鮮戦争で景気が良くなって、アジアで一人勝ちに。そんな時だから世の中、キャバレーがどんどんできてくる。とにかく遊ぶとこが欲しいから、キャバレーがある。女性はなんぼでもいる。未亡人がおるから、安く雇って、また楽隊必要になる。

台湾系のT貿易という会社がある。そこに東京から来た人がいて、特別な扱いで入社していた。その人が空手をやっていた。練習をしているのを、若い僕らは見ていた。その人は「これからの時代は何でもできる時代や、何でも成功できるんや、なんでもがんばれよ〜」と励ましてくれた。

そんな時にへたくそなラッパ吹いて、紹介してもらってキャバレーに行って。そこで、軍楽隊にいたおじちゃんがいて、「吹いてみ〜」「どこで習ったんや」「お前頑張る気ある？」。僕はそれしか道がないから、「頑張る！」と。「お前、三か月我慢したるから」「三か月やで、吹けんかったらクビやで」と言われた。練習しかないから、とにかく早く行かないかん。キャバレーはね、だいたい、おじさんが開けるのが三時ぐらい。仕入れも、仕入れのおっさんがいる。その頃のキャバレーといったら、建てもんだけはきれい、しかし屋根がまだトタン屋根で、あちこちから光が入って来て、楽譜広げても見えるわけ。そしたら、そのおじさんが、「なんや、はよ来たん」「お願いします、練習やで」。そこにピアノがあったので、それに音合わせて、とにかく今日やる分だけでも。三か月せなクビになると。

今では考えられへんけど、電車賃と小遣いはくれた。店としては、若いから座っているだけでかっこいいから。音がめちゃくちゃでも、向こうとしたら、中心のメンバーが良ければいいから。そんな時代があったわけ。今では考えられないことだけど。僕が覚えているのは、最初にやる曲だけど、人数も少ないし、そんな難しい曲やっていない。

しかも、キャバレーが三、四軒ある中で、コトブキという店があった。そこでバンドの人がいてないから、あの時の状態は人が欲しくてしょうない。

必死になって吹いて、一か月半ぐらいで「おい、お前この曲、ラビアンローズという曲吹いてみい」と言われた。最初の八小節も終わらんぐらいに、バァッと叩かれて、代わっておじさんが吹いとるねん。後で聞いたら、「あかんで～。全然なっとらん」。でも、「頑張ります、頑張ります」と言うしかない。また早よ行って、おじさんに言って練習した。

店はどんどん発展して、会社は金を使うから、はじめは少人数から、七人編成、ビッグバンドへと。僕ら下手だけどちょっとずつ形になってきた。これも、あれもと掛け持ちして、しんどくなる状態になってきたけど、お金が入るので大喜び。

会社としては、契約も何もなし、履歴書も学歴も住所もなにもなし。ただ聞いただけで、「よし、そしたら明日から」。それで給料なんぼ、そんな時代やった。余裕ができてきたら、みんなもとから音楽好きやから向上心あるから、外国のレコードを聴いたり楽譜も輸入したり。僕はそういう状態で、今の三宮の東急ハンズ、前は新世紀いう店やった。その時は、キャバレー競い合うから、僕らがビッグバンドに入ったころ欲が出てきて、早く譜面をマスターして上に上がりたい。みな喫茶店で集まって、「あそこなんぼ、向こうなんぼ」、そういう話ばっかりやった。〔中略〕

僕ら、大阪の大劇、今のＯＳＫに行った時、喫茶店で話してたら、「モダンジャズが流行っていること、そんなこと知らんの」と、めちゃくちゃ言われて、馬鹿にされた。そこで、「お前、いつまでも金で走ったらいかんで」とも言われた。でも、金のことを中心に考えていたから。

時代が進んでいくと音楽も変わっていくから、「お前、ドミソいうても色々音があるんやで」と言われて、カチンときて。相手にされんといかんと、思ってたんやけどね。音楽を追及していって、自分のものにした時こそ、本当の音楽やと。

（二〇二〇年八月一日、聞き取り）

劉王　光子

（りゅうおう・みつこ／Liu Wang Guangzi）

一九三九年生まれ・華僑二世
出身地：奈良県
祖籍：江蘇省揚州
中華料理店吉林菜館

一男四女の長女。戦後大阪市西区の本田国民学校に同居した時代の大阪中華学校に学んだ。旧満洲国派遣の釉薬研究生だった劉炳文さんと結婚。一九五五年に吉林菜館開業、四年目に結婚、二男二女を神戸中華同文学校へ通わせた。夫君早逝の後も家族で東北・揚州料理の人気店に育て上げ、今も店に立つ。大阪華僑総会婦女会の会長としても長年貢献してきた。　※劉王光子さんへの聞き取りは、聞き書きではなく要約となっている。

・奈良から大阪、大阪中華学校へ

父親の王正揚さんは江蘇省揚州の農家の三人きょうだいの末っ子。上海で理髪の修業をし、師匠筋が居た奈良県大和高田へ行き、理髪業を始める。光子さんの記憶では国際理容という店名だった。後に妻を揚州から呼びよせた。耳掃除や按摩まで、一通りの理髪の仕事を夫婦でこなした。

地元の小学校に入学して、次の日から男の子らにいじめられた。女の子は見ているだけ。登校してもケガのため、医務室に直行して、教室には行かなかった。両親が娘のことを心配して、二、三年後に大阪梅田へ一家で移り住んだ。場所は、今の大阪駅前第一ビルあたり。そこで、中華料理屋や古着屋、トウモロコシを材料としたパン屋などをした。

父の姉の子が大和高田に来て、理髪店を継いだ。後に、大和高田を訪れた時には廃業していたので、近所のおばさんに尋ねると「あのシナドコは無くなった」と言われたので、はらわたが煮えくり返ったが、せっかく来たので、そのおばさんに手土産を渡した。

光子さんが通った大阪中華学校。英語の孫歩英先生は広東か福建なまりの英語だった。先生の娘さんが神戸にいる。

学校の理事には台湾出身者が多かった。光子さんの在学中の校長は鄭孟團さんや果浩東さんだった。

大阪中華学校ホームページによれば、一九四六年の創立時は本田国民学校の教室を借り、暫時関西中華国文学校と称し、その後、大阪中華学校と定めている。一九五六年、浪速区大国町に新校舎を建設し、授業を開始している。同時に大阪府が大阪中華学校の名称を承認した。

光子さんの妹の三女明子さん（「明け方に生まれたから」その通り、と苦笑）からの聞き取りによると、明子さんは大国町の大阪中華学校小中学校を卒業。スポンサーのW社長が制服を全員に提供してくれた。

長女光子さんは毛沢東の写真を飾っていたので、大国町に移ってからの中華学校とは疎遠になった。

・夫、劉炳文と家族

夫の劉炳文さんは、吉林省吉林市出身。一九四二年一月に旧満州国官費留学生として。陶磁器の釉薬研究のため信楽へ派遣された。実家一族は揃って代々漢方医だった。

終戦後、京都寺町のRさん（江蘇省出身）の中華料理店で修業。転々としたあと、難波のお好み焼きぼてじゅう近くの山東料理店Kに勤めた。

大阪華僑総会の二代目会長を務め、最後の遺骨送還団では日本全国の有名寺院の僧侶とともに日本の華僑総会からの二名の内の一人としても、どちらでも周恩来総理に謁見している。

結婚のきっかけは、大阪市九条に住む母親の友人の紹介だった。肥後橋（ひご（う）ばし）の大新楼のコックだったZ・Iが住む木造二階建ての一階二〇坪を借りて吉林菜館を開いた。「儲かったら家賃を払えばいいから」という有難い話だった。出前が入ると店の鍵を閉め、自転車で運ぶ、帰ってきたら店の前でお客さんが待ってくれていた。

三八年間、国に帰っていないので故郷を見たいと、家族みんなで出発した。当時は開放されていない所も希望したら全部手配して貰えた。四〇日間に及ぶ長旅から帰って来てまもなくの一〇月に脳溢血で倒れた。

一九八〇年一一月に、満五三歳で亡くなった。

・長女　一九五九年生まれ　神戸中華同文学校からS女子高校、S女子短大を出て店を手伝う。

・長男　一九六一年生まれ　神戸中華同文学校から文科系

大学を中途退学。店を継ぐ。
・次男　一九六三年生まれ　神戸中華同文学校から文科系大学を中途退学。Rホテルの日本料理店「T」で修業。開業。その後、個人タクシー営業。
・次女　一九六五年生まれ　神戸中華同文学校からS女子高校、S女子短大。光子さんの妹（裕美さん）が経営する東京新橋のヤキトンの店まこちゃんの七、八軒を束ねる本店の店長。

・大阪華僑総会婦女会第四代会長として

一九五四年一〇月三〇日、中国紅十字会の李徳全代表一行が来日。目的は中国に抑留されていた一〇〇〇人余りのB・C級戦犯名簿を携え、彼らを帰国させたいというものだった。滞在は一四日間に及び、各地で熱狂的歓迎を受けた。これをきっかけに、全国に、華僑婦女会設立の機運が高まった。大阪での婦女会の歴代の代表は次のとおり、

・一九七三年　初代会長：王淑蘭（山東省出身）
・一九七九年　二代目会長：趙房子（江蘇省出身）
・一九九六年　三代目会長：黄信子（江蘇省出身）
・二〇〇五年　四代目会長：劉王光子
・二〇一九年　五代目会長：楊暁娟（黒龍江省出身）

役職：会長一名、副会長二～三名、理事七～一〇名
会費：年三〇〇〇円
会員数：一〇〇名余り　新華僑は二〇名ほど
理事会：二か月に一回。用件があれば会長が随時招集。
婦女会との関わり：黄信子さんの夫・劉宗廉さんが江蘇省同郷会長の時、同郷会が男ばかりなので入会してくれと言われた。女性としては初めて。また、黄信子さんが婦女会会長になった時劉宗廉さんと黄信子さんの兄・黄枝隆さんから、助けてやってくれと言われた。それで婦女会に入った。

自分が会長になってから、難波の喫茶店英國屋で午後三時ごろから五時ごろまで理事会開催。現在もそこで。

会報の発行は無い。新年会とバス旅行などの通知を出している。北幇公所も利用している旅行社・担当者に固定している。

《大阪華僑婦女会章程》二〇〇九年二月制定

第一章総則　第2条　本会は華僑婦女の愛国愛郷の精神を発揚し、華僑婦女及びその親族婦女の親睦、交流を深め促進することを目的とする。以下、第二章　会員、第三章会員大会、第四章　理事会、第五章　財政、第六章　付則。

・吉林菜館、店内の色紙

テレビ番組「嵐にしやがれ」で紹介された人気店。揚州料理「獅子頭」という豚肉団子がある。こぶし大で大変美味しく、正月料理として、一月四日に店でふるまわれる。

「中国吉林省出身の初代店主がこちらで店を開いて六〇年の老舗です。現在は息子さんが二代目として創業当時の味を守っています。本格的な中華料理はとても美味しくて、親子孫と何世代にも渡って店に訪れるお客さんも多いです！」とレビューされている。

店内に多くの色紙があり、もず唱平さんが、この商店街で行われた国際祭りに曲を作ってくれた際の「どこに咲いても花は花　平成十三年朱夏」が目を惹く。他にも俳優・中尾彬、映画監督・中島貞夫、大森一樹、テレビ番組「おはよう朝日です」宮根誠司、芸能レポーター・梨元勝、井上公造など多数。

さらに、一九六三年年一一月一二日付けで、長編小説作家として著名な巴金を団長とする中国作家訪日代表団六名のサイン入りの色紙や、一九八一年一一月一六日付けの中国女子バレーボール選手団の世界大会優勝記念の寄せ書きもある（有名なアタッカー郎平のサインが真中に）。どれもみな歴史を刻んでいる。サイン帳には、一九六二年一一月一一日付けで、当時最強の世界チャンピオン（三連覇）といわれた荘則棟（江蘇省揚州出身）ら五名の中国卓球訪日代表団選手名が並んでいる。

（二〇二〇年七月三日・七月二〇日・一一月一六日・二〇二一年一月一八日、聞き取り）

蔣 政茂

（しょう・まさしげ／Jiang Zhengmo）

男性・一九五二年生まれ・華僑二世
出身地：神戸
祖籍：江蘇省揚州
理容業・不動産業経営

江蘇省出身の父は一四歳で理髪業の弟子として渡日、母は神戸生まれで華僑二世。両親は理髪店から麻雀店と喫茶店などと経営を広げていた。蔣政茂さんは家業を継ぐかたわら、江蘇省同郷会会長や神戸華僑総会の部会長を務めた。新開地本通りの店はご子息が継ぎ、三代続く理髪店となっている。

・戦前の華僑理容業

平野勲（以下、平野）：お父様の名前は。
蔣政茂（以下、蔣）：蔣開春。
平野：開くという字に春と書くそうです。失礼ですけど何年にこちらに来られたのでしょうか。
蔣：一四歳で来たと聞いてます。
平野：一四歳。
蔣：それは昭和元（一九二六）年生まれなので、昭和一四（一九三九）年だと。生まれが昭和元年で本当は大正の終わり大正の最後の年なんやけど。
平野：いきなり来られたんですか。
蔣：うちの親父の散髪屋の親方は奈良にいたの。散髪屋の親方です。
平野：はい。
蔣：昔、散髪屋は中国人の店は自分でする以外、家族以外、あの戦前の話ですよ。日本の人を雇えなかったんです。それで自分の店を大きくするためには、中国へ帰って散髪できそうな子を連れて帰って、甥とか嘘をついて籍を与えて、それで自分の弟子にした。だからうちの親はそうですけど、本当の田舎の苗字は「高」です。「たか」、高低の「高」。高い低いの。本当の中国の家の名前はね。中国の親父の甥っ子という形で来ているので。
平野：あの話がちょっとそれますが、新開地に高さん（九〇頁に掲載の高四代さん）という方がいらっしゃいますわね。ご親戚ですか。
蒋：いやいや全然関係ない。近所にいるから仲間ですけど。
平野：分かりました、失礼しました。それでも弟子で坊さんという形で。
蒋：徒弟です。
平野：その形で神戸に来て独立された。
蒋：戦後、昭和二二（一九四七）年頃に。華僑は皆、大阪を中心に、その時代はね。同じ省の人が行き来しているから。それでうちのお袋と見合いして、結婚した。昭和二四（一九四九）年ぐらいに、神戸に来たみたいですね。奈良から神戸に出て来たみたいですね。本来は地方から神戸には手を出せなかったんですね。
平野：あー、そうですか。どうしてですか。
蒋：それは、僕もずっとそういう話を先輩から親とか、おじいさんから聞いたんだけど、まず親方の保証がないと店を出せないと。それで日本に来た時に親方の証明、サインがないと警察の登録がもらえない。在留資格もらうためには親方の印がいったのですよ。親方自体は人を呼び寄せられるけど、普通は一般に来ることできない。親方、日本で長いことしてますから、その市とかね。昔は警察が管轄なんですけど、警察の許可や在留許可が出ない。だから親方の采配で神戸に店出すことができる。だからある一定の親方の肝いりでテリトリーがあるんです。そのため神戸の散髪屋は全部バラバラです。その時代からね。隣に店ができたら、何で店出すんやとクレームが来ますから。だからその母方の親は大橋にある店でその地域の親方だったのです。要するに何人かの親方の幹部だったんで、それで神戸に入れます。最初に来たのは水道筋なんですけど、まあ、同じ親方同士の「頼むわ」「ＯＫ」という話で店を出しました。
（補足説明：蒋さんの話「私は昭和二七（一九五二）年生まれ。私の記憶では、西は長田区中心に六〇軒、東は旧葺合区中心に三〇軒前後ありました。全てが親方ではなく、戦前、新しく日本に来た人は、まず警察へ移住申請をする必要があります。その時に警察に対して保証人の申請をします。したがって、信用度のある人が親方申請をしています。当時、これ以上の店は増えなかったようです。理由は人口に対して客の取り合いになるからです。したがって、新しく来た人は岡山など県外に移住しています」)。

平野：何というところ。

蒋：水道筋です。今の動物園の近所です。

平野：王子の。

蒋：王子動物園の向こうです。

平野：それでお母さんはやはり江蘇省の揚州の方で。

蒋：そうです。

平野：まあ、向こうで

蒋：うちのお袋は日本生まれですよ。

・同文学校から理容の道へ

平野：それと、まあ、蒋さんご本人は神戸で生まれて、そうやってずっとまあ現在に至るわけですね。失礼ですけど。学校は同文学校に行かれたんですか。

蒋：同文です。

平野：同文は小学校から。

蒋：私は今の同文学校の一期生ですね。要するに今の新しい学校のね。僕が小学校一年の時は大開にあったんですよ。夏休みの時に引っ越して、山手に行ったんですよ。第一学期からね。だから今の新しい校舎できた時に一番最初に入った。

平野：その後、高校は。

蒋：育英です。

平野：それから、お店に。

蒋：店です

平野：それはもう何年になるのですか。

蒋：僕、育英に入ってたのは、昭和四四（一九六九）年卒です。

平野：いきなりお店で働かれた。修業を兼ねて。

蒋：あの、僕ちょっと特殊で。僕の時代はね、僕のちょっと上の世代はね、仕事さすために子どもが多いという店、たくさんあったんですよ。その人を雇わんとね。僕の兄弟分とかは皆、徒弟で中学卒で仕事をしてます。散髪屋で。僕が親戚の中で高校に入ったのは、最初の方です。皆、中卒で仕事やってますね。そういう時代ですね。それで僕も散髪屋する気だったんで、高校の時から理容学校の通信科に行きました。だから高校の時に理容学校卒業してたんです。

平野：そうですか。ダブルスクールというやつですね。そこで修業された訳ですね。それでずっと一途にお仕事をされて。

・多角経営

蒋：うちの場合はよそと違って、多角経営してたから、僕、散髪屋しとったんじゃなくて、二階は麻雀屋経営しとって、それで僕、散髪屋始めたとき、元町三丁目で喫茶店やってました。

僕、散髪屋の免許は片手間で取れた。僕、結構手が器用なんで、もうちょっとで習得できた。車の免許も自動車学校へ行ってませんから、無免許でちょっと乗って、直接、試験を受けてもらってきたぐらいやから。もうそういう器用なところがあって、それで喫茶店してたんで。

平野：喫茶店はどこでやられたの？

蒋：元町三丁目。

蒋：元町で。

平野：で、お住まいはどこに？

蒋：散髪屋のとこです。

平野：一階に散髪屋で、二階に麻雀屋、三階にお住まい。

蒋：いや、四階階建てです。

平野：すごいね。それだけ儲けられていたということですね。

蒋：親の手伝いで集金とかね。だから散髪屋の仕事は、僕、店に入って経営してたけど、あまり仕事してないんです。まあ仕事できますけどね。もう夕方の川崎重工の帰りの時間に四時ぐらいからお客さん帰ってくるのね。その時間帯しか仕事しなかったです。僕は。

平野：えっとお店は。

蒋：川崎重工のメインストリートに店があるので、散髪屋の。

平野：王子じゃなかったの。

蒋：王子は親父がして一年ぐらいで止めて、川崎へ移ったの。何度か場所を変わって川崎に来たのが昭和二五（一九五〇）年くらいです。

（二〇二一年六月四日、聞き取り）

蔡　直美

（さい・なおみ／Cai Zhimei）

女性・一九四一年生まれ・華僑三世
出身地：神戸市
祖籍：台湾省台南市
元神戸中華同文学校教師

蔡直美さんは神戸中華同文学校で学んだ後、神戸高校から神戸大学教育学部へ進学。大学四年生の時には同文学校の時間講師をしながら教員免許を取得して同文学校の教員となった。同じく同文学校の教員を勤めた蔡勝昌さんは蔡直美さんの兄にあたる。

・戦後の思い出

呉宏明（以下、呉）：日本で生まれて、学校に行くまでですね、戦後の思い出とか、覚えていることがありましたら。

蔡直美（以下、蔡）：あのね、私たち日本国籍だったからだと思うんですけどね、疎開したんですよ。中国の人はみんな疎開なんかさせてもらえなかったのね。だから空襲なんかでずいぶん亡くなっていますけど。私たちは、今もあるんでしょうね京都府の園部っていうところに疎開して。で、あの上の兄はそこで、小学校二年生まで育っているんですね。で、私は神戸に引っ越してから戦後、同文学校に行ったんですけど。疎開はどれぐらいの期間していたのか知らないんですけどね。そこで、わりに私たち裕福な生活をしてたんでしょうね。だから、長靴を取られたなと兄がね。なんか、劇に出て、見に行ったときに脱いだ靴が帰りはなかったという印象があったんですけどね。

神戸に帰って来てからは、神戸の街すごいな。ジープが走っているんで。加納町、それこそ異人館ですね。異人館のところに家を借りて、長いこと住んでたんです。次の兄の蔡勝昌が、「マーコ、マーコ」と呼んでいたんですけど、結婚して住んでいたところに。安い家賃でユダヤ人の家を借りてそこに住んでて。で、そこから私は結婚までそこに住んでて、結婚してから大阪に行ったんですけどね。だから戦後はね、覚えてるのは戦勝国になったんですよね。だから配給があったり。あのときは同文学校にも配給があった。あのときはね、今でいうとそごう百貨店（現在は阪急百貨店）の近くかな、スーパーマーケットみたいのがあって、そこは戦勝国の人だけが行けるような。スーパーに行って買い物したりっていう印象はあるんです。ほかのことはあんまり覚えてないんですけど、ただ子どもの頃、よく近所は大体、日本の方なんですよね。子どもたちは昔の考えのままでしょうね。いじめられたっていう記憶がありますね。だから「支那人」、「チャンコロ」といじめられて、それでいて戦勝国という恩恵を受けてた。なんかそういう子ども時代を送ったような記憶があります。

・同文学校で学んだこと

呉：ありがとうございます。それではですね、同文学校で学んだことをお聞かせください。一年のときからですか。幼稚園は。

蔡：あのときは、予備班と呼び、九月に学校行ったんですよね。四月から九月の間に。今では幼稚園になるんでしょうかね。同文学校で予備班っていうところに行って、九月から正式に一年生になった。あのとき私が小学校の六年生のときに四月に切り替えがあった。あのときは新学期は二月でした。だから、小学校六年生は半年しか勉強せずに、だいたい九月が始めなんですけど、えっと一年生、二年生、三年生といって六年生のときに二月か三月に学期を切り替えているんですね。だから半年しか勉強していない。

呉：同文学校に行って、なんか記憶っていうのか、覚えてることってありますか？

蔡：いやあのときはね。私自身、わりに勉強できたんですよね。だから。あのときはどうしても男の方が進んでいて、女は下だっていう意識がすごく強かったんです。けど、まあ、勉強できたおかげなんでしょうけど、「いや、そんなことはない」という気持ちでずっと育ったような気がしますね。中二ぐらいのときに、だいたい中学に行ったら女の子落ちるんだと言われたのに、それに反発して、私はおとなしかったんですけどね、それに反発して、中学でも私が頑張るんやって。気が強かったんです。あのとき、たしかに女の子は、中学になったら一番とってた子が落ちて下がったりしてましたけど。私自身も、小学校の時代は学校の成績は良かったんですけど、実力テストになったら落ちてましてね。それでも、いや、自分はもう男なんかに負けるもんかいう気持ちがずっとあったんですよね。だからあの当時は女の人は大学には行かないで、まあ普通に結婚したら家庭に入るんだよということにすごく反発してた。自分は絶対仕事するんだという気持ちが強かったような気がするんですよ。あのときああいう考えが、中学のときからずっと思ってましたね。

呉：女子と男子の比率は大体半分ぐらいですか。

蔡：あのときは男子の方が少し多かったような。私たち一二回生というのは、人数が多かったんです。名簿上では一三〇名ぐらいいた。実際には、一二〇名ぐらいでしょうけどね。割に人数の多かった時代です。だから四クラスだったのが、六年生のときに三クラスになって。で、中学三年間は三クラスでしたけどね。

呉：同文学校で学んで、何かこう一番興味あったこととかありますか。

蔡：あのときはね、同文学校は大開通りにあったんですよ。あのとき、李万之校長は、とにかく中国人としての誇りを持たなあかんということをすごく言われたんですよ。大開通りで途中何年生のときかな、学校を日本の政府に返すという運動があったんですね。で、昼休みは何ていう小学校かよく覚えてないけど、一緒に、日本の子どもたちとフォークダンスをした。だから中国人としての誇りと同時に、日本の人とは仲良くせなあかんっていう教育をすごく受けたんですね。機会があるごとにそういうことを言われてました。だから校長を始め李蔭軒（リー・ツーレン）、あのときは主任だったんですけど、その李主任の話がすごく印象深かったんですね。だから私自身が教師になったときも、そのことだけは子どもにちゃんと伝えようという気がすごく強かったんですね。だから。日本の子どもたちと一緒にフォークダンスをしたような記憶はあるんですね。

・阪神淡路大震災と同文学校

呉：地震のときはどちらにいらっしゃったのですか。

蔡：地震のときはね、私大阪にいたんですよ。だからあんまり被害を受けてなくて。大阪分校というの作ってね。結構、大阪や御影とか、あの辺から来てる子どもたち、同文学校に行けないからというので。地震があった一月一七日から学期末までは、大阪分校を華僑総会の部屋を借りて。それからあのSさんと言ってね、〔中略〕そのお母さんが自分とこのビルの一部屋を貸してくださって、そこであっちは中学部で。S先生ってやっぱり大阪から通ってる先生が、小学部で三か月ぐらいは大阪で教えてました。あのときの記録ね。本当にちゃんと記録を付けたんだけど、ないんですよね、残念ながら。あのときはね、同文学校の西の方にも分校がありました。で、大阪分校が最後まで残ったんです。

呉：何人ぐらいなんです？

蔡：小中一緒で、みんな同じ部屋だったから、多いときは四〇人近くいたと思う。最終的に、中学校と小学校に分けて、私は中学校の方へ。神戸に住んでる子でもあの震災で大阪に避難してきた子たちが神戸に通えないからいうので来てた方もいましたね。私はあの頃、中二の担任をしてたんです。けど、担任を代わってもらって大阪分校で過ごした記憶はありますね。神戸からの先生に聞くんですよ「大変でしたでしょう」と。「いや、大阪来たら別世界や。みんな喜んで来てました」と言いました。本当にあの時は三時間かけて船で神戸の学校へ行って、それが時間がだんだん短くなったのが、復興したなあっていう実感でした。あのとき、同文学校も避難所になってて、近所の人が避難してきたりね。料理屋さんが多いでしょう。だから校庭で炊き出しするんですよ。それが喜ばれてね。私も何回か泊りに行ったんですけど。それをきっかけにあのときはね。同文学校の運動会になったらうるさいですよ。「ドン、ドン、ドン、ドン」やるからね。でも、避難所になった後で、まあ、近所の人たちが同文学校を見る目が変わってきましたね。今は配っているかどうなんかわからないんですけど、「お騒がせします」って放送はするんですけど。近所の方がね、本当にお世話になったということで同文学校を温かく見てくれてるようになりました。それまでは、運動会が来たらうるさいのにって言われていました。

（二〇二三年五月一三日、聞き取り）

植　RS

女性・一九四〇年生まれ・華僑二世
出身地：神戸市
祖籍：広東省
主婦

謝　KS

男性・一九三三年生まれ・華僑一世
出身地：広東省
祖籍：広東省
元貿易会社経営

植RSさんと謝KSさんにご夫婦でお話を伺った。植RSさんは神戸生まれの華僑二世、神戸中華同文学校の卒業生。謝KSさんは一九五〇年に渡日、一九六五年に独立して東南アジア向けに食料品（海産物）と衣料品・雑貨を扱う貿易会社を経営していた。

・二人のルーツ

植RS（以下、植）：父親はね、戦前に日本に来られた。その後に、母親が来て、私は幼いからね、そんなに覚えていないんです。

呉宏明（以下、呉）：お父さんは何をなさっていたんですか。

植：コックさん。はい。

平野勲（以下、平野）：神戸で。もちろん中華料理ですか。

植：もちろん、そうです。はい、昔はね、中華料理で、こちらで出稼ぎみたいなものです。

呉：そしたら、ご主人にお聞きします。中国にお生まれになって、いくつの時に日本にいらっしゃったのですか。

謝KS（以下、謝）：えーとね、二回あったんです。三つの時に、日本に来た。神戸へ。私はね。三つの時に一度は来たんですけど、盧溝橋事件で帰りました。

植：一九三七年かな。私の母親もしばらく中国に戻りました。

謝：そして中国に戻りました。流れ者だった。戦争のために田舎は日本の飛行機の爆撃を激しく受けまして、また香港に逃げていったんです。

平野：その時、どこにおられたのですか。中国の。

謝：中国の広東省にいたんですよ。

平野：広東のどのあたりですか。
謝：田舎やね。仏山です。
植：今は仏山（フォーサン）市ですけど、当時は仏山の管轄ではなく、高明県に属していました。今は仏山に吸収されています。
平野：そこにお帰りになって、七歳ですぐ帰っちゃったんですね。
植：七歳ではなく三歳の時に帰って。
平野：三歳の時といえば、一九三五年で、日中戦争が始まって帰ったと。
植：一九三七年かな。七・七事変（盧溝橋事件）で。
呉：それで、その後は。
謝：田舎に戻りまして、それであまり空襲が激しくて、もう家はみんな焼かれました。それでしょうがないから香港まで避難に行ったんです。
呉：あの、学校とかは。
謝：香港に行ってから、小学校に入りました。小学校三年ぐらいかな。まだ、日本軍が香港を占領していまして。
平野：一九四一年に日本が侵入して来て、まだ香港に逃げた。どこに逃げたのですか。
謝：田舎に戻ってました。
植：高明です。ふるさとはかなり田舎ですよ。
平野：そのときはご両親も。
謝：はい、健在でした。
平野：ご両親は何をされていたんですか。
謝：農業。
植：田舎は農業しかないね。仕事いうても畑があったらそれで食べていけるでしょう。
平野：大変な思いをされたんですね。
謝：逃げるばかりです。
平野：香港の頃は何か思い出がございますか。
謝：まだ、小学校。一〇歳くらいかな。一番心に残ったのは、一二月八日の朝、学校行くわと言ったところで、日本軍の飛行機が爆撃したのを覚えています。
植：真珠湾攻撃の日です。
平野：真珠湾攻撃の日に、香港も爆撃があったんですか。
謝：そうです。逃げようと先生に言われて、命を懸けて逃げました。真珠湾攻撃の時に、香港に侵入して来た。
平野：そんなに早かったんですね。
呉：それですね。植さんにもう一回戻りますけども、植さんは神戸生まれですよね。
植：そうです。

・戦争の記憶

呉：神戸で生まれて、もちろん幼少だったんで、戦争のことは多分覚えてないと思いますけれども、戦後のことで覚えてらっしゃることで何かあれば。
植：その時、私らはトアロードに住んでいたんですよ。でも、ほとんど覚えていないんです。小さいからね。まだ四、五歳にならないかな。五歳になるかならないかの時に、たしかに焼夷弾が南の方、ＪＲの高架のところに真っ赤な火がね。子ども心に記憶があります。
平野：一九四五年三月一六日かな。
植：そうです。その時に、たしかに両親と兄弟四人で。
平野：もう一度六月に大きいのがあったんだけれど。三月と六月に二回。
植：六月かな。全然日にちを覚えてないからね。両親が子ども四人を連れて、なんかすごく火が見えてるからね。トアロードのこのちょっと上に住んでいたから。トアロードを上って、小学校があるでしょう。小学校まで逃げて行ったのを覚えてるんですけど。その後に、またずうっと上がって、今の移民センターがあるでしょう。移民センターをちょっと上ったところにトンネルがあるので、そこまで行ったことを覚えています。下の方からずっと燃えてくるの。両親はそれを話してくれたんです。やっぱり、大きくなってからね、苦労した言うて、子ども四人連れて逃げるのに苦労したと。その後、あのトンネルのところで人がいっぱいおって、本当死んでいる人もおって、中に入らなかったんです。それで命が助かったんです。中に入っていたら窒息したと思います。逃げられないで、そういう人がいっぱいおったという話を聞きました。私は自分では感じてないですけどね。その後、その日か次の日か知らんけど、住んでた所に戻って来たら焼け野原でした。
呉：それでは、小学校は同文学校ですね。
植：そうです。次の年の九月かな。一九四六年と思います。九月に大開小学校ができました。そこへ入学させてもらったんです。
平野：ご主人は同文学校に行かれてないんですね。
謝：行ってないんです。
呉：香港で勉強されたんですか。

謝：香港では、結局小学校三年まででしたね。それで、また戦争があって、また田舎に戻りました。
平野：学校どころではないですよね。
謝：はい、学校どころではない。
呉：で、その戦争が終わって、学校は小学校三年生まで。
謝：そう、田舎の学校に通って、小学校卒業まで。
呉：で、卒業されて、日本にいらっしゃるのですか。
謝：まだまだ。
呉：いつまで。
謝：一九五〇年まで。
呉：そしたら、中学とかは。
謝：田舎の中学校に行きました。高校まで行きました。
呉：それで、一九五〇年に日本にいらっしゃった。
謝：そうです。それで日本に来ました。

・結婚について

呉：わかりました。それでは、植さんにもう一回お話を聞きますけども、同文学校を卒業して、その後どうなされましたか。
植：中学に行きました。
呉：で、その後は。
植：その後は高校に進学しましたけどね。その当時はね、私の年代はみんな高校に行かないんですよ。特に女性はね。みなさんは中卒で働きに出るか、または専門学校とかに行かれるんですけど。私は幸いに高校行きなさいてね。両親が言うてくれて、高校に入れてもらったんです。
呉：その後はお仕事に就かれたのですか。
植：そうですね。高校を卒業してから二年間貿易会社に勤めていたんです。
呉：神戸で。
植：そうです。
呉：その後は、ご結婚されたのですか。
植：そうですね。はい。
呉：どうやってお知り合いになったのですか。
植：まあ、紹介かな。当時はね、やっぱり世話役のおばちゃんがいたんですよね。今はそうじゃないから。それで紹介された。同じ広東やしね。今やったら、日本の方とお付き合いして。私らの時代は、やっぱり同じ国の人で同じ広東の人を一緒にするのが普通でしたけど。

（二〇一三年六月四日、聞き取り）

聞き書き記録一覧（掲載順・敬称略）

林木宋　第一回：二〇〇七年七月二三日、福建同郷会（神戸）、聞き手：石川朝子、林正茂。第二回：二〇〇七年七月二三日、林木宋さん自宅、聞き手：石川朝子、林正茂。『聞き書き・関西華僑のライフヒストリー』第一号

曹英生　二〇一八年五月二日、神戸華僑歴史博物館、聞き手：二宮一郎。『聞き書き・関西華僑のライフヒストリー』第九号

柯清宏　二〇〇七年九月一四日、福建会館（神戸）、聞き手：金原淳一、張玉玲、林正茂。『聞き書き・関西華僑のライフヒストリー』第一号、抜粋：近藤純子

陳福臨　二〇〇七年八月一二日、福建会館（神戸）、聞き手：久保哲成、磯野結衣、山中晴香、呉宏明、林正茂。『聞き書き・関西華僑のライフヒストリー』第一号、抜粋：近藤純子

O・KS　二〇〇八年六月七日、福建会館（神戸）、聞き手：樋口大祐、林正茂。『聞き書き・関西華僑のライフヒストリー』第一号、抜粋：呉宏明

田偉　第一回：二〇〇七年八月一六日、田偉さん自宅、聞き手：竹尾正満、張艶。第二回：二〇〇七年八月三〇日、福建会館（神戸）、聞き手：竹尾正満、張艶。『聞き書き・関西華僑のライフヒストリー』第一号、抜粋：近藤純子

林王昭基　第一回：二〇〇八年五月三一日、福建会館（神戸）、聞き手：佐藤仁史、林正茂、岡将也、堀野礼華、横田まい、竹村淳史。第二回：二〇〇八年一一月八日、林王昭基さん自宅、聞き手：佐藤仁史、林正茂、岡将也、堀野礼華、横田まい、竹村淳史。『聞き書き・関西華僑のライフヒストリー』第二号、抜粋：呉宏明

詹永年　第一回：二〇〇九年三月四日、福建会館（神戸）、聞き手：張玉玲、林正茂、王亦錚。第二回：二〇〇九年三月五日、福建会館（神戸）、張玉玲、林正茂。『聞き書き・関西華僑のライフヒストリー』第二号、抜粋：金川幾久世

孫生法　二〇〇六年一二月二八日、介護老人保健施設「いつでも夢を」、聞き手：蒋海波。『聞き書き・関西華僑のライフヒストリー』第二号、抜粋：蒋海波　※孫生法さんは他界されているため、蒋海波が抜粋内容の確認をした。

任書正　第一回：二〇〇八年二月一三日、第五松屋ビル事務所、聞き手：二宮一郎。第二回：二〇〇八年五月八日、第五松屋ビル事務所、聞き手：二宮一郎。『聞き書き・関西華僑のライフヒストリー』第二号、抜粋：井上邦久

篙国泰　二〇一〇年一月三〇日、福建会館（神戸）、聞き手：林正茂、張玉玲。『聞き書き・関西華僑のライフヒストリー』第三号、抜粋：近藤純子

高四代　第一回：二〇一〇年四月一九日、理髪店「天龍」、聞き手：藍璞、岩見田秀代。第二回：二〇一〇年六月四日、理髪店「天龍」、聞き手：岩見田秀代。『聞き書き・関西華僑のライフヒストリー』第三号、抜粋：近藤純子

陳耀林　二〇一〇年七月一一日、福建会館（神戸）、聞き手：平野勲、林正茂、井上研司。『聞き書き・関西華僑のライフヒストリー』第三号、抜粋：近藤純子

黄祖道　二〇〇九年九月五日、宣興株式会社、聞き手：丁奇征、久保哲成、林正茂。『聞き書き・関西華僑のライフヒストリー』第三号、抜粋：近藤純子

梁金蘭　二〇〇九年三月一八日、梁金蘭さん自宅、聞き手：林正茂、下村晴南。『聞き書き・関西華僑のライフヒストリー』第四号、抜粋：近藤純子

藍璞　二〇一一年六月二六日、神戸華僑歴史博物館、聞き手：林正茂、石川朝子。『聞き書き・関西華僑のライフヒストリー』第四号、抜粋：塩出浩和

ＴＨ　第一回：二〇一一年六月八日、自営店舗、聞き手：二宮一郎、岩見田秀代。第二回：二〇一一年七月二二日、自営店舗、聞き手：二宮一郎。『聞き書き・関西華僑のライフヒストリー』第四号、抜粋：呉宏明

王天傑　第一回：二〇一一年二月五日、中華料理「満楽」、聞き手：二宮一郎、平野勲。第二回：二〇一一年三月一九日、中華料理「満楽」、聞き手：二宮一郎、平野勲。『聞き書き・関西華僑のライフヒストリー』第四号、抜粋：近藤純子

林珠榮　二〇一二年一月二八日、福建会館（神戸）、聞き手：林正茂、平野勲。『聞き書き・関西華僑のライフヒストリー』第五号、抜粋：平野勲

林同福　二〇一二年六月一九日、林実業、聞き手：岩見田秀代、岡野（葉）翔太、平野勲、石川朝子。『聞き書き・関西華僑のライフヒストリー』第五号、抜粋：平野勲

林斯泰　二〇一二年七月一四日、東姫楼西店、聞き手：呉宏明、田中剛、原田茜。『聞き書き・関西華僑のライフヒストリー』第五号、抜粋：平野勲

愛新翼　二〇一三年一月二六日、福建会館（神戸）、聞き手：張玉玲、林正茂。『聞き書き・関西華僑のライフヒストリー』第六号、抜粋：平野勲

陳正雄　二〇一三年九月七日、神戸華僑歴史博物館、聞き手：平野勲、門永美保。『聞き書き・関西華僑のライフヒストリー』第六号、抜粋：平野勲

張敬博　二〇一四年二月一五日、中華会館（神戸）、聞き手：張玉玲。『聞き書き・関西華僑のライフヒストリー』第六号、抜粋：平野勲

連茂雄　二〇一五年二月七日、中華会館（神戸）、聞き手：張玉玲。『聞き書き・関西華僑のライフヒストリー』第七号、抜粋：平野勲

呉伯瑄　二〇一五年六月六日、神戸華僑歴史博物館、聞き手：平野勲、二宮一郎。『聞き書き・関西華僑のライフヒストリー』第七号、抜粋：平野勲

張文乃　二〇一五年一一月七日、神戸華僑歴史博物館、聞き手：平野勲、二宮一郎。『聞き書き・関西華僑のライフヒストリー』第七号、抜粋：近藤純子

鬬登美子（欧陽效平） 二〇一六年一月三〇日、中華会館（神戸）、聞き手：張玉玲。『聞き書き・関西華僑のライフヒストリー』第七号、抜粋：平野勲

林伯耀 二〇一六年五月七日、神戸華僑歴史博物館、聞き手：四方俊祐。『聞き書き・関西華僑のライフヒストリー』第七号、抜粋：平野勲

金翔 二〇一七年五月六日、神戸華僑歴史博物館、聞き手：二宮一郎。『聞き書き・関西華僑のライフヒストリー』第八号、抜粋：村上明貴子

吉井正明（楊錫明） 第一回：二〇一六年六月三〇日、神戸合同法律事務所、聞き手：二宮一郎。第二回：二〇一六年七月二五日、神戸合同法律事務所、聞き手：二宮一郎。『聞き書き・関西華僑のライフヒストリー』第八号、抜粋：村上明貴子

W・S 二〇一七年六月三日、神戸華僑歴史博物館、聞き手：平野勲。『聞き書き・関西華僑のライフヒストリー』第八号、抜粋：近藤純子

呉富美 二〇一七年一〇月七日、神戸華僑歴史博物館、聞き手：二宮一郎。『聞き書き・関西華僑のライフヒストリー』第八号、抜粋：竹井俊隆

林聖福 二〇一八年一月二七日、中華会館（神戸）、聞き手：張玉玲。『聞き書き・関西華僑のライフヒストリー』第九号、抜粋：近藤純子

湛澤綸 二〇一八年一〇月六日、神戸華僑歴史博物館、聞き手：二宮一郎。『聞き書き・関西華僑のライフヒストリー』第九号、抜粋：竹井俊隆

鮑悦初 二〇一九年二月一六日、神戸華僑歴史博物館、聞き手：張玉玲。『聞き書き・関西華僑のライフヒストリー』第一〇号、抜粋：近藤純子

盧志鴻 二〇一九年七月九日、神戸華僑歴史博物館、聞き手：二宮一郎。『聞き書き・関西華僑のライフヒストリー』

第一〇号、抜粋：近藤純子

王士畏　二〇一九年一〇月五日、神戸華僑歴史博物館、聞き手：二宮一郎。『聞き書き・関西華僑のライフヒストリー』第一〇号、抜粋：近藤純子

蔡勝昌　第一回：二〇一九年一二月一九日、蔡勝昌さん自宅、聞き手：二宮一郎。第二回：二〇二〇年一月二日、蔡勝昌さん自宅、聞き手：二宮一郎。『聞き書き・関西華僑のライフヒストリー』第一〇号、抜粋：村上明貴子

黄承韜　二〇二〇年八月一日、神戸華僑歴史博物館、聞き手：二宮一郎。『聞き書き・関西華僑のライフヒストリー』第一一号、抜粋：井上邦久

劉王光子　第一回：二〇二〇年七月三日、吉林菜館、聞き手：二宮一郎。第二回：二〇二〇年七月二〇日、吉林菜館、聞き手：二宮一郎。第三回：二〇二〇年一一月一六日、吉林菜館、聞き手：二宮一郎。第四回：二〇二一年一月一八日、吉林菜館、聞き手：二宮一郎。『聞き書き・関西華僑のライフヒストリー』第一一号、抜粋：井上邦久

蒋政茂　二〇二二年六月四日、神戸華僑歴史博物館、聞き手：平野勲。『聞き書き・関西華僑のライフヒストリー』第一二号、抜粋：呉宏明

蔡直美　二〇二三年五月一三日、神戸華僑歴史博物館、聞き手：呉宏明。『聞き書き・関西華僑のライフヒストリー』第一二号、抜粋：呉宏明

植RS・謝KS　二〇二三年六月四日、中華会館（神戸）、聞き手：呉宏明。『聞き書き・関西華僑のライフヒストリー』第一二号、抜粋：呉宏明

聞き書きの手引き

ここでは、神阪京華僑口述記録研究会において、実際の調査をいかに進めていったかを示す参考資料として、「活動の指針メモ」「プロジェクト説明書」「調査要項」を掲げておく。

「活動の指針メモ」は、調査の手順についてプロジェクトのメンバーが共通理解を持てるように、二〇〇八年三月に髙橋晋一が作成したものである。

実際に調査を進めていく際に使用した資料が、「プロジェクト説明書」「調査要項」である。「調査要項」は張玉玲が素案を作成し、研究会の席上での意見を受け、修正して成ったものである。

1 活動の指針メモ

調査プロジェクトの目的

関西（神戸・大阪・京都）を中心として、華僑のライフヒストリーをインタビューをもとに体系的、継続的に記録に残す。老華僑を主たる対象とするが、新華僑の聞き書きも視野に入れる。

調査の手順

（1）語り手（候補者）の選定

語り手候補者は、神戸華僑歴史博物館や各同郷会などから紹介してもらう。研究会参加者から紹介・推薦してもらうこともある。語り手から、知り合いの適当な方を紹介してもらうという形も考えられる。各会員が個人的に語り手を探してもらってもかまわないが、その場合は相手に調査プロジェクトの趣旨をよく説明し、理解してもらうことが必要である。

（2）アポイントメントを取る

各調査班で先方に連絡を入れ、調査日時の約束を取り付ける。手順としては、まず手紙で調査の趣旨を連絡、手紙が着いた頃（二、三日後）を見計らって電話で約束を取り付ける形を標準とする。すでに先方に話が通っている場合には、手紙による連絡を省き、直接電話で約束を取ることも可能である。

（3）手みやげの調達

調査でお世話になる語り手の方には、手みやげを持って行く。

（4）聞き取り調査の実施

主な調査携行品は、ノート、筆記用具、録音・録画機材、カメラ、関連資料、地図等。あらかじめ地図で訪問先の場所を確認し、余裕を持って出かけるようにする（遅刻は厳禁）。

正確な記録を残すために、インタビューを録音（録画）する。ただし、調査開始時に必ず録音（録画）に関する了解を得ることとし、語り手が拒否した場合は行わない（メモのみで対応）。録音・録画機材は各調査班で用意する。

調査要項はあくまでも目安である。すべての項目をもれなく聞き取る必要はない。聞けるところから聞いていく、話したいことを話してもらうというのが基本。

調査時間が長くなりそうな場合には（目安として二時間以上）、再訪を考える。

関連資料（手紙、文書など）がある場合、なるべくその場で写真複写する。

語り手が古い写真を所有していないか確認する。写真は可能であれば借用してスキャンし、すぐに返却する。

最後に、聞き取り調査に協力してくれそうな人をほかにご存じであれば、紹介してもらう。

（5）御礼状を出す

調査終了後速やかに（できれば即日）、調査班ごとに御礼状を出す。御礼状は封書（手紙）で出す。

（6）調査データの整理（テープ起こし）

調査終了後できるだけ速やかに、インタビューの録音記録をもとに「テープ起こし」を行う。正確を期するため、「聞いたとおり、できるだけ忠実に起こす」ことを心がける。会話は、誰が話し手かわかるように下記のように書き分ける。

田中：陳さんはそのとき何歳だったんですか？

陳：あれは一二歳のときでした。

また、入手した資料の整理もあわせて行う。文書類は、必要があればワープロで文字に起こしておく。借用した写真等があれば、デジタルデータとして保存した後、早急に返却する。

（7）例会での報告

聞き取り調査の結果を例会で報告、内容について参加者で討議する。報告に際しては、テープ起こしの記録（間に合えば）、または聞き取り調査の要旨を記したレジュメを作成、配布する。

（8）報告書原稿の執筆

テープ起こしの文書をもう一度見直し、間投詞やことばの繰り返しなど冗長な部分を省略する、文意の通らない部分は言葉を補うなど、文章を再度整える。言葉を補った部分はカッコ書きで挿入する。

張：それがね、［中国から］帰ってきてすぐのことで。

（9）報告書原稿の確認作業

原稿がほぼ仕上がった段階で、語り手に連絡を入れ、原稿の内容チェックをお願いする。この作業は各調査班で行う。語り手に削除・訂正・補足が必要な箇所を指摘してもらい（原稿に赤を入れてもらう）、それに従って内容を修正する。報告書に語り手の氏名を掲載してよいかどうかについても確認する。個人名、組織や企業名、私的な出来事などプライベートな話題、政治・思想に関わる記述の掲載の可否については丁寧に確認する。

高齢、多忙などの理由により、語り手が直接原稿をチェックするのが困難な場合には、語り手の近親者等に依頼する、特に気になる部分のみ口頭で伝え、確認をお願いするなどの方法で対処する。とにかく、内容の公表にあたっては相手の了解を得ることが重要である。

2 プロジェクト説明書

「神阪京華僑口述記録プロジェクト」についてのご案内

「神阪京華僑口述記録研究会」は、阪神圏にお住まいの華僑の皆様に、これまでの貴重な経験などに関するお話をうかがい、記録にとどめ、後世に伝えるために二〇〇七年四月より発足いたしました。本プロジェクトは「神阪京華僑口述記録研究会」が主体となり、神戸華僑歴史博物館の協力を得て実施されるものです。

二一世紀を迎え、社会の姿は大きく変わろうとしています。華僑社会においても世代交代が進み、かつての華僑社会の姿を知る方々は次第に少なくなってまいりました。しかしながら、先人の皆様の並々ならぬご苦労の上に、現在の華僑社会の繁栄があることは疑いございません。それはまさに、文字には表されない、華僑社会の「生きた歴史」と言うことができるかと思います。こうした時代の変わり目において、老華僑の方々から貴重な体験談をうかがい、華僑社会の生きた歴史を勉強させていただき、それを記録に残し若い世代の華僑に伝えていくことは、今後の華僑社会のあるべき姿を考え、また華僑としての誇りを再認識する大きなきっかけになると確信しております。

皆様におかれましては、ぜひとも本プロジェクトの趣旨をご理解いただき、ご協力をたまわることができれば幸甚に存じます。

具体的には、「神阪京華僑口述記録研究会」（神戸華僑歴史博物館で毎月開かれている勉強会で、華僑の歴史に関心を持つ人たちによって構成されています）のメンバー一、二名が皆様のもとにおうかがいし、お話をうかがうという形になるかと存じます。つきましては、お手数をおかけして恐縮でございますが、思いつくまま、ざっくばらんにこれまでの人生の中で経験されたことなどに関するお話を頂戴できればと存じております。

皆様におうかがいした貴重なお話につきましては、毎年度末に報告書の形にまとめ、刊行させていただく予定でおります。なお、おうかがいしたお話はこちらで責任をもって原稿に整理させていただきますが、原稿の素案ができた段階で一度内容にお目通しをいただき、記述の誤りや問題点がないかチェックをいただきたく存じます。その節はお手数をおかけいたしますが、またよろしくお願い申し上げます。

お忙しいところ恐縮でございますが、なにとぞよろしくご協力のほど、お願い申し上げます。

神阪京華僑口述記録研究会

3　調査要項

人生をいくつかの時期に分けて質問項目を頭に入れてインタビューを行うとよい。順番は必ずしも以下の通りでなくてもよく、また、下記の質問項目を網羅しなくてもよい。

対象者がいやがるような話題は、無理やり突っ込んで聞かないこと。逆に喜んで話していることをそのまま展開させるとよい。調査の目的が華僑の歴史を残すことであることを伝えることが必要であり、また、「教えていただく」という姿勢が最も大事である。

1　家庭環境

・出生の年月日、場所（一世の場合は中国の故郷であるが、二世の場合は、父母の来日から落ち着くまでの経緯など）

質問例：（一世に対して）いつどこで生まれましたか？　家庭や周りはどんな環境でしたか？（戦争など）（二世に対して）ご両親が日本に来たときのお話を聞いたことがありますか？　いつ、どのように日本に来たのか話してくれましたか？（二世に、親の来日前の仕事、来日のきっかけ、来日後の仕事および定住する地域、故郷とのつながりなどを聞くことが目的である）

・家族構成と構成員の仕事などの基本状況

質問例：兄弟は何人いますか？　それぞれ何をされていますか？　兄弟と仲がよかったと思いますが、どんな遊びをしていましたか？（親のお手伝い？）

・言語、（食などの）習慣、伝統文化の維持、親のしつけなど

質問例：家では何語で話をしていましたか？　周りの友達と比べて、食べ物が違ったりしたことはありましたか？　家族で祝った行事はどんなものがありましたか？　親は厳しかったですか？（中国の出身地が違うと、食習慣や行事も違う。また来日後の行事の変容があるかどうかを知ることができる）

2　学校

・勉強した科目、内容、教師・同級生との関わり、行事、印象に残ったできごと

質問例：学校はどこの学校に通いましたか？　どんなことを勉強しましたか？　先生と同級生はどのような人たちでしたか？　先生と同級生とよいコミュニケーションを取れていましたか？　学校ではどんな行事がありましたか？　印象が深いできごとはありますか？（一世は、中国で学校に通った経験のある人は少ないかもしれないが、一応問いておく。二世であれば、中華学校に通う人もいれば、日本の学校に通う人もいる。前者は教育の内容などを、後者は外国人として教育を受けた様子を聞いておく）

3　職業

・一世華僑に対しては、来日前と来日後の両方を聞く

・仕事の内容、職場での人間関係、大きなできごと

質問例：中国にいたとき、どんな仕事をしていましたか？　周りの人たちはどのような人たちですか？印象に残るできごとがありませんか？　日本に来てからまず何をしていましたか？　その後、仕事を変えましたか？　なぜですか？　周りの中国人や他の上司、同僚とうまくコミュニケーションを取れていましたか？　何かうれしかったこと、ショックなことはありましたか？

4　人生の通過儀礼

・（日本式と中国式の両方）入学式、成人式、結婚、出産、儀礼の様子
質問例：入学式（成人式など）の日のことを覚えていますか？　当時の写真や資料をお持ちですか？　両親や親戚、同郷者はどのように祝ってくれましたか？
・関連の写真や資料を、可能であれば借用する

5　子女のしつけ（世代間の考え方の違いが見えてくる）

・子女の日本と中国文化についての教育、国籍、結婚に関する考え方
質問例：子供は何人いますか？　小、中、高は日本の学校でしたか？（華僑学校でしたか？）大学はどこの学校ですか？（何を専攻していましたか？）子供の教育に関して、どのように考えていたのですか？　彼らの国籍はどうしましたか？　結婚相手は、子供が選んだのですか？　それぞれの理由は何でしょうか？

6　コミュニティなどとの関係

・中国の親戚や行政機関、日本の華僑組織・団体、日本の地域社会（日本人や朝鮮・韓国などの民族集団

を含む）との関わり、日本の新華僑や世界中の華僑・華人とのつながり

質問例：中国の親戚（華僑事務弁公室などの政府機関）と連絡を取っていますか？　あればどんな形で？なければなぜ？　日本の華僑総会、同郷会とどんなかたちで関わっていますか？　華僑の団体以外で、参加している地域の団体や活動はありますか？　最近来日した新華僑と個人的な付き合いや仕事上の関わりはありますか？　台湾、香港、他の国の華僑は？　彼らと自分を比べて、違うところ、似ているところは、それぞれ何ですか？　現在の在日中国人社会をどう思いますか？

7　意識（変化）

・以上の項目を踏まえて、中国人、日本人、華僑としての意識を確認する。話の流れのどこかで聞いてもよいし、話のどこかに本人の意思を反映する部分があると思われる

質問例：もし「華僑」、「中国人」、「日本人」の三つのカテゴリーがあるとすれば、自分はどれに当てはまると思いますか？　それはなぜですか？

※「聞き書きの手引き」は、『聞き書き・関西華僑のライフヒストリー』第一号、神戸華僑歴史博物館、二〇〇八年、一五〇～一五九頁をもとに作成した。

ライフヒストリーを読み広げるためのブックリスト

本書からさらにライフヒストリーを読み広げてみたい方へ、いくつかの本を紹介します。聞き書きだけでなく、自伝やノンフィクション、民俗学の古典も含めています。

・本書のもととなった本

神阪京華僑口述記録研究会 編『聞き書き・関西華僑のライフヒストリー』第一～一二号、神戸華僑歴史博物館、二〇〇八～二〇二四年

・華僑に関する本

惠京仔『祖国之鐘』日本僑報社、二〇〇二年

林同春『二つの故郷——在日華僑を生きて』エピック、二〇〇七年

中華会館・横浜開港資料館 編『横浜華僑の記憶——横浜華僑口述歴史記録集』中華会館、二〇一〇年

陳天璽『無国籍』新潮社、二〇一一年

黄昭堂 述／宗像隆幸・趙天德 編訳『台湾独立建国運動の指導者黄昭堂』自由社、二〇一三年

大類善啓、『ある華僑の戦後日中関係史——日中交流のはざまに生きた韓慶愈』明石書店、二〇一四年

鍾家新『在日華僑華人の現代社会学――越境者たちのライフ・ヒストリー』ミネルヴァ書房、二〇一七年
徐翠珍『華僑二世徐翠珍的在日――その抵抗の軌跡から見える日本の姿』東方出版、二〇二〇年
王育徳 著／近藤明理編集 協力『「昭和」を生きた台湾青年――日本に亡命した台湾独立運動者の回想 一九二四―一九四九』草思社、二〇一一年

・在日韓国朝鮮人に関する本

小熊英二・姜尚中 編『在日一世の記憶』集英社、二〇〇八年
小熊英二・高賛侑・高秀美 編『在日二世の記憶』集英社、二〇一六年
朴沙羅『家（チベ）の歴史を書く』筑摩書房、二〇一八年

・日本に関する本

宮本常一『忘れられた日本人』岩波書店、一九八四年
「満洲泰阜分村――七〇年の歴史と記憶」編集委員会 編『満州泰阜村分村――七〇年の歴史と記憶』泰阜村、二〇〇七年
森崎和恵『まっくら――女坑夫からの聞き書き』岩波書店、二〇二一年
岸政彦 編『東京の生活史』筑摩書房、二〇二一年
石原昌家・岸政彦 監修／沖縄タイムス社 編『沖縄の生活史』みすず書房、二〇二三年
岸政彦 編『大阪の生活史』筑摩書房、二〇二三年
柳田國男 著／新谷尚紀 訳『遠野物語 全訳注』講談社、二〇二三年

あとがき

関西在住の華僑の聞き書きを残す活動は、二〇〇七年一月の神戸華僑歴史博物館主催の第一回シンポジウム「神戸華僑の口述記録を残すために～その意義と方法」（中華会舘東亜ホール）に端を発します。神戸華僑歴史博物館の活動の一環として、今日まで継続されてきました。

この活動は、それまでの聞き書きに関する経験が基礎になっています。私にとっての初めての聞き書きを残す体験は京都大学教育学部教育学研究科の加藤秀俊先生の指導で、長野県御代田町のお年寄りからライフヒストリーを聞き、「北佐久の人生～個人史による地域社会研究」（一九七〇年）にまとめたことです。その後、京都精華大学では個人のインタビューを記録する授業を担当し、国内長期フィールドワーク「神戸と外国文化」では神戸に住む華僑をはじめ諸外国の方々の聞き書きをもとに一〇巻にわたる報告書をまとめました。

第一回シンポジウムが開かれた春に、神阪京華僑口述記録研究会が設立されましたが、会の設立にあたっては徳島大学大学院の髙橋晋一先生、南山大学の張玉玲先生が会の設立趣旨、運営、インタビューをする際の具体的な作法や注意点を決めてくださいました。華僑の口述記録を残すための一番大きな課題は、いかにインタビューに応じてくれる人を探すのかということでした。当初は、主として神戸華僑歴史博物館の藍璞館長、林正茂副館長、林宏仁事務局長のアドバイスと紹介によるところが重要でした。特に、林副館長は福建会館の事務局長でもあったので、福建出身者の多くを紹介していただき、インタビューにも同席していただきました。

口述記録研究会は聞き書きの結果を報告し、また調査に関する難しさや、録音テープを起した原稿を検討する場でもありました。研究会では、公開インタビューを開催し、聞き取りをして参加者が直接質問するという形態もとるようになりました。

インタビューに応じてくれる華僑を紹介していただいた方々を挙げるとすれば、蔡勝昌神戸華僑歴史博物館館長、博物館の発展基金会のメンバー、二宮一郎先生（神戸華僑歴史博物館評議員）、王文美さん（神戸華僑総会副会長）があげられます。研究会では口述記録を残すにあたって、中国のこと、華僑の基礎知識を学ぶ必要があり、積極的に取り上げてきました。また研究会の参加者は通常一〇名から一五名ほどですが、陳正雄さん、林芳城さん、闞登美子さん、陳伯英さん、後藤みなみさんをはじめとし、華僑の方々の貴重なコメントをいただいてまいりました。

口述記録研究会では、聞き書きの記録を毎年一冊『聞き書き・関西華僑のライフヒストリー』として第一二号まで発行してきました。髙橋晋一先生が第一号から三号まで、張玉玲先生が第四号から六号まで、第七号以降は近藤純子先生・呉宏明が関わり、表紙および本文のレイアウトは竹井俊隆さんが担当しています。『聞き書き・関西華僑のライフヒストリー』には華僑関係の詳細な文献リストを掲載しています。ライフヒストリー以外の華僑関連文献に関心のある方は、ぜひ参照してください。

記録集を発行するにあたって、費用は神戸華僑歴史博物館が当初から一部負担をしてくれています。第七号からは東京の東華教育文化交流財団から助成金をいただけることになり、また本書を出版するにあたっても多大な援助をしていただき感謝しております。

口述記録研究会の設立から中心的な存在でありました二宮一郎先生が二〇二二年三月一五日にお亡くなり

になったことはとても残念です。聞き取りの対象を探すことは非常に困難ですが、知り合いを頼り、また自分自身でも積極的に出向いて、熱心に聞き取りを実践していました。最後の仕事として「トアロードと広東村」の調査をまとめ、それをもとに第一四回シンポジウムにおけるパネルディスカッションを企画していましたが、コロナ禍のために延期を挟みながらも、後日、開催することが出来、ご本人は参加できませんでしたが、その記録を報告書の第一一号に掲載することができました。聞き書きの記録を残すことに対する二宮先生の情熱と努力を受け継がなくてはと思います。

今後の課題は口述記録の音声および映像記録をいかに保存し、活用するかということです。希望としては、神戸華僑歴史博物館で記録に残っている映像を一人二、三分にまとめ、ビデオで見られるようにすることです。

本書をまとめるにあたってインタビューにこころよく応じていただいただいた方々、また聞き書きの掲載を承諾してくださった方々とご家族のご理解とご協力は大きな励みとなりました。本当に嬉しく思います。最後に、この本の出版のために、松籟社編集部の夏目裕介さんが口述記録研究会の例会に毎回参加して、連絡および大変な編集作業を引き受けてくれました。ここに感謝の意を表します。

若い世代の華僑の方々に特に読んでいただきたいのが夢ですが、華僑のたどった人生が広く読まれることを願っております。

呉　宏明
神阪京華僑口述記録研究会代表
神戸華僑歴史博物館名誉館長

解題　口述記録のゆたかな成果

塩出浩和

ライフヒストリーとライフストーリーの狭間で

歴史学の王道は文献史学と言われてきた。しかし、人間社会の歩みを「書かれた文字」のみでたどることには限界がある。文字資料では約五〇〇〇年前の甲骨文字と楔形文字以前にさかのぼることは難しい。日本において四世紀以前の確かな文字は見つかっていない。文書を扱う歴史学の限界を補うのが「物」をもって究明する考古学である。

一方、無文字社会を研究する文化人類学や民族学・民俗学などの学問領域では、口頭伝承の神話・詩歌・伝説や歌謡・舞踏・演劇・宗教儀礼等が重要な資料として扱われてきた。日本民俗学の分野では柳田国男の

『遠野物語』が口頭伝承を利用した研究として出色のものであろう。

では、文字資料が豊富に存在する産業化された社会、もしくは近現代の都市のあり様を探る場合は「書かれて、残され、公にされた文書」を検討すればそれで十分であろうか。

まず、社会には「公にされない文書」が多数存在する。旧時庄屋・名主などであった古民家や本山・本宮などではない寺社に残された地文書《じもんじょ》は以前から日本史学で利用されてきた。日本史における網野善彦、ヨーロッパ史におけるフェルナン・ブローデルやアラン・コルバンをはじめとするアナール派の人々などは地方の文書（寺の過去帳や教会の信徒記録そして貸本屋の貸出簿など）を素材として歴史学と民俗学の間に橋を架けてきた。また近現代史においても、最近は公開を前提としていなかった私的な書簡や日記などから以前の社会の諸相を探る「エゴヒストリー研究」もテレビ局のドキュメンタリー作品などで試みられている。

さて、「書かれた文字ではない口述」を歴史資料として利用する史学にもそれなりの伝統がある。欧米社会では、王族や軍人そして政治家がメモワール・回顧録などをしばしば残した。しかし、日本の政治指導者の多くは自らこの種の文書を公刊してこなかった。そのため、引退した指導者にインタビューを実施して記録を残す「オーラルヒストリー」という方法が主に政治史の分野で発展してきた。近現代日本政治史における御厨貴の仕事はその代表であろう。

ひるがえって、常民を扱う社会史や生活史の分野では、文学や映画作品などからの考察のほかに、一般の生活者へのインタビューやアンケートが有用となる。

質問や聴き取りによる調査・研究の形態は次の三つに大別できるかもしれない。大規模アンケート、構造化インタビューそして非構造化インタビューである。構造化されたインタビューでは質問の内容と順番はあらかじめ用意されている。

オーラルヒストリーは通常、構造化されたインタビューという方法で実施される。政治家へのインタビューならば、その国の政治史において重要な政策決定の過程などの質問が用意されるであろう。ある企業の創業者へのインタビューであれば、会社設立時のエピソードや経営危機に遭った時の状況について先ず聞くはずである。ただし、その人の人生そのもの、つまり家族の話や恋愛経験に話題が移っていくと、インタビューは非構造化、つまり海図がない航海とでもいうべき段階に入っていく。

著名ではない人物、すなわち民俗学や社会学でいうところの常民のライフヒストリーを聴く場合は、そのほとんどのプロセスは構造されないインタビューとなろう。史実として確認できないエピソードや主観的な印象が続出するかもしれない。では、そのような「事実の報告」ではない「語り」は無用なのであろうか。

一つの人間集団や地域における生活史・心性史を理解しようとする時には、実はこのような「ヒストリー（事実）からはなれたストーリー（語り）」の方が重要となる。人は事実に基づいて合理的に人生の選択をするとは限らないからである。決断はしばしば誤解に基づく。その時にその人にとって大切だったのは、史実よりも認識である。

インタビューの諸類型

アンケートやインタビューによる社会調査を上述のような観点から分類すると次の表のようになろう。

	対象人数・回数	対象とデータの扱い方	質問の仕方 適用される研究
大規模アンケート	数十人以上（統計的な処理を行う場合は千人以上が望ましい） 原則として同一人物に対しては一回	属性をコントロールした上でランダムに選ぶ データは定量化する	選択式または正誤式（補助的に自由記述も使う） 世論調査・疫学研究・市場調査など
構造化インタビュー	一人から数十人 原則として一回	特定の属性で選ぶか、特定の個人	原則として同じ質問を用意するか、テーマに沿った個人用の質問をあらかじめ準備しておく オーラルヒストリー・インデプスの世論調査・ライフヒストリーの初段階など
非構造化インタビューI	個人 一回から複数回	政治家や企業家など特定の個人 データの客観性を担保するため事実のチェックを行う 原則として実名で公表	主要なテーマは用意しておいてもいいが、被調査者の意向に依存する 一部のオーラルヒストリー・ライフヒストリー

非構造化インタビューⅡ
個人 できれば時期をずらして複数回
属性によって選ばれた個人 「語り」の非言語的要素（抑揚・表情）やインタビューをする調査者の感情もデータとして扱う 事実性のチェックは行わない 原則として仮名で公表
きっかけだけ用意し、あとは被調査者に自由に話してもらう ライフストーリー 質的研究 精神医学・教育学・心理学・第二言語習得など

神阪京華僑口述記録研究会の記録を読むと、その大部分はオーラルヒストリー・ライフヒストリーの範疇にはいるが、図らずもライフストーリーの領域に踏み込んでいるインタビューもあったことがわかる。そこには調査者の「共感力」とでもいえるものがにじみ出ている。

二〇〇七年から活動している研究会の発足当初からのメンバーであった故二宮一郎氏の共感力の強さには目を見張るものがある。ライフヒストリーの体でインタビューは開始されるのだが、被調査者は次第に事実の報告を超えて「人生を語りだす」のである。

例えば、神戸南京町老祥記三代目オーナーである曹英生氏への二宮氏のインタビューである。最初は祖父である松琪さんの上海・横浜・神戸と移り住んだプロセスが客観的に語られる。横浜で祖父が日本人女性千代さんと知り合い、結婚し、上海に移ったあと神戸に来て「豚まん店」を開く過程である。叔母や父親から聞いた話の伝聞であるから曹氏の主観や印象はあまり入ってこない。

しかし、後半になって「自分の直の体験」に基づく話に入るとがぜん曹氏の語りが色を帯び、立体化されて、浮かび上がったイメージが踊りだす。戦後の南京町の話からは曹氏が自分で見た、あるいはおこなったエピソードになるからである。神戸南京町の外国人を主な顧客とする娼婦の話あたりからだ。曹氏は一瞬躊躇したようだ。「（前略）でも、こんな話していいんでかすね」と。それに対して二宮氏は「もうちょっといきましょうか」。曹氏は「ギリギリのレベルでしょうか」といいながらも、その後の「実話」に入っていく。

このあたりは、インタビューをする二宮氏と語る曹氏の信頼関係がなければ出てこない話である。ライフストーリーの段階に入るには、インタビューを始める以前の両者の密接な関係という基盤が必要なのであろう。初対面の人にできる話ではないし、二、三回仕事上の付き合いがあった者に話す内容でもない。深い語りがされるまでには長期にわたる人間関係の構築が前提となる。この意味でライフストーリーは、インタビュアーとインタビュイーの「人生の関わり」を語ることでもあるのだ。

「姉御肌のおばあちゃん」と「やくざS会の兄貴分」との勇ましいやりとりや、「パチンコ屋でのメリケン粉捜索」の話などはまさに小説より奇なるエピソードである。

昭和五〇年代以後に目指された「安心安全な南京町」という姿からは遠いこの街の様子は生半可なインタビューでは語られないことである。この前段階があるからこそ、阪神淡路大震災後の義援金パレードと炊き出しから「自粛を自粛しよう」運動までの経緯が臨場感をもって立ち現れるのである。

記録の最終部分では、日中関係の話題に移っている。曹氏の日本と中国のどちらにもアイデンティティーが一致しない「自分の姿」が語られたあと、黄綬褒章をもらって天皇（現上皇）に拝謁する場面まで言及される。インタビュアーである二宮氏の天皇に対する評価も記されているが、このようなことは本来、口述歴史またはライフヒストリー研究では違規・ルール違反とされることであろう。しかしながら、質的研究あるいはライフストーリー研究ならば、調査者の感情やインタビュープロセスを通じての認識変化も「ひとつのデータ」として価値がある。

本書に掲載されている記録はまさにライフストーリーとライフヒストリーの狭間に位置し、そしてそれだからこそ独自の価値を帯びているのである。

「場所」に結びついた多様な語り

インタビュー記録の全体に目を通すと、多様な側面から日本政治史・京阪神社会史・華僑生活史にかかわる貴重な証言が豊富にちりばめられていることもわかる。

一九一六年生まれ華僑一世の女性、林木宋氏の話からは近代日本政治史上でもっとも暗い時代の悲惨な事件の一つが当事者家族の視点から語られている。神戸華僑呉服行商弾圧事件における警察の不合理かつ残酷な行為には慄然とさせられる。遠い昔の日本のことではないことを思い出させてくれる。ただし、話の中心は家族・同族そして地域の助け合いに自然に移っていく。

神戸中華同文学校と神戸華僑歴史博物館にかかわった蔡勝昌氏の話からは、生き生きとしかつ混沌とした当時の同文学校小中学生の姿が浮かび上がる。ジャズトランペッター黄承韜氏の話は神戸「広東村」での生活を彷彿させる。

地域的に見ると、多くのインタビュイーの生涯が二・五平方キロメートルほどの狭い地域にかかわっている。東は中華会館や「広東村」に接するトアロード、西は同文学校近隣の掘割筋、北は異人館通りともいわれる山本通り、そして南は神戸華僑歴史博物館が立地する海岸通りである。南京町はこの地域の中央やや東寄りにすっぽりと入る。北側の北野と東側の旧居留地は欧米系の住宅や商館のあった地域である。神戸という街に積みあがってモザイク状に重なっているマイクロコミュニティーとでもいうべき共同体の姿が浮かび上がる。表層や外見からは理解できない都市の根っことでもいうべきものだ。

本書は「華僑」という「人の切り口」からの「口述記録」ではあるが、公的な市史や大企業の社史ではほとんど言及されない「場所に根差した小さな、しかし、したたかなコミュニティー」の歴史記録ともなっている。

城西国際大学准教授（語学教育センター）
中央大学非常勤講師（経済学部・大学院総合政策研究科）

編者プロフィール

神阪京華僑口述記録研究会
（しんはんけいかきょうこうじゅつきろくけんきゅうかい）

代表：呉宏明（くれ・こうめい）
神戸市中央区海岸通３丁目 1-1　神戸華僑歴史博物館内
TEL：078-331-3855（神戸華僑歴史博物館）

神戸華僑歴史博物館の活動の一環として、関西を中心に華僑のライフヒストリーを聞き書きによって記録することを目的に、研究者に限らず華僑や中国に関心のある市民が会員となり月例で研究会を開催している。成果物として『聞き書き・関西華僑のライフヒストリー』第１号（2008 年）～第 12 号（2024 年）、神阪京華僑口述記録研究会編、神戸華僑歴史博物館発行がある。　※『聞き書き・関西華僑のライフヒストリー』は書店発売をしていない。神戸華僑歴史博物館で購入できる。

関西《かんさい》華僑《かきょう》の生活史《せいかつし》

2024 年 3 月 31 日初版発行　　定価はカバーに表示しています

編　者　神阪京華僑口述記録研究会
発行者　相坂　一

〒 612-0801 京都市伏見区深草正覚町 1-34
発行所（株）**松 籟 社**
SHORAISHA（しょうらいしゃ）

電話：075-531-2878
FAX：075-532-2309
URL：http://shoraisha.com
振替：01040-3-13030

装幀　安藤紫野（こゆるぎデザイン）
印刷・製本　亜細亜印刷株式会社

Printed in Japan

ISBN978-4-87984-452-1　C0036